国家社会科学基金

《早期道家精神体验及心灵世界之研究》(14BZX118)

早期道家的精神之道

李晓英◎著

上海人民出版社

目　　录

导　　论

　　如果说商周时期思想史的启发性突破体现在人能变革世界进而人从天威的羁押下被解放出来,晚周思想史的革命性思考聚焦于人为什么能变革世界,那么早期道家哲学则以清新神秘的精神体验和渊深磅礴的心灵世界为契入,对人是否能够体证世界、是否能够顺任世界、如何把握世界以及如何改变世俗世界进行深微反思,从而构成轴心时代的标识之一。

　　本书研究文献范围是"早期道家",研究视角是"精神之道"。本书阐释早期道家以精神修为为价值优位的主旨,围绕"精神内守而不外越于形骸"的理论核心,深入探讨其"游乎精神之和"的理论旨趣及其实践过程。

　　无论从时间、思想内容、主旨意涵,还是从脉搏源流、版本演变和深远影响看,"早期道家"比"先秦道家"的说法更准确揭示道家的早期思想谱系和发展状况,亦能更精准确定道家的思想基因,在学界比"原始道家""古代道家"有更多的认可度和接受度。"早期道家"包括三个分支内容:老子道家、庄子道家和黄老道家。相比老子和庄子道家,黄老道家则是一个语义复杂、内容庞杂的概念。黄老道家亦称稷下道家。稷下道家之说突出了学派产生、成熟的地点所在和百家争鸣中作为学术重镇的特点,黄老道家的说法凸显了学说源起、内涵特征及演变过程,二者虽体现了老庄以后的道家所具备的道法结合、以道论法、兼采百家的学术特征,但黄老道家的说法更能涵盖老庄以后的道家学说丰富的发展全貌,无论是从广博性还是纵深性,都体现出道家自有的流派特色和兼融特征。

一、研究内容和框架

"早期道家"系统内部的三个子系统既有联系和承续,亦有各自的独特性。本书以《老子》《庄子》、黄老道家(《管子》四篇、《慎子》《文子》和杨朱、宋钘、彭蒙、田骈等人言论,另有出土的早期道家简帛材料如《凡物流形》和《黄帝内经》等)文本为基础,以先秦时期的哲学突破为理论背景,以"精""神""内""静""虚"等为枢纽,以"道""德""善""至人"和"天下"等概念为存在境域,从心灵转化和精神超越的角度,对早期道家独特、丰富、渊深即磅礴的精神世界进行深度解读,阐释何为道家的精神世界,如何守护、复归本然、原初的精神世界,早期道家如何达致本真、纯善、至美的价值境域等问题,并在此基础上讨论早期道家的价值重估及其实践智慧。

本书为国家课题的最终结项成果,除导论外,正文分四个部分,分别是早期道家的精神世界、早期道家的否定式思维、早期道家的价值境域、早期道家的实践智慧。除导论外,全书正文分四个部分十二章论述。

本书第一部分"早期道家的精神世界"包括三章。第一章"早期道家'内'之论",以"精神内守而不外越于形骸"为早期道家学术的核心,以形神相依和身心一体为指向,以内在的精神修为统摄外在的世界并展现为外在的世界,体现人的内在统一和自我整合。本章后来整理成论文《道家"内"之论》发表于《老子学集刊》第六辑(中国社科文献出版社 2022 年版)。第二章"'损之又损''深之又深':道家独特的精神修为",以"真人""至人""神人"之理想人格、凝心聚神的"抟气""守静"之功夫、心灵净化的"坐忘""心斋""洗""澡雪""玄览"精神世界,精纯无杂如"精舍""神""舍"等,揭示道家精神修养的专一性、反复性和体证性特点,展示出道家精神修葺和修炼的深湛功夫和幽邃途径。第三章"'婴

儿''赤子':早期道家本真生活的隐喻",揭示"婴儿""赤子"是早期道家
的重要意象和完美象征,是道之载体和比喻体。"婴儿"具有如下特征:
天性完满、活力充沛、超脱机心纷扰、解构分化芜杂的精神形态;隐含着
对可能性的肯定及未来筹划。"复归于婴儿"是道家精神修为的重要课
题。本章整理成论文《"婴儿":早期道家关于本真生活的隐喻》发表于
《中州学刊》(2021年第5期)。

本书第二部分论述了早期道家的否定式思维,该部分包括三章。
第四章"否定和超越:试论老子的否定式表达"阐述否定式表达是《老
子》文本表述思想观点的重要途径和基本特点。否定式表达对主体
的否定和省思,围绕世界是否完全可以认知、强势强制行为是否可
行、民众受搅扰之如何避免三个层面展开论述。本章整理成论文《否
定和超越:试论老子的否定式表达》发表于《中州学刊》(2015年第7
期)。第五章"对象性和关系性:老子面向自我的沉思",指出老子从
肯定和否定两方面对自我展开阐论,赋予自我以关系性和对象性的
思考:"不自生(见、贵)"意味对既存自我的解构和否定;"吾(我)"作为
无为而治的权力主体,尽显主体的弱化和隐藏,呈现出强烈的对象性特
征。第六章"道言与体知:从庄子在《庄子》中的形象来看",检视庄子在
《庄子》中的现身,探讨庄子对自身哲学观点的践履,阐明庄子历经乱
世、展衍成风的精神境界,不仅是对《庄子》中庄子其人形象的描述,更
是对庄子精神记录的揭示。本章整理成论文《道言与体知——从庄子
在〈庄子〉中的形象来看》发表于《道家文化研究》(中华书局2017年版,
第3辑)。

本书第三部分为早期道家的价值境域,该部分分为三章。第七章
"试论老子之'善'",阐述"善"是对利物不争、不分疏万物、超越形名制
度(即"不辩")等行为及其结果的价值判断。"善"可作名词超越形名的
行为,也可作形容词工巧高明、副词善于、动词推崇看重等含义。"善"
是对道或接近道之利物不争等行为及结果的价值判断,亦是对德之一
即玄德的颂赞,体现了老子的价值观。该章整理成论文《试论老子之
"善"》发表于《文史哲》(2015年第5期)。第八章"超然:《庄子》至人观

研究",阐论至人是《庄子》的理想人格,承载《庄子》复杂的思想和独特的理论。至人在野、边缘化的社会地位,安宁和悦的心境、严肃豁达、认真超脱的人生态度和精神追求,以及为求超脱对天下理想秩序的设想,共同构成了至人超然、超脱的特征。该章整理成论文《超然:庄子至人观之研究》,发表于《史学月刊》(2015年7月)。第九章"功名天下何为重:从《列子·杨朱》中的对比项来看",阐释杨朱一派常用列举表示对比、对抗、相反观点的词汇,如大小之辨、公私之说、名实之辨(伪实对比)、生死对比、苦乐之辨、圣凶对比等等。无论是人物对比,还是一般描述性的对比,或是直接的价值判断对比,杨朱一派的思想都集中突出了其"为我"或"贵己"之学的立论宗旨和目的之所在:对功名天下的疏离批判,对个体生命的顺任维护,凸显了人的生存意义和现实意义。该章整理成论文《功名天下何为重:从〈列子·杨朱〉中的对比项来看》公开发表。

第四部分为早期道家的政治实践智慧。该部分分为三章。第十章"'以百姓心为心':试论老子的民意论"阐论作为"下"(社会底层),民不仅是被治理的对象,与"上"(上面的治理者)对应,还是政治合法性和正当性的基础。从治理的稳定与和谐来看,民众对政治权力、政治治理和政治权威的认同、接受和服从,取决于政治治理和权力的使用是否合乎民的意愿和愿望,是否最大程度上满足了民对自身利益的追求、选择和实现,体察民情、劝诫民性、顺应民心构成老子及道家"民"论的重要特征。利民、爱民、愚民、寡民、慈民、救民、不弃民成为老子"民"的独特特征和题中应有之意。"以百姓心为心"是老子民心论的最重要诉求。该章整理成论文《以百姓心为心:老子的民心论》公开发表。第十一章"《庄子》的天下观","天下"是《庄子》的重要概念,体现了《庄子》对天下理想秩序的向往、想象和建构。《庄子》天下观经历了由内篇的向往想象到外杂篇的参与治理的变化。其中贯穿着一条主线:天下是否能够治理、是否应该治理和如何治理。《庄子》内篇以天下无须变革的观点省思世俗的天下治理观。在天下是否需要治理和如何治理的追问中,内篇和外杂篇为后世提供可借鉴的方案。万物无扰作为天下理想秩序的显现,交织着庄子的实践和亲证:天下是归属万物的和无须治理的;天下是不可分疏的;至人是无用无为的。这不同于天下归属民心天意,由圣人治理的儒家天下观。该章整理成论文《庄子天下观初探》,发表于《郑州大学学报》(2015 年 2 月)。第十二章"'上''下'之间:兼论老子思想中的治道类型"提出"上""下"在《老子》文本中既有社会阶层的高低之分,更有价值判断的优劣之别,隐含伦理价值和政治建设的双重意涵。"上""下"的多重含义关乎老子的治道理想,其独特阐释指向安处弱势、处于下风、不可以主宰民众、不使民争的意涵。"上""下"和"德"组合一起时,更明示老子伦理哲学和政治哲学的特点:"上德"意味着最好的德,其不计回报的特征是对道的接近。"上德"彰显无心而为的德性及修炼过程中的自主和持久,"下德"意味着有心而为,也包含着修炼中的意志软弱。当"德"的层级体现于治理领域时,"上德"意味着无为而治、不与民争、不使民争的治理方式,着重点是民众利益的满足、民众安稳的保障、民性民情的劝诫和民心民意的顺应;"下德"自认有德,在治理领域中则表现为依靠刑名、德治仁政、强势干涉、高压控制等。"上德""下德"对应着不同的治理类型和治理层级,总体区别是上位者是否无为和民众是否受到干涉。老子对"上""下"的阐释既是其伦理原则的体现,更蕴含着倡议优良政治管理的积极意义。该章整理成论文《"上""下"之间:试论老子思想中的治道类型》发表于《老子集刊》第八辑(中国社会科学出版社 2023 年版)。

本书每章尾都附有结语,对该章的基本思路、理论思考和研究方法作了总结和陈述。

本书末尾部分为附录,收录两篇文章。附录一是《从〈尸子〉的人物评价看其对道家学说的继承与发展》(收入《从前子学时代到子学时代:边际人物、文本、思想与黄河文明论文集》,中国社会科学出版社,预计 2023 年 8 月底出版),附录二为《试论〈庄子〉中的"自"》(《东方哲学》第十七辑,广西师范大学出版社 2022 年 12 月出版),在此一并刊出,以请教方家。

在《从〈尸子〉的人物评价看其对道家学说的继承与发展》一文中看

到,《尸子》不仅接受了老子的宇宙论设想,还兼取全生保身和君人南面之术的思想。在此基础上,《尸子》吸收了君鱼民水、君慈民安、精简礼乐、不敢为天下先的观点,强调刑名法术势的转化,由此实现无为而治的盛世理想。本篇结合《尸子》的人物评价标准,解析《尸子》对道家学说的继承和发展。在《试论〈庄子〉中的"自"》一文中,认为"自"的词汇簇在《庄子》中作为一个意义并不统一的特定名词,揭示了其独具特色的自己如此的思想内涵。《庄子》中"自"的语词义有两个方面:第一,"自"掘发彰显个体自身的内在因素和力量权力,突出主体性、自由性和自在性,有自己如此、本来如此之意,突出的是个体价值。第二,"自"有固步自封、自以为是的膨胀和专断意味。由此庄子提出个体的省思和超越。庄子"自"语词义看似矛盾对立,实际隐含庄子哲学体系的主体性意蕴:个体的精神自在和圆满自得,既要求个体的自己作为和自己行为,保障自我不被干涉控制,也要求自我的约束和限制,防止和杜绝自我遮蔽和自我膨胀,保障个体不对他者造成侵犯和侵扰。

二、"早期道家"的界定及"精神守内之学"的研究动机

本书不仅界定了"早期道家"的概念,还揭示老子道家、庄子道家、黄老道家划分的理由,讨论了版本文献、主要思想及其演变过程和相互关系。

1. "早期道家"的界定

道家作为一个学派,经历了一个产生、发展、分化、衰落的历史演变过程。从汉武帝时期采取"罢黜百家,独尊儒术"的思想统制政策以后,黄老道家便经历了由盛而衰的演变历程。东汉至魏晋时期,道家学说已随着时代条件的改变而蜕变为道教和玄学。"早期道家"是对道家早期思想起源、发展、演变、分化过程的一个时间界定。笔者认为

"早期道家"是指西汉中期以前涵括黄老学派在内的道家学派,与之相应的还有先秦道家、古代道家①、原始道家②、稷下道家和黄老道家等不同说法。

学界涌现出不少研究早期道家的力作。③"早期道家"似乎已经取代"先秦道家"成为研究道家早期思想的相对清新的、精确的范畴。"先秦道家"这种说法似乎不能准确、详密地阐释道家早期思想的版本变化和脉络会综。"先秦道家"的说法从时间上说将道家的重要发展阶段——汉代悬置在外;从思想内容、主旨意涵上说将极为流行的强势思潮和时代话语即黄老道家排除出局;从著作版本来说将《文子》和《淮南子》等道家重要文本舍弃不用④;从观点上来说,排斥了《韩非子》中理论性较强、与道家交参互融较明显的篇目如《解老》《喻老》《扬权》《二柄》等。⑤近年来随着简帛文献的出土发掘,黄老学派和黄老道家研究日益成为一门和老庄道家并驾齐驱的显学。黄老之学是战国时期道家

① 吴光:《论黄老学派的形成与发展》,《杭州大学学报》(哲学社会科学版)1984年第4期。

② 张广保:《原始道家的道论与心性论》,《中国哲学史》2000年第1期。郜建华、楼宇烈:《〈吕氏春秋〉中的"精气说"》,《华侨大学学报》(哲学社会科学版)2017年第3期。郜文中的原始道家指的是老庄道家,并不包含黄老道家。

③ 王中江:《早期道家"一"的思想的展开及其形态》,《哲学研究》2017年第7期。王中江:《早期道家统治术的转变》(上、下),《哲学动态》2016年第2期和第3期。李晓英:《早期道家精神超越的现代教育意义》,《商丘师范学院学报》2015年第7期。白奚:《早期道家人物计然考》,《哲学动态》2018年第8期。陈志军:《早期道家的"性情的形而上学探析"》,《首都师范大学学报》2012年第4期。王中江:《早期道家的"德性论"和"人情论":从老子到庄子和黄老》,《江南大学学报》(人文社会科学版)2012年第4期。叶树勋:《早期道家自然观念的两种形态》,《哲学研究》2017年第8期。萧无陂:《中州学刊》2010年第5期。庞慧:《早期道家著作中的"礼"与"理"》,《南京大学学报》2013年第7期。徐立军:《早期道家辩证法思想演变略论》,《华中师范大学学报》1989年第12期。柴文华、郑秋月:《论冯友兰的早期道家观》,《哲学研究》2006年第6期。

④ 1973年河北定县汉墓出土了《文子》残卷,确证《文子》至少属汉初古籍;张岱年据此推断《文子》乃汉文景之时的黄老学派的著作。张岱年:《试谈〈文子〉的年代与思想》,《道家文化研究》第5辑,上海古籍出版社1994年版。

⑤ 王中江认为广义的黄老学应该包括韩非子。王中江:《早期道家的"德性论"和"人情论":从老子到庄子和黄老》,《江南大学学报》(人文社会科学版)2012年第4期。郑开则看到《韩非子》中《解老》四篇中浓浓的"黄老意"。郑开:《黄老政治哲学阐幽》,《深圳社会科学》2019年第4期。

学派的一个重要分支,起于先秦①,两度成为战国中后期和汉初的真正"显学"。"先秦道家"的说法窄化了道家早期研究丰富的文本范围和渊厚的思想内容,用来指代老庄道家亦可,但是不能涵括黄老道家或黄老学派。"先秦道家"的说法已经无法适应研究道家的早期思想的需要,后者迫切需要一种更全面、更清晰精准的范畴来取代。

吴光曾有"古代道家"和"早期道家"的说法。张广保提出"原始道家"的说法。②吴先生在《论黄老学派的形成与发展》一文中将"古代道家"分为两大阶段,即"早期道家发生发展阶段和黄老学的形成发展阶段。前一阶段包括了几乎整个战国时期,后一阶段则只包括战国末期至西汉初期这段历史时期。其中自不免有某些时间上的交错"。在吴先生看来,古代道家包含早期道家和黄老道家两个阶段,吴先生所说的"早期道家"的范围比"古代道家"狭窄。笔者所强调的"早期道家"实为吴先生所提出的"古代道家",其时间阶段包含春秋、战国和西汉中期以前。张广保先生在文中并没有直接界定何为"原始道家",从他引用的文献看包括《老子》《庄子》《管子》四篇和《淮南子》《吕氏春秋》,其"原始道家"的说法类同于"早期道家"之说。

"早期道家"作为学术界新辟的道家早期研究的园地,延续着黄老道家的新思想。从时间来看,早期道家应该截止到西汉中期以前。从其所包含的文本著作看,早期道家不仅包含老庄、杨朱、关尹、列子、宋钘、尹文子、彭蒙、慎到、环渊、接子、季真等等(虽然他们中大多数的著作已经散佚,但其思想可从散见于先秦两汉典籍里的一些零星史料中窥一大概),还应该包含西汉初年的《论六家要旨》和《淮南子》。除了老庄和杨朱以外,《管子》《吕氏春秋》《黄帝四经》《文子》《鹖冠子》《淮南子》,甚至《韩非子》中的《解老》《喻老》篇等似乎亦应该都被包含在早期道家的范畴之内。

---

① 有学者认为"先秦"之"先"可以追溯到商朝的伊尹。袁青:《伊尹与早期黄老之学》,《中州学刊》2019年第8期。

② 吴光:《论黄老学派的形成与发展》,《杭州大学学报》(哲学社会科学版)1984年第4期。张广保:《原始道家的道论与心性论》,《中国哲学史》2000年第1期。

　　不少学者主张，哲学性的道家开始于公元前 6 世纪的老子，在公元前 2 世纪得到了很大的发展，包括庄子学派和黄老（或稷下）学派。早期道家至少涵括了三个分支内容，即老子道家、庄子道家和黄老道家。

　　老子道家和庄子道家所指非常明确，老子、庄子、关尹、列御寇等即相关的文本。黄老道家是一个语义复杂、内容庞杂的概念。黄老道家产生、形成于什么时代？在道家学派演变历程中处于什么样的地位？它有哪些代表人物、文献和观点？对这些问题，学界看法并不一致。黄老道家有时亦称稷下道家，二者似有不同而有交叉。吴光提出，稷下道家出现于战国早期，仅指彭蒙、田骈、接予、慎到、环渊等等。黄老学派形成于战国末期到秦汉之际，马王堆汉墓出土的《黄老帛书》《鹖冠子》以及《吕氏春秋》便是这一阶段的代表性著作。黄老学在西汉初期兴盛并在政治上发挥实际作用，而《淮南子》和《论六家要指》，则是集黄老学之大成的著作。[①]吴先生认为稷下道家和黄老学派是前后发展的两个阶段，交叉不多。

　　更多学者则看到稷下道家和黄老道家的交参互涵。比如白奚先生提出，战国时期的百家争鸣就是在齐国的稷下学宫进行的，稷下学宫的主流学派是黄老之学，无论从人数规模、著作文献还是社会影响来看，黄老之学都是当时占据主流地位的学派，代表了先秦学术发展的强势思潮和时代话语。黄老之学产生并成熟于稷下。[②]这种观点强调稷下学派包含黄老学派。白奚先生向前追溯黄老道家的先驱和源头，探索老子道家和黄老道家之间的分化、承继和延续关系，揭示老子思想发展出黄老思想的关键人物和中间环节，论证黄老之学理论贡献的丰富来源。[③]郑开则看到有充分理由认为稷下学是黄老学承前启后、

---

① 吴光：《稷下学研究（四）：稷下道家三辨》，《齐鲁学刊》1984 年第 2 期。
② 白奚：《稷下学研究：中国古代的思想自由与百家争鸣》，生活·读书·新知三联书店 1998 年版，第 92 页。
③ 白奚：《范蠡对黄老道家的理论贡献》，《社会科学》2016 年第 8 期。白奚：《范蠡对老子学说的继承与发展》，《中国哲学史》2020 年第 1 期。白奚：《先秦黄老之学源流述要》，《中州学刊》2003 年第 1 期。白奚：《早期道家人物计然考》，《哲学动态》2018 年第 8 期。

异军突起的重要契机。即《史记·孟子荀卿列传》中记载的稷下先生如淳于髡、田骈、接予、慎到、环渊、驺衍、驺奭、荀卿等，以及《庄子》之《天下》和《则阳》，《汉书·艺文志》中记载的宋钘、尹文、彭蒙、季真等，都可以归诸宽泛意义上的黄老学派。①这种观点认为黄老学派包含稷下道家。

以上学者指出了"稷下道家"和"黄老道家"的交叉并行和发展延续，也指出了黄老道家厚实渊深的复杂面貌和社会影响。"稷下道家"和"黄老道家"都是对老庄以后道家的概括，作为当时的显学，"稷下道家"的说法重在学派产生成熟的地点和百家争鸣中作为学术重镇的特点，"黄老道家"的说法凸显了学说的源起特征、内容和内涵，二者都指出了战国中后期人数最多、影响最大的学派，体现了老庄以后道家独具的以道家思想为主干，援借名家法家思想，借助阴阳家思想之框架，推崇儒家道德伦理和注重教化的学术特征和文化传统。笔者认为，"黄老道家"这个说法更能概括老庄道家以后的道家学说的会综和交参互融的全景和全貌，黄老思潮博深庞杂，源远流长，纵贯六七百年的时间跨度：其思想端倪大约在春秋晚期酝酿；至战国中期迅速形成鲜明有力的帝道政治哲学，发展成兼容并蓄、错综复杂的黄老学思潮；黄老学还流行于两汉时期，甚至绵延于汉末（例如黄老道）。②黄老道家更能概括战国秦汉时期作为事实广泛存在的政治思潮：这种思潮以老子的道为基础，以黄帝为代表的天道作为行动的法则，贯穿于本与末、道与用、道与术相对应的思维。③

黄老道家把各个学派的基本原则重新安排到一个以道家为首的新体系之中，揭示了老庄以后道家发展的新方向和新内容。笔者认为稷下道家实为黄老道家的一部分内容，包含于黄老道家的大系统之下，采

---

① 郑开：《黄老政治哲学阐幽》，《深圳社会科学》2019 年第 4 期。郑开：《道家政治哲学发微》，北京大学出版社 2019 年版。

② 金晟焕：《黄老道探源》，中国社会科学出版社 2008 年版，第 1—5 页。

③ 曹峰：《近年出土黄老思想文献研究》，中国社会科学出版社 2015 年版，导论第 11 页。

用以黄老道家取代稷下道家的说法,故将早期道家界定为老子道家、庄子道家和黄老道家。

本书除了对"早期道家"的概念界定外,还阐释了老子道家、庄子道家、黄老道家划分的理由,讨论了版本文献、主要思想及其演变过程和相互关系。

2."精神"的研究视角

本书的研究视角是"精神之道"。"精神内守而不外越于形骸"作为早期道家学术核心,展现了早期道家的理论探寻。学者对道家之"内"的旨趣多集中于中医养生层面,以阴阳调和、情志养生为目的,分析人体内腑脏、脉络和气血的变化,把握人体生命过程的规律。[①]有学者从精神哲学的角度,从心性论的层面解读道家之"内",如有认为道家"内学"即是道家形而上学,是"精神内守"之学,是专注于己身之内的身心体证。[②]有学者提出《文子》"守内而不失外"的修养原则,因循天道自然,保存内心至和之气,固守和恢复虚无、平易、清静、柔弱、纯粹素朴的本性,实现生命的永恒和精神的超越。[③]有学者通过对气的修为与养生两个方向的作用,阐明精气驻留人心之内的修身抟气及其服务于精神与肉体层面的意义。[④]有学者从心(心术)的角度,将心与自我精神、理

---

①　边莉、田思胜:《道家思想对〈内经〉养生理论的影响》,《山东中医杂志》2015 年第 8 期。欧阳波、翟双庆:《〈内经〉情志养生理论与道家无为思想》,《新中医》2014 年第 10 期。战佳阳:《道家思想对〈内经〉的影响概述》,《中华中医学药学刊》2011 年第 2 期。臧守虎:《在道家思想文化背景下对〈内经〉的诠释:以〈素问〉"心者……其宗大危"为例》,《中医药临床杂志》2006 年第 2 期。昊天等:《基于道家内丹学说阐释"精神内守,病安从来"的理论内涵》,《中华中医药杂志》2016 年第 8 期。

②　郑开:《道家形而上学研究》(增订版),中国人民大学出版社 2018 年版,第 341—342 页。

③　孟鸥:《"守内而不失外":〈文子〉的人道超越》,《青岛大学师范学院学报》2010 年第 2 期。

④　匡钊:《专气、行气与食气:道家方士对"气"的不同理解及其后果》,《中国哲学史》2013 年第 2 期。

性的培养、伦理的修为和政治实践结合起来。①以上学者从道家"内圣"之功,阐述了内在的精神修为和精神的内守过程。

三、本书诠释的态度、方法和架构

诠释学是以作者、读者、文本之间交互关系问题构成许多重要问题的探讨。今天,以注经、解经的形式确立诠释方法已经越来越困难。一方面,在当今的学术体制下,在现代学术分工的局限下,既有诠释文典的古文献训练,又能进行哲学建构的学者很少了。历来研究道家的篇章书册不计其数,立场、差异、意见或有不同,总的来说,都沉淀为文化内涵的一部分,亦是我们进一步前行的基础。本书思考和写作的基本思路如下:

1. 本书从精神世界和精神体验契入,提出早期道家思想研究的新视角,揭示早期道家独特的实践论和方法论。

道家哲学的核心理论是充满深邃洞见和实践智慧的形而上学。在古代中国的思想语境中,精神是与形体相对而言的,包含感觉、意识、心理、思维、神态、意志、灵魂等含义。从早期道家哲学的基本文献来看,"微妙玄通"的理论、与心灵相接、与绝对合一的观点是道家的神道传统②,早期道家"守内""心斋""气"以及"守静"等概念,包括对世界终极来源的追讨,其臻极之处亦可归到信仰层面,与宗教相类似,但又排除了宗教之迷信及甚虚伪、妄诞,而是立足于个体之体悟,展开对宇宙人

---

① 王中江:《"心灵"概念图像的多样性:出土文献中的"心"之诸说》,《哲学研究》2019 年第 12 期;匡钊:《试论〈黄帝四经〉中的"心"》,《中国哲学史》2010 年第 2 期。匡钊、张学智:《〈管子〉"四篇"中的"心论"与"心术"》,《文史哲》2012 年第 3 期。匡钊、王中江:《道家"心"观念的初期形态:〈老子〉中的"心"发微》,《天津社会科学》2012 年第 4 期。郑开:《试论黄老政治哲学的"内圣外王之道"》,《湖南大学学报》2019 年第 2 期。郑开:《道家政治哲学发微》,《现代哲学》2019 年第 2 期。郑开:《黄老政治哲学阐幽》,《深圳社会科学》2019 年第 4 期。

② Cao Feng：The Enjoyment of the Ssange and the Connon People：A New Perspective on the Cosmology of the *laozi*，Front. Phalos. China 2017，12(3)，pp. 377—392.

生最高真理之探索。

与现代汉语中的"精神"一词不尽相同。道家精神不限于人的意识心理活动,而是拓展到更渊深、更广渺、更幽玄的核心:精神世界和精神体验。早期道家的精神体验以洞察本根、通达神明为主旨,以使人精神专一为主要方法,以身心间的张力为依托,或力主原初人性之复归,或倡扬主客二元论之解构,或诉求欲望感知之减损等等,无一不以惊世骇俗之力量在对文明异化和主体人格进行深微省思。

"精神内守而不外越于形骸"作为早期道家学术核心。道家之"内"既指涉养生学基础上的形神相依和身心一体,亦涵括精神世界、精神领域和精神空间。"内"以合乎天性和循乎本性为主旨,构成了为道之过程;以解构和净化旧有精神形态来顺任、体验和把握外在的世界。"内"既内含着对本性及天性的肯定,又有化"人"为"天"(形成第二天性)、进行精神修炼而走向实践智慧的一面。

精神修为在早期道家哲学中表现得尤为真切深刻。早期道家哲学以自我解构、自我涵养为契入,对人是否能体验世界及如何体验世界展开多重阐论和独特追问。婴儿是早期道家的重要意象和完美象征。婴儿作为生命开端和本性之初,天性完满,活力充沛,隐含对生命力量的肯定。婴儿的精神世界素朴、纯白、无杂,没有世俗之智的机心纷扰,守柔示弱和无欲无争。"复归于婴儿"作为一个可能性存在和理想存在形态,既是对人性开端的回复或守护,亦喻示着对人可能形态的肯定和对未来的关注筹划。

否定式思维方法是早期道家展示接近世界的最基本重要的方法,亦是早期道家重要的精神修养功夫和方法路径。老子大量使用否定式,赋予文本思想表达的独特意义:既对外物世界予以无情批判和精微反思,亦是对价值世界的重诘和重建。

老子对自我的沉思和关注,也是在否定中展开:以"私""独""身""己"确立自我的生命、地位等价值性关怀;以"自知(胜)""知足"强调主体性认知和自主自律问题;以"长生(保)""久(寿)""无死地"等观念诉诸自我的永恒存在。老子对自我的确认以否定性的表述来完成,将自

13

我置于关系性的场域之下，赋予自我以对象性的思考："不自生（见、贵）"等观念意味着天地万物都对自我有影响，意味着对既存自我的解构和否定；作为无为而治的主体和被民众评判的客体，"吾（我）"因为强烈的对象性呈现出弱化和隐藏的特点。以弱化主体来存持主体、以关系性场域赋予对象性思考，此为老子面向自我的沉思。

言为心声，庄子一生都在践履他对现实世俗的省思和反抗。根据《庄子》一书中对庄子本人记载的材料探讨庄子的思想和行动之间的关系是可行的方式。借助庄子对艰危现世的多重面向和复杂态度，逼近庄子体悟生命的态度和追求。庄子以安贫的态度高扬生命的尊严，成为他体证生命的发端；以向死、甘于无用之境的超脱追求生命的欢愉，并以此开辟了生活道路；以重"质"、除"自是"的理性体证生命的丰富、公正与平等，践履其对道存于万物的设想。检视庄子在《庄子》中的现身，探讨庄子对自身哲学观点的践履，澄清生命对庄子而言的独特的精神含义，阐明庄子历经乱世、展衍成风的精神境界，不仅是对《庄子》中庄子其人形象的描述，更是对庄子精神记录的揭示。

讨论早期道家否定式的表达方式和思维方法，必然指向道家价值境域的阐释，对价值意义的讨论决定了道家精神世界的向度。对至真、至善、至美的伦理生活的追求就是道家价值观念的高度。老子的"善"是对利物不争、不分疏万物、超越形名制度（即"不辩"）等行为及其结果的价值判断。"善"可作名词，指像水一样利物不争的属性，包括治理者对敌对方的果而不强、不分化万物、超越形名等行为；可作形容词，指工巧高明的治理者利物不争、不与万物对峙、超越形名等行为；可作副词，意为善于，修饰治理者利物不争的行为；可作动词，具有推崇看重之意，仍指向治理者不分化万物、利物不争之行为原则。

至人是《庄子》的理想人格，承载《庄子》复杂的思想和独特理论。解析至人的内涵特征，对于解释《庄子》思想的全面复杂，探讨《庄子》哲学的演变都具有重大意义。至人在野、边缘化的社会地位，安宁和悦的心境、豁达超脱的人生态度和精神追求，以及为求超脱对天下理想秩序的设想，构成了至人超然、超脱的特征。

　　杨朱一派为了阐释思想的需要，常通过各种对比：如大小之辨、公私之说、名实之辨（伪实对比）、生死对比、苦乐之辨、圣凶对比等来完成价值观的表述。

　　早期道家在省思文明失落的精神体验中，并没有遗漏安民治国安天下的外王构想。老子的民心论、治理层级类型观、庄子的天下观阐释了道家与内圣外王的政治哲学的基本命题，揭示了修身与理政在道家文本中是相互关联而又彼此独立的概念，精神内圣和天下治理各自有具体性和独特性，各自有领域范畴、主体担承、评价标准和结果显现。本书旨在从身心间的张力来探究道家精神世界的高远和精神体验的深邃。

　　2. 自觉进行中西哲学深层对话，注意中西哲学提问方式和解决理路的不同，避免枘凿不合。

　　如何诠释古典文化问题即古典文化的类型归属问题是当今哲学哲学面临的重要问题。自西学传入，一方面，从形式上看，哲学、历史、文学、科学等一类的学科专门化的分类方法，对传统文化产生了根本的影响。在这种情况下，依据现代学术门类对经、史、集的传统学术分类进行重新分解研究，成为学术发展的新趋向。老一辈哲学家很早就意识到中国思想及其表达风格的独特性，冯友兰强调，"中国哲学家的语言如此不明晰，而其中所含的暗示则几乎是无限的"[①]。这是从方法意义上倡导中国思维和表达方式的特殊性，凸显出规范的必要性。在这个意义上，哲学方法中的概念与范畴方法就显得十分重要。张岱年强调了中国古代哲学的概念与范畴和西方哲学的根本差异。他将这种差异描述为形式体系与实质体系的差异："中国古代哲学虽然没有形式上的体系，但是有实质上的体系。这个体系里边包含许多命题，命题里边又有许多概念范畴，进行理论分析，就是对哲学的命题及概念范畴的意义和内容，进行客观的分析。中国古代以及印度、西方，都有自己的一套概念范畴，不同哲学系统的概念范畴很难互译。"[②]互译难度在于中国

_____

　　①　冯友兰：《中国哲学简史》，赵复三译，生活·读书·新知三联书店 2009 年版，第14 页。

　　②　张岱年：《中国哲学史的方法论问题》，《清华大学学报》（哲学社会科学版）1993年第 2 期。

有独特的文化和生活经验,语词、概念和范畴的意义是在使用过程中逐步形成和转变的,跨语际的翻译不可能保障经验底色的传递和使用场景的复刻。

另一方面,中西哲学之间的内在问题是关联的、对等的,由于文明不同而牵涉的相通和互鉴,也日渐成为必要,完全同一的对象之间不存在相互参照的问题;正因为相异,所以需要彼此借鉴。张岱年认为中西哲学的内在关联是问题,而不是术语的对等,"中国古代哲学有自己的一套概念范畴,有自己的一套的名词术语,显然不同于西方……中国哲学也有与西方哲学的最高问题相类似的问题,虽然是用不同的名词概念来表达的,而具有相似的深切内涵,因而具有同等的理论意义"[1]。中国哲学中的概念和范畴是构成思想体系和表达规范的实质支点。文明的普遍性、共同性为文明之间的互鉴提供了何以可能的前提:彼此全然不同的东西无法相互比较、互鉴;文明的特殊性则从文明差异性、多样性方面凸显了文明之间的互鉴互补的必要性。[2]

但在对中国古典文本具体诠释的过程中,又存在三种问题:一是在西方话语面前亦步亦趋,单纯以非反思的形式加以依傍和效仿;二是囿于以往传统,固守"以中释中";三是仅仅停留在标语口号式的"主张""要求"之上,空喊"创新""结合""自作主张",却不愿踏踏实实地研究具体问题,以形成建设性的研究结果。[3]

近年多元主义的思潮似乎为中国学者再度思考传统文化的价值、如何正视西学参照提供了有利环境。冯友兰说"中西之分是古今之异",把中西地域的差别置入古今时间的差别,"分"和"异"蕴藏着变化和创造,一方面,我们要保持自己传统的价值和魅力,坚持中国哲学的独特思维和术语,不能简单套用西方概念来解释和定义中国哲学术语。[4]传

① 张岱年:《中国哲学基本问题辨析》,《社会科学辑刊》1991年第6期。
② 杨国荣:《文明互鉴及其意义:在第八届尼山世界文明论坛上的开幕式主旨演讲》,《2022中国(曲阜)国际孔子文化节暨第八届尼山世界文明论坛》,2022年9月26日。
③ 杨国荣:《汉语哲学与中国哲学:兼议哲学话语的内涵与意义》,《社会科学》2022年第6期。
④ 刘笑敢:《反向格义与中国哲学方法论反思》,《哲学研究》2006年第4期。

统价值的魅力在于它的殊相以及它所具有的世界哲学大家庭的共相因子,中国哲学的问题和所呈现的智慧,与西方或其他民族哲学有所不同。这不仅不妨碍其为中国的"哲学",反而正体现为它是"中国"的"哲学";"哲学"是一个共相,是一个"家族相似"的概念。而西方哲学和中国哲学一样,只是一个殊相,一个例子;非西方的哲学家的重要的工作之一,就是发起一种广义的"哲学"观念,解构"哲学"概念理解上的西方中心主义立场。这样,才能真正形成跨文化意义上的哲学对话。①另一方面,我们要创造新的异于传统的哲学文化,传统价值的魅力在于后人不断的创造和创新,只有后辈的创新才能坚守前人的传统,如王中江说:"晚近中国迅速而又大大规模地吸纳来自西方的哲学,燃起了古典中国哲学的复兴。两者的相遇和融合,产生了有别于西方又不同于中国过去的新型的哲学:新的语言表达,新的论说方式,新的精神气质。哪怕它再是洋产的智慧,无意之中它已化为本土;哪怕它再是本土固有的义理,蓦然之间它已有了新的外观。"②此处的关键在于如何潜下心来做一些创造性的研究,真正地在国际哲学界获得一席之地,既不能建立在抽象空洞的意向或自我亢奋的情绪之上,也不能满足于在学术会议上的发言亮相,积累和展示相关的文化内涵十分重要。所谓文化内涵,主要指形成被其他文化形态所承认的创造力量和意义。

　　然而现实是复杂的,回归传统、坚持创新是否就意味着完全摆脱西学的影响,这是一个值得深思的问题。"近代以来,中国哲学与西方哲学的相遇已经成为一个基本的历史考察现象;二者的联系不是一个应当不应当的问题,而是一个现实问题。这种背景,同时也构成了我们反观中国哲学历史演化的前提。"③"要在世界哲学视域中考察中国哲学""中国哲学无疑包含着哲学之为哲学的普遍品格:它固然以'性'与'天道'的讨论为独特的形态,但其内在旨趣则是智慧的追问。""中西碰撞

---

① 陈来:《"中国哲学"研究的挑战:访陈来教授》,《哲学动态》2002 年第 3 期。
② 王中江:《为什么是"哲学"意义上的"中国"》,《哲学中国·发刊辞》,王中江主编:《哲学中国》第一辑,中国社会科学出版社 2021 年 12 月版。
③ 杨国荣:《中国哲学研究的四大问题》,《哲学动态》2003 年第 3 期。

已经是无需争辩的事实,以传统为形式,中国哲学的意义往往隐而不显,但在西方哲学的参照之下,其内涵则可能得到比较切实的敞开和呈现。"①凡是哲学,总包含哲学之为哲学的一些共同点,这些特点普遍存在于中国哲学和西方哲学之中。当然,它们存在个性差异,表现形态不完全一样:从语言风格,到命题形式等等,不同哲学系统并不雷同。就个体研究而言,探索哲学问题,每一个研究者都可以有所侧重,但是在研究的时候,所面对的问题又都具有共同点或普遍品格。同样,从哲学形态考察,中西哲学的追问,也具有相通之处。对哲学这一大家族中的普遍性品格,需要给予充分关注,如果离开了这些普遍性,研究哲学的意义就会减弱甚至不复存在。从这一角度看,以中释中的主张显然难以苟同:这一看法过度地强化了中国哲学与其他哲学形态的差异,以致将其视为孤悬于哲学家族之外的另类。事实上,中国哲学从先秦开始,其衍化过程便一直包含哲学之为哲学的普遍品格。②

张祥龙则直陈中西文化对比的可能性:"观念上和陈述语言上的无'公度性'会阻塞的是概念上的相互充分理解和一一对应式的有效翻译。但是,在概念化、语言失效的'边缘化',凭借本质上更多样的表达方式和其中蕴含的游戏意识,可能会产生新的翻译风格和更深意义上的相互理解。"③张先生之意是广泛意义上的中西对比,而非仅仅是观念和语言的翻译问题。

因此,现在我们处于这样一种处境之中:一方面,西方学术已成为传统文化省思的参照,传统文化已被抛在西学面前。西学已经以某种方式渗入传统文化的诠释中,甚至形成了诠释者自觉不自觉的"先见":从马克思主义、现象学到后现代主义无不如此。④另一方面,我们理应

① 杨国荣:《中西相遇求通,世界哲学视域下的中国哲学》,第22届国际中国哲学大会论文,2022年6月27日于华东师范大学。
② 杨国荣:《中国哲学的世界意义》,《中国文化》2022年秋季号,2022年10月。
③ 张祥龙:《边缘化的理解:中西思想对话中的印迹》,《安徽师范大学学报》2000年第4期。
④ 刘梁剑:《百年船山学的变迁、困境与出路》,《南通师范学院学报》(哲学社会科学版)2004年第3期。干春松、仇赛飞:《"中国哲学"研究面临的挑战》,《社会科学报》2002年1月31日。

承认传统文化的独特价值,避免将中学西方化。曾有学者感叹:"曾几何时,当代中国人在理解本国传统时,由于知识、语言的生态环境丕变,以至于居然要通过西方哲学的概念语言,才能使传统的智能稍稍为本国人理解。"①学术界对"反向格义"和"逆格义"的批评正是坚持文化的民族地位的体现。②那种以西方哲学的概念和理论框架来研究中国传统的哲学思想,确实有削足适履的风险。如陈寅恪所言,必须"一方面吸收输入外来之学说,一方面不忘本来民族之地位"③。创建既有中国气象又有世界影响的哲学话语,已是当代中国哲学面临的时代大问题。中国哲学话语创建内在地要求汉语言哲学的视域。汉语言哲学涉及理念、方法、实践等不同的层次。汉语和哲学的相干性问题、西方哲学的汉语化问题以及从汉语言哲学角度看中国现当代哲学的演进问题,这些问题的侧重点都是以汉语为切入点做哲学史考察。④汉语言哲学思考以下根本问题:在古今中西之争的背景下,我们如何用汉语做哲学,为世界性百家争鸣贡献新的元点与智慧。同时我们也要看到,在历史已经进入世界历史的背景下,不同哲学传统面临相互接触、了解、沟通、交融的问题,执着于"汉语"容易使中国哲学隔绝于其他哲学系统。更为实质的问题,是如何让中国哲学取得世界范围内为其他哲学系统所能理解的形态,让中国哲学参与世界性的百家争鸣。专注于"汉语",很难避免各自言说、互不了解的状况,在这一背景下,中国哲学只能限于汉学家的狭小圈子,难以进入主流的世界哲学中,并以平等的哲学身份与其他哲学传统对话。⑤因此,在借助西学诠释古典文本时,我们需要

---

　　①　袁保新:《再论老子之道的义理定位:兼答刘笑敢教授》,《中国文哲研究通讯》1997 年 6 月,第 7 卷第 2 期。

　　②　刘笑敢:《"反向格义"与中国哲学研究的困境:以老子之道的诠释为例》,《南京大学学报》(人文科学.社会科学)2006 年第 2 期。

　　③　陈寅恪:《冯友兰〈中国哲学史〉审查报告三》,载冯友兰:《中国哲学史》附录,中华书局 1961 年版。

　　④　刘梁剑:《汉语言哲学和中国哲学话语创建》,《同济大学学报》(哲学社会科学版)2022 年第 5 期。

　　⑤　杨国荣:《汉语哲学与中国哲学:兼议哲学话语的内涵与意义》,《社会科学》2022 年第 6 期。

自觉意识到中西之间的紧张、对立及双方同时存在的衔接与交融,从而提高古典哲学的现代研究的严肃性、专业性、创造性和科学性。在诠释的过程中,使待诠释的事物本身与诠释者的先见处于交互的动态过程中,让事物本身和先见相互检视、相互问答,先见若不合事物本身就自当放弃,先见若合事物本身就当存留。在二者的相互循环往复中,彼此改变、相互充盈。

3. 对文本进行严格的直接阅读,合理评价后续思潮的创建工作。自觉衔接学术研究和文化创新活动。

我们一方面要力求创新和创造,同时也要看到今人需要前人的努力和智慧作基础,并非所有的智慧都是新创立的,并非现代人才有最重要的观念,今人的知识并非全新。我们可以从过去发现重要的证据和假设,可以说,对古人智慧的寻求,要求我们对文本研究和思想创新的分疏结合。因此,我们需要展开对学术研究和文化重建两种不同性质的工作长久思考。

注释和诠释是中国古已有之的传统[1],注释是逐字逐句地对早期文本进行疏解,解说语言文字,涉及音韵学、训诂学、考据学、文献学、史学、文学、地理、历算等方面基本的事实说明。诠释亦是古已有之,是对一些艰涩的文本之意进行的诠释学探索,而不是一种随性随便的解释或解说。[2]韩非子的《解老》和《喻老》虽然是对《老子》文本的诠释,但亦体现了韩非子自己的思想。

在诠释方面,我们要把传统文本文献研究与当今中国的实务议题很好地结合起来,既要与现代理论保持联系,又要逼近古本原貌,要求我们对文本展开具体的历史理解:把所有的想法与文本挂钩,先进入文本,不带假设或预判或其他学派的外来观念进入文本。我们应该先读文本,有了想法,再回头看文本证据是否支持想法,不宜用时尚的理论标准否认文本的客观真实的标准,我们力求在保持文本历史性和作者

---

[1]　景海峰:《中国哲学的现代诠释》,人民出版社 2004 年版,第 1—10 页。

[2]　刘笑敢:《诠释与定向:中国哲学研究方法之探究》,商务印书馆 2009 年版,第 34 页。

原义的基础上净化、素朴文本,严防后期的诠释进入早起的文本,这样做的原因有二:一是深化古典文本、保证古典文本的原貌和可能的原意,二是合理评价后续思潮的创建工作。①原因在于"中国古代史之材料,如儒家及诸子等经典,皆非一时代一作者之产物。昔人笼统认为一人一时之作,其误固不俟论"②。以上是我们进行中国古典哲学研究的两个并行不悖的标准,我们不希望以一个标准掩盖另一个标准。我们要读出文本的作者本来要说的东西,为此必须保持开放和包容的进路。

比如,王弼的《老子注》和郭象的《庄子注》都是以较为完整的经典注释的形式谈论哲学问题,对《老子》《庄子》原文注释的形式是相当完整的。王弼、郭象虽然采取了逐章注释的方式诠释早期道家文本,但并没有受到原有文本的束缚,而是以注经、说经的方式提出了许多新的哲学概念和命题,这虽然给原有文本赋予新的生命力和时代性,但另一方面可能造成对早期原有经典的本义造成误解和曲解。

在王弼对老子的注解中、郭象对庄子的注解中,我们的工作不是展现王弼、郭象对老子的注释是否有偏离、误解,而是揭示王弼、郭象被后人有所偏见、误解的事实。可以说,我们对借古本证立某种新思想、新注释的方法并不反对,反对的是从王弼、郭象与老庄思想是否一致出发,评判他们的注解没有用处。我们可以从逼近老庄文本、王弼和郭象注本的真相出发,既发现老庄文本的原貌,也揭示王弼、郭象的新见解。我们可以看到王弼、郭象使道家哲学在近千年后别开生面,重新使我们看到了王弼郭象和老庄文本的各自创新。因此,我们对文本原貌、真相的追求具有双重原意,区分不同历史时期的文本:《老子》的竹简帛书本、《庄子》的早期文本和王弼郭象的注本,不仅要看到老庄文本的原貌和原意,肯定老庄文本的价值,而且还要看到王弼郭象注本的注释价值,充分把握王弼郭象理论创新的功绩:将许多断片合起来而成一个严

---

① ［美］孟旦:《中国早期人的观念》,丁栋、张兴东译,北京大学出版社 2009 年版,序言部分。

② 陈寅恪:《冯友兰〈中国哲学史〉审查报告三》,载冯友兰:《中国哲学史》附录,中华书局 1961 年版。

整的系统。王弼郭象的注本集涉及训诂和考据整理，也达到了建立新的思想体系的层次。中国哲学确实在训诂考据、文献整理的基础上创造了众多的思想体系，从最初的字义训诂、文本整理做到思想创造。中国哲学的研究可以是多重途径和多重方法并存的。

古代道家文本涉及一个古今变迁、古今不同的演变。这些演变会在潜意识中把研究者带入一些误区：以今释古（以当今观念阐释道家文本概念）；以后释前（把后来学者的阐释当作早期道家文本思想）；古今不分（将当下学者立足现代立场的观点当作道家本身的思想）。①因此，分析哪些是早期道家文本的思想，哪些是后来诠释者的新创造，就成为十分必要的学术鉴别工作。对早期原始文本进行严格的直接阅读，合理评价后续思潮的创建工作。使得古典文本奠定了一个新时代的理论基调和话题。在依据诠释解说一个思想家哲学家时，我们不能想当然地将注文的所有文字都当作诠释者本人的思想或者诠释文本的思想，我们该如何评价诠释者的创造，如何评价他们的诠释？如何区别哪些是诠释文本的思想，哪些是诠释者对原文思想的引申，哪些是诠释者原创的观点，这需要严肃的讨论。这牵涉两种治学倾向，或者说两种诠释的理论：文本的原貌或原意与后期的创新中该如何结合？又该如何区分？或者如古老的汉学和宋学之争的意义，或者是两种定向：文本的历史的定向与当下的、创造的定向之间的关系问题。②自觉衔接学术研究和文化创新活动，是本文写作的有意识提醒的原则。

最后，笔者要谈到古典文献版本中的材料引用问题。尽管《老子》《庄子》等承载早期道家哲学的文献在历史上很少发生根本的改变，但是在材料引用的过程中，笔者作出了选择：《老子》材料引用出自陈鼓应《老子注译及评介》（商务印书馆 2003 年版）；《庄子》材料引用出自郭庆藩《庄子集释》（"新编诸子集成"丛书，中华书局 1961 年版）《黄帝内经》材料引用出自唐朝王冰《黄帝内经素问补注释文》（载《道藏》第 21 册，

---

① 刘笑敢：《〈道德经〉智慧 100 讲》，上海人民出版社 2023 年版，第 22 页。
② 刘笑敢：《诠释与定向：中国哲学研究方法之探究》，商务印书馆 2008 年版，第 147—159 页。

文物出版社、上海书店、天津古籍出版社 1988 年版);《文子》材料引用出自王利器《文子疏议》("新编诸子集成"丛书,中华书局 2000 年版);《吕氏春秋》材料引用出自许维遹《吕氏春秋集释》("新编诸子集成"丛书,中华书局 2009 年版);《管子》材料引用出自黎翔凤《管子校注》("新编诸子集成"丛书,中华书局 2004 年版);《淮南子》材料引用出自何宁《淮南子集释》("新编诸子集成"丛书,中华书局 1998 年版);《鹖冠子》材料引用出自黄怀信《鹖冠子校注》("新编诸子集成续编"丛书,中华书局 2014 年版);《礼记》材料引用出自王文锦《礼记译解》(中华书局 2001 年版);《新书》材料引用出自阎振益、钟夏《新书校注》(中华书局 2000 年版);《洞灵真经》材料引用出自何璨的《洞灵真经》(载《道藏》第 16 册,文物出版社、上海书店、天津古籍出版社 1988 年版);《老子想尔注》的材料出自饶宗颐《老子想尔注》(上海古籍出版社 1991 年版);《论语》材料引用出自杨伯峻《论语译注》;《史记》材料引用出自司马迁《史记》(中华书局 1982 年版)。以上材料引用不再一一表明出处版本。

第一章　早期道家"内"之论

一、问题的提出

　　道家文献中"内"既指在形体内部脏腑、经脉的基础上，所形成的和谐的生理心理机制，涵括心身交关的医学理论；亦揭示了从存守天性出发，人的意志、修为境界和性情魂魄的实践过程，独立于形体但不排除形体。"精神内守而不外越于形骸"作为早期道家学术的核心，以形神相依和身心一体为指向，将内在的精神修为统摄外在世界并展现为外在世界，体现人的内在统一和自我整合。

　　有学者对道家之"内"的旨趣多集中于中医养生层面，以阴阳调和、情志养生为目的，分析人体内腑脏、脉络和气血的变化，把握人体生命过程的规律。[①]亦有学者将人体看成是（精）气、形、神的统一体，从精神哲学的视角，从心性论层面解读道家之"内"，有认为"内学"即是道家形而上学，是"精神内守"之学，是专注于己身之内的身心体证[②]；有学者提出《文子》中"守内而不失外"的修养原则，因循天道自然，以保存内心

---

　　① 　边莉、田思胜：《道家思想对〈内经〉养生理论的影响》，《山东中医杂志》2015 年第 8 期。欧阳波、翟双庆：《〈内经〉情志养生理论与道家无为思想》，《新中医》2014 年第 10 期。战佳阳：《道家思想对〈内经〉的影响概述》，《中华中医药学刊》2011 年第 2 期。臧守虎：《在道家思想文化背景下对〈内经〉的诠释：以〈素问〉"心者……其宗大危"为例》，《中医药临床杂志》2006 年第 2 期。吴天等：《基于道家内丹学说阐释"精神内守，病安从来"的理论内涵》，《中华中医药杂志》2016 年第 8 期。
　　② 　郑开：《道家形而上学研究》（增订版），中国人民大学出版社 2018 年版，第 341—342 页。

至和之气,精诚内敛,固守和恢复虚无、平易、清静、柔弱、纯粹素朴的本性,实现生命的永恒和精神的超越①;有学者从"抟气"的角度,通过对气的修为与和养生两个方向的作用,阐明精气驻留人心之内的修身抟气及其服务于精神与肉体层面的意义②;有学者从心(心术)的角度,将心与自我精神、理性的培养、伦理的修为和政治实践结合起来。③

以上学者都看到了道家"内圣"之功,阐述了内在的精神修为和精神的内守过程,揭示了道家心性修养中的人之内在统一和自我整合。为我们进一步发掘道家的精神修养提供了必要的基础和支撑。应该给予充分肯定。但是他们对于"内"在道家文献中所体现的丰富性揭示不够,对于"内"的形而上的层面及其所具有的整体性和具体性的认识尚待深入。对早期道家哲学的精神超越如何为当代中国哲学提供重要精神遗产,如何为当今社会重大现实问题的解决提供启迪和智慧,还需要进一步深入探讨。

二、"内":养生学意义上的生理和心理和谐系统机制

道家之"内"离不开形体。形体在道家论域内是很多思想的交叉点和枢纽:

> 今子与我游于形骸之内,而子索我形骸之外,不以过乎?(《庄

---

①　孟鸥:《"守内而不失外":〈文子〉的人道超越》,《青岛大学师范学院学报》2010年第2期。

②　匡钊:《专气、行气与食气:道家方士对"气"的不同理解及其后果》,《中国哲学史》2013年第2期。

③　王中江:《"心灵"概念图像的多样性:出土文献中的"心"之诸说》,《哲学研究》2019年第12期;匡钊:《试论〈黄帝四经〉中的"心"》,《中国哲学史》2010年第2期。匡钊、张学智:《〈管子〉"四篇"中的"心论"与"心术"》,《文史哲》2012年第3期。匡钊、王中江:《道家"心"观念的初期形态:〈老子〉中的"心"发微》,《天津社会科学》2012年第4期。郑开:《试论黄老政治哲学的"内圣外王之道"》,《湖南大学学报》2019年第2期。郑开:《道家政治哲学发微》,《现代哲学》2019年第2期。郑开:《黄老政治哲学阐幽》,《深圳社会科学》2019年第4期。

子·德充符》）

道家认为形骸内外有不同的图景和评判。郭象注"形骸外矣,其德内也。今子与我德游耳,非与我形交也,而索我外好,岂不过哉!"形骸之"内"侧重内在之德,形骸之"外"指的是外在物欲。"内"涉及一身之内的整体状况,"内"离不开形骸,以"形"为保障。

"内"首先指的是身体内部和谐、稳定的生理和心理机制,其次在身体康健、身心一体的基础上展开了心神、意识、灵明、信仰等层面的精神世界的建构。

"内"与形体密切相关,相对于形体而又涵括形体。从个体自身来说,"内"指的是内在身体机理,是和形体外部的四肢五官相对应的五脏六腑和内部经络,是身体内部的心理和生理的和谐机制,涉及心身交关的医学理论。

> 鲁有单豹者,岩居而水饮,不与民共利,行年七十而犹有婴儿之色;不幸遇饿虎,饿虎杀而食之。有张毅者,高门县薄,无不走也,行年四十而有内热之病以死。豹养其内而虎食其外,毅养其外而病攻其内,此二子者,皆不鞭其后者也。(《庄子·达生》)

在庄子看来,注重肉体调养而忽视疾病对人的内扰,与看重内心的修养却忽视外在危害一样,都是人应该摒斥的做法,"不鞭其后者也"。这里的"内"指的是身体内部的调养机理。

从个体自身来说,"内"首先指的是内在身体机理,是和形体外部的四肢五官相对应的五脏六腑和内部经络,涉及心身交关的医学理论。

> 今吾朝受命而夕饮冰,我其内热与! 吾未至乎事之情,而既有阴阳之患矣! 事若不成,必有人道之患。(《庄子·人间世》)

"内热"指内心焦虑紧张,导致体内火气旺盛,阴阳失调代谢紊乱。

《黄帝内经》尤其擅长对形体内部的血气、脏腑、脉络等构成的生理和心理环境机制尤为凸显。

> 西方之民，陵居而多风，水土刚强，不衣而褐，荐华食而脂肥，故邪不能伤其形体，其病生于内，其治宜毒药。(《黄帝内经·素问·异法方宜论》)
>
> 故圣人传精神，服天气，而通神明。夫精神可传，惟圣人得道者乃能尔。久服天真之气，则妙用自通于神明也。失之则内闭九窍，外壅肌肉，卫气散解，失，谓逆苍天清净之理也。(《黄帝内经·素问·生气通天论》)

“神明”既指超越闻见之知的体悟，也指体道后的精神境界，和人体内在的机理有关。

> 逆春气，则少阳不生，肝气内变……逆夏气，则太阳不长，心气内洞。(《黄帝内经·素问·四气调神大论》)

“内变”“内洞”指肝气、心气所存的机体内部环境。“正气”是一身之气的别称，指人体的元气，是生命机能的总称。“邪气”与“正气”相对，又称“外邪”。

> 正气存内，邪不可干。(《黄帝内经·素问》)
>
> 老子曰：治身养性者，节寝处，适饮食，和喜怒，便动静，内在已者得，而衺气无由入；饰其外伤其内，扶其情者害其神，见其文者蔽其真。(《文子·符言》)

个体修身养性，喜怒平衡中和，动静适宜，身体内部有正气，邪气无由入。

故阴阳四时者,万物之终始也,死生之本也,逆之则灾害生,从
之则苛疾不起,是谓得道。谓得养生之道。苛者,重也。道者,圣
人行之,愚者佩之。……反顺为逆,是谓内格,格,拒也。谓内性格
拒于天道也。是故圣人不治已病治未病,不治已乱治未乱,此之谓
也。(《黄帝内经·素问·四气调神大论》)

"内格"就是人与外界关系的不和谐所导致的精神分裂。《管子·白心》
"君亲六合,以考内身","内身"作为考察反观的对象,更强调与外界相
对的一身之内,强调了不同于外物的一己之身。

道家之"内"被视为与形体外在的四肢五官相对应的五脏六腑和七
经八脉,以及在此基础上形成的和谐的生理和心理机制。"内"既指涉
形体基础的养生学内容,又指向形体在内的心身交关的医学养生理论。
道家之"内"不仅涵括形体内部和谐的生理和心理系统机制,还指向与
形体相对的精神、意志、性情、魂魄和心灵活动,是形体基础上的形神相
依和身心一如,深入个体精神活动的内在层面,建构人的精神世界。

三、"内":精神世界的建构

道家文献中常有"定乎内外之分,辨乎荣辱之境""形骸之内"和"形
骸之外""治其内而不治其外""慎女内,闭女外""内静外敬""不内变,不
外从,事会之适也"等表述,可以看出与"外"相比,"内"凸显精神活动的
沉淀和精神世界的建构。

"内"可与"藏"连用,是存放精神精气的地方,和性命之情密切
相关。

故圣人心平志易,精神内守,物不能惑。(《文子·下德》)
夫道者,藏精于内,栖神于心,静漠恬淡,悦穆胸中,廓然无形,
寂然无声。(《文子·精诚》)

"内"关涉的是个体内在的规定性;"外"指社会存在方式和生活方式。"内不化"强调理想人格能够守护天性,维护自我认同。"外化"则是理想人格在社会存在方式上与人无争、和谐相处。"内化"指刻意清高之人的随波逐流。道家以"内不化"和"外化"对理想人格进行了双重确认。

> 得道之人,外化而内不化,外化所以知人也,内不化所以全神也。故内有一定之操,而外能屈伸,与物推移,万举而不陷。(《文子·微明》)

坚守内在属性品格,仁义之术方能发挥作用。

> 孔、墨之弟子徒属充满天下,皆以仁义之术教导于天下,然而无所行。教者术犹不能行,又况乎所教。是何也? 仁义之术外也。夫以外胜内,匹夫徒步不能行,又况乎人主? 唯通乎性命之情,而仁义之术自行矣。(《吕氏春秋·似顺论·有度》)

> 圣人内修道术而不外饰仁义,知九窍,四肢之宜,而游乎精神之和,此圣人之游也。(《文子·精神》)

"内"与外在的世俗大众评判相对:

> 故夫知效一官,行比一乡,德合一君,而征一国者,其自视也亦若此矣,而宋荣子犹然笑之。且举世而誉之而不加劝,举世而非之而不加沮,定乎内外之分,辨乎荣辱之境,斯已矣,彼其于世,未数数然也。虽然,犹有未树也。(《庄子·逍遥游》)

"知效一官,行比一乡",体现了政治、伦理领域的实践过程。政治才能的发挥,需要一定的政治舞台;饮誉乡里,要求以相应的伦理规则和人际关系为背景。能否在政治实践领域得到欣赏,取决于上位者的立场、态度；能否在道德评判上获得看重，依赖外在的评价系统及过程。存在背景与评价系统就成为对个体的双重限定。相对于前一类人物，宋荣子无疑前进一步：他傲逆于世俗的外在评价，特立独行，"举世而誉之而不加劝，举世而非之而不加沮"。他比"知效一官，行比一乡"者，更坚持"内不化"，更趋近逍遥。

"内"意味着人得道的状态：

> 人能正静，皮肤裕宽，耳目聪明，筋信而骨强。……是谓内得。（《管子·内业》）
>
> 神全之人，不虑而通，不谋而当，精照无外，志凝宇宙，若天地然。（《洞灵真经》）

"内得"通涉"精诚"，是人和天地万物的感通之体现。①

> 故精诚感于内，形气动于天，则景星见，黄龙下，祥凤至，醴泉出，嘉谷生，河不满溢，海不溶波。（《淮南子·泰族训》）
>
> 精诚形乎内，而外喻于人心，此不传之道也。（《文子·精诚》）

人超越具体的闻见之知，与天地万物为一体。

> 古圣王至精形于内，而好憎忘于外；出言以副情，发号以明旨；陈之以礼乐，风之以歌谣；……；禽兽昆虫，与之陶化，又况于执法施令乎？（《淮南子·主术训》）

"至精"是内心能够超越分化的图景，达到物我关系之间的和谐。

从功夫论出发，"内静外敬"是道家影响深远的修养方法。

---

① 宋小克：《精诚观念与古代中国早期文学》，《西南民族大学学报》（人文社会科学版）2010 年第 4 期。

故内修极而横祸至者,皆天也,非人也。(《淮南子·诠言训》)

故圣人栗栗乎其内,而至乎至极矣。(《淮南子·缪称训》)

内能治身,外能得人,发号施令,天下莫不从风。(《淮南子·本经训》)

以禁攻寝兵为外,以情欲寡浅为内。(《庄子·天下》)

除了养生意义外,"内"更多与修身、理气、养性、涵德相关,是围绕养生而来的精神现象的探讨、精神活动的净化以及精神世界的建构,"内"以内省、省思意味,指向修养的功夫过程。①

与"内"相似的还有"中","中"指身体腹腔内部的某个位置,居于身体正中,称"中"。

肝主目,肾主耳,脾主舌,肺主鼻,胆主口。外为表,中为里,头圆法天,足方象地。(《文子·九守》)

贪饕多欲之人,漠昏于势利,诱慕于名位,冀以过人之智,植于高世,则精神日耗而弥远,久淫而不还,形闭中距,则神无由入矣。(《淮南子·原道训》)

"中"具有养生意义,与"心"关联:

精存自生,其外安荣,内藏以为泉原,浩然和平,以为气渊。渊之不涸,四体乃固;泉之不竭,九窍遂通。乃能穷天地,被四海。中无惑意,外无邪灾。心全于中,形全于外,不逢天灾,不遇人害,谓之圣人。(《管子·内业》)

---

① 有些"内"仅仅指示方位和物理位置,并不具有精神修养的意味,如"今为学者,循先袭业,握篇籍,守文法,欲以为治,非此不治,犹持方枘而内圆凿也。欲得宜适,亦难矣"(《文子·上义》)。用方形榫头插圆形榫眼,比喻当时学者守文法来理政,彼此不相投合,事不能成。《庄子》中有方内和方外之人,相对于"游方之内者","游方之外者"被视为更高的人格形态,"彷徨乎尘垢之外",主要言其超越以身殉物之局限,不为外在的名利等所限定。

"中无惑意"之"中"应该指心中和内心,"心全于中"和"形全于外"对应,心神、神志集中于心中,外在形体行为不会疏漏,"心全于中"之"心"指的是人之心神、精神、神志等,相当于"mind","中无惑意"的"中"也有心,即 heart-mind 之意。"中无惑意"和"心全于中"都是摆脱外在干扰、达到心平气和的意思,体现为无"嗜欲""无所好憎",复归精神世界的本然状态或自然之序。

> 子之死父,臣之死君,非出死以求名也,恩心藏于中,而不违其难也。(《文子·精诚》)
> 喜怒哀乐,有感而自然者也。故哭之发于口,涕之出于目,此皆愤于中而形于外者也。……故强哭者虽病不哀,强亲者虽笑不和。(《淮南子·齐俗训》)

喜怒哀乐作为自然感发的感情,是发自内心肺腑的。此"中"相当于内心,是感情的发源地,相当于 heart。

"中"又有身体上下、内外贯通之意,如以下材料以"守中""若冲(中)"等既指实践方法也指修养境界:

> 多言数穷,不若守中。(《老子·5 章》)
> 大盈若冲,其用不穷。(《老子·45 章》)

《老子想尔注》以"中和"解释老子之"道冲而用之或不盈","道贵中和,当中和行之,志意不可盈溢,远道诫"[1]。老子"守中"意指心平气和,坦然面对纷繁的矛盾冲突,代表一种理想化立场。《庄子》提出个体在面对万物转化和世界变迁时,必须坚持心灵认知的最高准则"莫若以明",保持超越是非纷争的宁静和超越。[2]此为"养中"。

---

[1] 饶宗颐:《老子想尔注》,上海古籍出版社 1991 年版,第 7 页。
[2] 刘笑敢:《庄子哲学体系:一种摹拟性重构》,乐黛云、钱林森等主编:《跨文化对话》第 32 辑,生活·读书·新知三联书店 2014 年版,第 179—209 页。

　　　乘物以游心,托不得已以养中,至矣。(《庄子·人世间》)

"养中"是不得已的体现,是"游心"的结果。

　　　形不正,德不来;中不静,心不治。(《管子·内业》)
　　　定心在中,耳目聪明,四枝坚固,可以为精舍。(《管子·内业》)

"中"与心静、心平相关,为什么能做到心静呢?"中"来源于辩证思维和整体观思考的冷静、理智:

　　　得其环中,以应无穷。(《庄子·齐物论》)
　　　得其环中以随成,……与世偕行而不替,所行之备而不洫,其
　　合之也若之何?(《庄子·则阳》)

"中道""中和"隐含着辩证思维的思考方法、超越相对的思想旨趣和游于逍遥的精神气质,关联着道枢、环中的思想脉络。

　　　处夫材与不材之间。(《庄子·山木》)
　　　上不敢为仁义之操,而下不敢为淫僻之行。(《庄子·骈拇》)

庄子采取一种主动顺从的态度,以接受世俗世界,这种主动的精神追求和生存智慧,引发后续道家对"中"的持续守护,"守中""中道"成为道家的重要价值判断,交涉于思想和实践之间。①《管子·白心》篇论及行气的高级阶段在于"忘"字,"得夫中之衷"就是功成身退,意即在功成名就

---

　　① 《庄子·齐物论》指出:"圣人不从事于务,不就利,不违害,不喜求,不缘道。"值得注意的是"不缘道":"缘"意谓遵循、根据、顺沿,包含着自觉的向度;"缘道"的实质含义即自觉地遵从、沿循普遍之道;与之相对的"不缘道",不是偏离、悖逆道,而是指超乎对道的有意循沿,达到自然中道。《庄子》将"不缘道"与"不从事于务""不喜求"联系起来,具体彰显了不缘道超乎有意而求的行为之境。《庄子》所谓的"不缘道",可被看作是"从容中道"的另一种表述。

之后还能"反无成"——回归尚无功名的状态。这其实是道家无为思想的延续。

《淮南子》更以"内""中"并现,涉及心身交关的医学理论,既有发自内心的真诚之意,也有发自肺腑、渗与经络的身之意:

> 是故内不得于中,秉授于外而以自饰也,不浸于肌肤,不浃于骨髓,不留于心志,不滞于五藏。故从外入者,无主于中,不止;从中出者,无应于外,不行。(《淮南子·原道训》)

个体没有精神追求,灵魂无法安顿;快乐作为一种外在装饰,难以愉悦内在灵魂,暴雨仅仅打湿了地面,骄阳一现雨水立马蒸发殆尽。内在心灵的纯净和灵魂的安然则如泉水深流,永无竭尽。

"内"具有不可回避内省、观照的省察和反思的修炼意味,最终指向修养的功夫过程,强调修养之后的身心一体和身心一如之状态,显示了道家围绕形骸、身体对人之内在精神世界的建构。

四、"内":人之天性、本性及存守

"精神内守而不外越于形骸"作为早期道家理论核心,以本于天性为主旨,构成了为道体道之特点。这种特点既内含着对个体本性及天性的肯定,又有化"人"为"天"、走向践行的一面。

"内"在道家文献中指涉的是人之天性的守护。"内"指向"天"的价值判断,内者与本(性)、天(性)相对应。

> 故曰:天在内,人在外,德在乎天。知天人之行,本乎天,位乎得,蹢躅而屈伸,反要而语极。(《庄子·秋水》)

"天"表现出人之"内"在品性。相对于"天"的原始性、内在性,"人"(人化的作用)呈现"外"的特点。"德"者,得也,表现为存在的规定。就

"德"（内在规定）而言，"天"构成了人之内在本源（"德在乎天"）；就人的作用方式而言，"天"又构成了内在根据（"天人之行，本乎天"）。遵循天性、"与天为徒"就成为"内直者"，守持天性之人。

> 内直者，与天为徒。（《庄子·人间世》）
>
> 至德者，火弗能热，水弗能溺，寒暑弗能害，禽兽弗能贼。非谓其薄之也，言察乎安危，宁于祸福，谨于去就，莫之能害也。故曰：天在内，人在外，德在乎天。（《庄子·秋水》）

"火弗能热，水弗能溺"，入水不濡，入火不热，在神秘传奇语言的背后，确实凸显天性内含的自由性质：水火、寒暑之不能相害，并非因为任性或盲目的冲动（"非谓其薄之"），而是在得道的前提下，循道而为，谨慎行动（"察乎安危、谨于去就"）。

道家以"内"表现人对天然本性的守护。

> 道与之貌，天与之形，无以好恶内伤其身。（《庄子·德充符》）

成疏"庄子所谓无情也，非木石其怀也，止言不以好恶缘虑分外，遂成性而内理其身者也"。人有好恶之情，会伤害改变人本有的天分和天性，进而损伤人之身体。如果人能摒弃好恶的纷扰，就能成就天性。郭象注"夫好恶之情，非所以益生，祇足以伤身，以其生之有分也"。"内"既有体内之意，更有内在的天性之意。"内伤其身"意味从损毁天性、残害本性层面伤害人之身体。

因此，修复天性成为个体强根固本的必然要求：

> 是故圣人内修其本，而不外饰其末；保其精神，偃其智故；漠然无为而无不为也，澹然无治而无不治也。（《淮南子·原道训》）

通过内修，人方能"执玄德于心，而化若神"，产生"无为而无不为""无治而无不治"的效果。

"精神内守"既然以本于天性为主旨,以返归和构成精神世界的本然之序作为修道体道之特点,人之天性和本性所内含的自然情感也进入道家的视阈之内,因此,对人之自然情感的存留也是道家之"内"的题中应有之意。

《德充符》记录庄子与惠施关于人是否有"情"的对话,区别世俗好恶之情与人的自然性情之"情",前者指世俗之人,后者与本真之人一致。维护精神世界的宁静平和,需要调节情绪的过度和情感的偏失:

> 喜怒失位,居处无常,思虑不自得,中道不成章。(《庄子·
> 在宥》)

庄子将无序之情与因乎自然之情区分开来:前者具有一定的价值倾向,偏失错位引发精神世界的混乱,后者作为情意的自然呈现,肯定精神世界的和谐统一。

自然的情感又是真实、确定的、牢靠的。

> 慈父之爱子,非为报也,不可内解于心。(《淮南子·缪称训》)
> 故达于道者不以人易天,外与物化,而内不失其情。(《淮南子·原道训》)

慈父疼爱子女,不是为了得到回报。"情"指的是性,达道之人,不以人事的原因而改变天性和本性。

> 精存自生,其外安荣,内藏以为泉原,浩然和平,以为气渊。渊
> 之不涸,四体乃固;泉之不竭,九窍遂通。乃能穷天地,被四海。中
> 无惑意,外无邪灾。心全于中,形全于外,不逢天灾,不遇人害,谓
> 之圣人。(《管子·内业》)

"内藏"和"精存自生"相关联,是对人本然状态和天然状态的描述,遵循本性,外在表现安荣光彩,内心能浩然和平,底气十足,四肢强健,九窍遂通,心中清朗,外无邪灾。这正是对精气"藏于胸中,谓之圣人"的进一步解释。通过这样一种修为达到"不逢天灾,不遇人害"之境界。

五、"守内而不失外"

在精神修养过程中,道家对"内"的评判高于"外","内"是第一位,"外"是第二位,遵循从"内"到"外"的轨迹。

> 辄然忘吾有四肢形体也。当是时也,无公也,其巧专而外骨消。(《庄子·达生》)
>
> 故有而若无,实而若虚,治其内不治其外,明白太素,无为而复朴。(《文子·九守》)

"外"不能引领"内",只能跟从"内"、随从"内"而行。注重"外"则会危害"内",伤害"内":

> 以瓦注者巧,以钩注者惮,以黄金注者殙。其巧一也,而有所矜,则重外也。凡外重者内拙。(《庄子·达生》)

《庄子》通过心理实验,证明过度的目标导向,过于清楚的行动准则,和僵硬呆板的执行能力都属于外在的干扰,是使"内"变拙的原因。

> 老子曰:治身,太上养神,其次养形。神清意平,百节皆宁,养生之本也。肥肌肤,充腹肠,供嗜欲,养生之末也。(《文子·下德》)

其言"太上养神",倡导神、意之和谐方为养生之极致。在此养神与身体本身相关联,被称为百节,所讨论的并非心而是意,这让人想到养神说对守内之意义。

> 饰其外者伤其内,扶其情者害其神,见其文者蔽其质。无须臾忘为质者,必困于性。百步之中,不忘其容者,必累其形。(《淮南子·诠言训》)

"大巧若拙""大巧不工",过度追求外在的文饰,而忽视内在的本质,是本末倒置,这样人之天性、对美的体悟、对创造之热情会在文饰的监控和考核中消磨殆尽。

> 喜怒哀乐,不入于胸次。(《庄子·田子方》)
> 忧患不能入。(《庄子·刻意》)
> 治身养性者,节寝处,适饮食,和喜怒,便动静,内在己者得,而邪气无由入。(《文子·符言》)

自身不能把持心性,就无法避免外界的刺激。

> 是故内不得于中,禀授于外而以自饰也。不浸于肌肤,不浃于骨髓,不留于心志,不滞于五藏。(《淮南子·原道训》)
> 今释正而追曲,倍是而从众,是与俗俪走,而内行无绳。(《淮南子·缪称训》)

放弃内在公正追求邪曲,背离大道随从众人,这是内心没有准则的表现。如果以外在物欲欢腾刺激内心,就会损害本性,圣人"内修"而不"外饰"。

> 不以内乐外,而以外乐内。乐作而喜,曲终而悲。悲喜转而相生,精神乱营,不得须臾平。(《淮南子·原道训》)
> 圣人内修道术而不外饰仁义。(《文子·精诚》)

循乎天性,内在修行完满,进而由内及外,才能治平天下。修内者能够"理身"、得人心。发布号令,成就天下的王业。

当然,"内""外"并非绝对对立。人之内在世界精诚明信,神气外化于人心和行为。

> 精诚形乎内,而外喻于人心,此不传之道也。(《文子·精诚》)
> 法阴阳者,承天地之和,德与天地参,光明与日月并照,精神与鬼神齐灵,戴圆履方,抱表寝绳,内能理身,外得人心,发施号令,天下从风。(《文子·下德》)

"内"既指内在的精神状态,也指主体的存在状态,关涉人的外部实践活动。

> 知养生之和者,即不可悬以利,通内外之符者,不可诱以势,无外之外,至大,无内之内,至贵。能知大贵,何往不遂。(《文子·九守》)
> 若使人之所怀于内者,与所见于外者,若合符节,则天下无亡国败家矣。(《淮南子·原道训》)

庄子后学延伸出"内圣外王"之道。

> 是故内圣外王之道,暗而不明,郁而不发。(《庄子·天下》)

王雱在《庄子解》中说:

> 道藏于内则圣也,显于外则王也。[1]

---

① 王雱:《南华真经新传》,载《道藏》第 16 册,文物出版社、上海书店、天津古籍出版社 1988 年版,第 267c 页。

郭象在《庄子注》中有一个比较明确的解释：

> 夫圣人虽在庙堂之上，然其心无异于山林之中，世岂其识之哉？徒见其戴试黄屋，佩玉玺，便谓足以缨绂其心矣；见其历山川、同民事，便谓足以憔悴其神矣；岂知至至者之不亏哉。

"内圣"指个体始终坚守内在品格，不愿"失性于俗"，"外王"意即与人共处。

> 古圣王至精形于内，而好憎忘于外；出言以副情，发号以明旨；陈之以礼乐，风之以歌谣……禽兽昆虫，与之陶化，又况执法施令乎？（《淮南子·主术训》）

作为"精神内守"的象征，"内"体现形神相依和身心一体的价值指向。当"内""外"并列出现时，内外关系总体上是"内"高于"外"，此间呈现对立和互补两种趋向：一为"内"是对"外"的否定，守"内"须排"外"；一为"内"是对"外"的支撑，穷"内"以探"外"。为此，道家提出了"慎汝内"的观点。

为了建构个体的丰富、源深的精神世界，道家强调"慎汝内""守内"。

> 目无所见，耳无所闻，心无所知，女神将守形，形乃长生。慎女内，闭女外，多知为败。（《庄子·在宥》）

"慎汝内"即是"神将守形"，精神栖于内心之中。"内"为本性、本根之性。"慎女内"，郭象注"全其真也"，成疏"忘心，全（真）也"。"闭女外"，成疏"绝视听，守分也"。"慎内"即珍惜精气神不使妄泄，"闭外"即闭眼耳鼻舌身意"六门"，聪明才智为炼功障，故以多知为败。宜智而不用，默聪堕明。所谓"内通之知"涉及"聪"和"明"，但这些"聪"和"明"是内通的，是反观的，庄子曾有如下解释：

> 吾所谓聪者,非谓其闻彼也,自闻而已矣;吾所谓明者,非谓其见彼也,自见而已矣。夫不自见而见彼,不自得而得彼者,是得人之得而不自得其得者也,适人之适而不自适其适者也。(《庄子·骈拇》)

这两种“聪”得以分界,“闻彼”之聪和“自闻”之聪,“见彼”之明和“自见”之明,从目的看,自闻、自见是为了自适,从发生作用的途径看,自闻、自见则以反视内听为特征。“闻彼”和“见彼”是指向对象的闻和见,具有中介性和间接性的特点,类似于《养生主》中“以神遇而不以目视”,“不以目视”即不以对象为指向的方式来“视”,而要反观内听,“以神遇”则是以内在的直觉来直接把握和整体把握,“神遇”突出的是神妙莫测、难以用理性言明的非程序性、非推论性的特点,它不限于感性直观,包含“观”的含义。同时超越了理性的、逻辑的推论,交汇理性参与的作用。“神遇”既有非理性非逻辑之意,也有精神的整合和综合作用。

> 中义守不忒,不以物乱官,不以官乱心,是谓中得。(《管子·内业》)

对人之存在而言,体现于五声的耳聪和五色的目明,是外界对个体自身的刺激和反应,是“物乱官”的结果,而“官之乱”产生“心之乱”,导致“心随官乱”。“不以物乱官,不以官乱心”,意味着谨慎守内,闭关外界扰攘,消除物、官对心的消极影响。

> 适情辞余,不贪得,不多积,清目不视,静耳不听,闭口不言,委心不虑,弃聪明,反太素,休精神,去知故,无好憎,是谓大通。(《文子·九守》)

《文子》具体论述了对外之闭:强调“不贪得、不多积”,体现于五声的耳聪和五色的目明是贪得的体现,是作为贬义的"精神"的象征,而这"精神"又影响着个体对"太素"的复返,对"知故"的消除。"清目不视,静耳不听,闭口不言,委心不虑",旨在消除感性的世界,关闭扰攘内省的外在渠道。在道家这里,"知"与"故"被视为同一序列,它们与"好憎"一样,都是被否定的对象。"故"本来包含有意为之的含义,于此引申为诈伪。①"知"与"故"作为文明演化的表征,被赋予否定的意义。"去知故"意在消除外在社会文明仁义对个体的影响。

在"内""外"的价值序列中,道家屡屡认为"内"高于"外","外"是以对立和补充的性能来陪衬"内":一方面"内"是对"外"的超越和否定,守"内"须排"外";另一方面"内"是对"外"的支撑、沉淀和积累,"守内而不失外"、穷"内"以探"外"。道家强调"慎汝内"的观点,意味着谨慎"守内""藏内"以合乎自然、循乎天性。

六、结　语

"精神内守而不外越于形骸"作为早期道家学术核心,展现了早期道家的理论重心从对外部世界的深层本质的探索,转变为对人主观精神世界的建构。道家之"内"既指涉养生学基础上的形神相依和身心一体,亦涵括精神世界、精神领域和精神空间。"内"以合乎天性和循乎本性为主旨,构成了为道之过程;以解构和净化旧有精神形态的方式来顺任、体验和把握外在的世界。"内"既内含着对本性及天性的肯定,又有化"人"为"天"(形成第二天性)、进行精神修炼而走向实践智慧的一面。在早期道家视阈下,"外"与形体外在的四肢五官、外在世界甚至物欲相关联。在"内""外"的价值序列中,"内"屡高于"外","外"以对立和补充的性能来陪衬"内":一方面"内"是对"外"的超越和否定,"内"从形而上层面,构成了人进一步认识世界的背景,也以实践智慧为中介,否定和

---

① 《庄子·刻意》"去知与故,循天之理。"刘文典:《庄子补正》,云南人民出版社1980年版,第494页。

解构"外"的存在；一方面"内"是对"外"的支撑、沉淀和积累，"守内而不失外"、穷"内"以探"外"。"守内""治内""内藏""内得"揭示出早期道家专注于一身之内的价值立场，阐释了道家对返归虚而无物的精神形态之推崇。

第二章 "损之又损""深之又深"：
道家独特的精神修为

一、问题的提出

　　早期道家的精神状态的形成,关涉对道的具体实践,对其过程和方法的概述,学界有诸如精神修养、精神修行、精神修炼①的表达。本章以"精神修为"概括早期道家哲学的自我解构、自我涵养、自我健全的过程。早期道家创设超越人间烟火气息的理想人格真人神人等;有独特的抟气致柔、致虚守静的功夫;有展示心灵纯净状态的灵台、虚室生白、天府、精舍等;有描摹思维和意识的专一精纯无杂如精、神、精神等;有

---

　　① "精神修炼"(Exercises spirituals)是法国当代哲学家皮埃尔·阿多(Pierre Hadot)在重新诠释古代(尤其是古希腊罗马时代)哲学研究工作中提炼出来的,以期解决如何将哲学界定为理论与实践的结合,为了复原生活方式与"精神修炼"(区别于基督教"灵修"方式)的脉络,以更好地进行西方哲学史的研究。皮埃尔·阿多将之定义为"一种自愿的、个人的实践,目标在于实现个体的一种转变",凸显哲学话语具有促进个体发生内在变化的可能性,进而转变人的感知方式和存在方式,并且形成在实践中持续形成、不断改善的"反哲学",这需要在历经改变之后回归日常的生活和当下的在场。这种修炼方式既可以通过内心独白来呈现,也能够借助外在强制的训诫性令语来完成。这种修炼方式不看重纯粹理性的抽象建构,而是强调当下的生活方式和实践活动。精神修炼的提出有助于思索哲学的实践向度和当下临在的特征,在中国哲学传统里面也时有相似或相应的内容。[法]皮埃尔·阿多:《作为生活方式的哲学》,姜丹丹译,上海译文出版社 2014 年版。匡钊孤鸣先发,从精神修炼的视角开展对早期道家的研究,匡创:《先秦道家的心论与心术》,中国社会科学出版社 2021 年版。郑开:《黄帝学之生命:精神哲学》,《云南大学学报》(哲学社会科学版)2015 年第 4 期。郑开:《道家形而上学研究》(增订版)中国人民大学出版社 2018 年版,第 340—351 页。

阐论理性限定和独断消解之间张力的集虚、守一、处和、成和等等。这些不同的概念和词汇重叠交织,概括道家精神修为的专一性、反复性和亲证性特点,描绘出道家构建统一有序精神世界的图景,铺展出道家文献有关精神修葺和修炼的深湛功夫和幽邃途径。

以往学界对该问题研究如下:有从心性论、心灵论出发阐解道家的人性论和精神修养①;有从致虚、虚静层面解读道家的精神修养功夫;有从玄览、若镜、洗心、日损、澡雪等涵养功夫入手论述道家的精神状态的解构和精神世界的建构②;有从抟气、行气等养生观层面阐释道家的精神之道③;有从道家神秘性体验介入阐明道家的精神修

① 钱穆:《灵魂与心》,钱穆:《中国思想史中之鬼神观》,广西师范大学出版社 2004 年版。傅斯年:《性命古训辩证》,《中国现代学术经典·傅斯年卷》,河北教育出版社 1996 年版。张岱年:《中国哲学大纲》,中国社会科学出版社 1982 年版;张岱年:《中国古典哲学概念范畴要论》,中国社会科学出版社 1989 年版。徐复观《心的文化》,徐复观:《中国思想史论集》,上海书店出版社 2004 年版;徐复观:《中国人性论史·先秦篇》,华东师范大学出版社 2005 年版。唐君毅:《中国哲学原论·原性篇》,中国社会科学出版社 2005 年版。张立文主编:《中国哲学范畴精粹丛书·心》,中国人民大学出版社 1993 年版。陈鼓应:《庄子内篇的心学:开放的心灵与审美的心境》,见《老庄新论》,上海古籍书店出版社 1992 年版。陈鼓应:《〈管子〉四篇诠释:稷下道家代表作解析》,商务印书馆 2006 年版。匡钊、王中江:《道家"心"观念的初期形态:〈老子〉中的"心"发微》,《天津社会科学》2012 年第 4 期;王中江:《早期道家的"德性论"和"人情论":从老子到庄子和黄老》,《江南大学学报》(人文社会科学版)2012 年第 4 期;罗安宪:《中国心性论第三种形态:道家心性论》,《人文杂志》2006 年第 1 期;郑开:《道家心性论及其现代意义》,陈鼓应《道家文化研究》第 22 辑,生活·读书·新知三联书店 2007 年版。[美]爱莲心:《向往心灵转化的庄子:内篇分析》周炽成译,江苏人民出版社 2022 年版;杜正胜:《形体、精气与魂魄:中国传统对"人"认识的形成》,黄应贵主编:《人观、意义、社会》,台北:"中央研究院"民族学研究所 1993 年版。

② 桑建中:《玄览·神思·妙悟:中国古代艺术思维论》,《江苏社会科学》1992 年第 1 期;解义勇:《"玄览极致"与"至精至微":庄子美学思想小议》,《山西大学学报》(哲学社会科学版)1993 年第 5 期;孙功进:《老子的体道论探析》,《商丘师范学院学报》2015 年第 10 期;王永豪:《用心若镜:论庄子体道的镜子思想》,《东岳论丛》2015 年第 3 期;温彦军:《以心齐物 用心若镜:略谈庄子的〈齐物论〉》,《山西高等学校社会科学学报》2008 年第 2 期;邓谷泉、柳菁:《楚简"学者日益,为道者日损"解析》,《首都师范大学学报》(社会科学版)2016 年第 4 期。

③ 匡钊:《专气、行气与食气:道家方士对"气"的不同理解及其后果》,《中国哲学史》2013 年第 2 期;李凯:《从导引、行气到心斋、坐忘:论庄子哲学的神仙方术渊源》,《中国哲学史》2019 年第 1 期;张兴发:《从"专气致柔"看老子的养生思想》,《中国道教》2007 年第 4 期。郎琦:《老子"玄览"之诠释》,《中国道教》2018 年第 4 期;唐兰:《马王堆帛书〈却谷食气篇〉考》,《文物》1975 年第 6 期。

养①;也有立足天下观、政治哲学层面探索道家内圣外王的理论结构等等②。以上研究为该问题的解决提供了必要基础,但对早期道家的修养功夫和涵养理论并未从整体上把握,对精神修养过程和特征的讨论也不够全面透彻。对道家精神修养的探讨仍然是我们窥探道家精神世界的必要基础。

二、"为(体)道":早期道家精神修为的实践智慧

精神修为是道家最重要的主题,隐潜了道家的幽邃智慧和深湛理念,包括理想人格之高悬、具体修养的方法路径之涉及、纯白素朴无染心灵之揭示、意识和思维精纯之阐释、精神发用的神妙不测之窥视,独思冥想及神秘体验之亲证,蕴含着道家的修养实践智慧。

(一)道家之理想人格的精神境界

道家理想人格除了"圣人",还有"至人""神人""真人"③,"赤子""婴儿""大鹏"是理想人格的隐喻。对于理想人格的神秘,道家诉诸"逍遥""入于天""游乎尘垢之外""登高不栗""入水不濡""入火不热""其寝不梦""其觉无忧""其食不甘""其息深深""其卧徐徐""其觉于于"等神

---

① 童强:《道的体验与神秘主义:对史华兹〈古代中国的思想世界〉中"道家之道"的反思》,《江苏社会科学》2005 年第 9 期;马伯乐、胡锐:《庄子时代道教的长生之术和神秘的生命观》,《宗教学研究》2015 年第 6 期;陈绍燕:《神秘主义是庄子认识论的归宿》,《文史哲》1983 年第 3 期;陶磊:《萨满主义与早期中国哲学中的神秘主义》,《学术月刊》2016 年第 9 期;邓联合:《楚地宗教与〈庄子〉中的神异之境》,《宗教学研究》2011 年第 5 期;徐强:《西方汉学界关于庄子哲学之神秘主义性质的论辩》,《商丘师范学院学报》2018 年第 12 期。

② 郑开:《德礼之间:前诸子时期的思想史》,生活·读书·新知三联书店 2009 年版;郑开:《道家政治哲学发微》,北京大学出版社 2019 年版;陈徽:《从体用之辨看儒、道政治思想的差异性》,《天津社会科学》2013 年第 6 期;刘泽:《先秦儒道圣王模式的建构与分野》,《商丘师范学院学报》2020 年第 1 期;叶树勋:《老子"玄德"思想及其所蕴形而上下的通贯性:基于通行本与简帛本〈老子〉的综合考察》,《文史哲》2014 年第 5 期。

③ 李晓英:《超然:庄子至人观之研究》,《史学月刊》2015 年第 8 期。

秘神奇状态;刻画其独门修养功夫如"彷徨""悬解""坐忘""朝彻""见独""心斋";描述其惊世骇俗之举如"形体掘若槁木,似遗物离人而立于独也"(《庄子·田子方》)。"(接舆之言)大而无当,往而不返""犹河汉而无极也大有迳庭,不近人情焉"(《庄子·逍遥游》),"大泽焚而不能热,河汉沍而不能寒,疾雷破山飘风振海而不能惊"(《庄子·齐物论》),这些虚幻人物的描述具有嘲讽性、批判性和省思性,体现出超越世俗的精神性、安命无为的达观性和神秘传奇的极致性。

道家创立了"灵府""灵台""天机""灵气""纯白""虚室""内""中""以明""天府""精舍""天根""天门"指代空灵内心世界的概念;铺排出由"无"组成的概念簇和排比运用,设计出幻化的精神空间,"无何有之乡""无穷""无有""天游""狂垠之野"等神秘空灵空幻之词表达精神的纯净和空灵。与此相应,道家揭示出俗人被成心偏见、情欲、知识搅扰、堵塞、遮蔽和染污的内心世界:"心发狂""心使气则强""成心""贼心""蓬之心""机心""滑心"等人心搅乱的各种症状,揭示它们的负面作用。

(二)"为道""体道":精神修为中的实践智慧

道家理想人格常以践行道、体证道作为主要特征,如"古之明大道者""古之治道者""睹道之人"等等,以践履道揭示其实践智慧。

体道在道家文本中有不同的说法,如"行道"。

> 使我介然有知,行于大道,唯施是畏。(《老子·53章》)

行道是个艰难的过程,"上士"积极践行,勤行不已。

> 上士闻道,勤而行之;中士闻道,若存若亡;下士闻道,大笑之,不笑不足以为道。(《老子·41章》)

"闻道"为听而行之、推而广之。

道之所言者一也，而用之者异。有闻道而好为家者，一家之人也。有闻道而好为乡者，一乡之人也，有闻道而好为国者，一国之人也。有闻道而好为天下，天下之人也。有闻道而好定万物者，天下之配也。(《管子·形势》)

"孔德"之人"从"大道，故能"同于道"即与道合一。

孔德之容，惟道是从。(《老子·21章》)

故从事于道者同于道……同于道者，道亦乐得之。(《老子·23章》)

"保道"者，远离狂妄膨胀，因而能获得百姓的支持拥戴。

保此道者，不欲盈。夫唯不盈，故能蔽不新成。(《老子·15章》)

"为道"则是上位者不与民争，不使民争，此为"善为道者"。

为学日益，为道日损，损之又损，以至于无为。(《老子·48章》)

古之善为道者，非以明民，将以愚之。(《老子·65章》)

"尊道""明道"是遵从道，"明道"即对道的把握，使道明了。道作为万物存在的根据，必为万物所尊。德为个体的内在规定，须为万物所贵。"明道"与"立德"是个体精神修养过程的两种说法。

故形非道不生，生非德不明。存形穷生，立德明道，非王德者邪！(《庄子·天地》)

是故古之明大道者，先明天而道德次之，道德已明而仁义次

之,仁义已明而分守次之……(《庄子·天道》)

是以万物莫不尊道而贵德。道之尊,德之贵,夫莫之命而常自然。(《老子·51 章》)

"有道者"指拥有道的人不尚武,实行无为而治。

夫兵者,不祥之器也。物或恶之,故有道者不处。(《老子·31 章》)

企者不立,跨者不行;自见者不明;自是者不彰;自伐者无功;自矜者不长。其在道也,曰余食赘形。物或恶之,故有道者不处。(《老子·24 章》)

"抱道""守道"即坚守、抱持大道。

抱道执度,天下可一也。观之太古,周其所以;索之未无,得之所以。(《黄帝四经·道原》)

守一道,制万物者,法也。(《鹖冠子·度万》)

"循道""顺道"即尊道之意,是为至德。

则天地固有常矣,日月固有明矣,星辰固有列矣,禽兽固有群矣,树木固有立矣。夫子亦放德而行,循道而趋,已至矣。又何偈偈乎揭仁义,若击鼓而求亡子焉?(《庄子·天道》)

是故举事而顺于道者,非道之所为也,道之所施也。(《淮南子·俶真训》)

夫道者,无私就也,无私去也,能者有余,拙者不足,顺之者利,逆之者凶。(《淮南子·览冥训》)

"与道"即参与道之中,遵循道、合乎道。

无一而行，与道参差。(《庄子·秋水》)

故圣人持养其神，和弱其气，平夷其形，而与道浮沉。如此万物之化，无不偶也，百事之变，无不应也。(《文子·九守》)

"一"即执着以抽象普遍、固定不变的形式处理各种事务，无视所处环境的具体差异。"无一"即正视对象的个性特点，灵活变通。"与道参差"即将道具体适用于各种特定境况。①

"知道"即了解、知晓、体验大道。

知道易，勿言难。知而不言，所以之天也；知而言之，所以之人也。古之人，天而不人。(《庄子·列御寇》)

和以反中，形性相葆。一以无贰，是谓知道。(《管子·白心》)

"问道""察道""言道"亦是对道的不同方式的体验和体察。

有问道而应之者，不知道也。虽问道者，亦未闻道。道无问，问无应。无问问之，是问穷也。无应应之，是无内也。(《庄子·知北游》)

察和之道，其精不见，其征不丑。平正擅匈，论治在心，此以长寿。(《管子·内业》)

故言道而不言事，则无以与世浮沉；言事而不言道，则无以与化游息。(《淮南子·要略训》)

"修道"为实践大道，修养内在心性，返归天然本性。

修道里之数，因天地之自然，则六合不足均也。(《淮南子·原

---

① 杨国荣：《"时"·历史·境遇:〈庄子〉哲学中的时间性与历史性问题》,《天津社会科学》2006年第5期。

道训》)

> 为仁者必以哀乐论之。为义者必以取与明之。四海之内,哀
> 乐不能遍;竭府库之财货,不足以赡万民。故知不如修道而行德,
> 因天地之性,万物自正而天下赡,仁义因附。(《文子·上仁》)

以上体道的具体实践表明,道家的精神修炼既高远玄妙,又切近于日常
凡俗的生活。"行道""闻道""体道""知道""有道""得道""服道"等说
法,表明道家虽然消解了现实社会与世俗价值,但并非虚无主义者,而
是为了超凡脱俗,通过践履实现体道的人格。[①]"修道""体道"之实践最
终指向形而上的存在根据,其要旨在于超越具体、分化的规定把握世界
的终极存在。

达致大道的境界有以下表述:"几于道""见道""同于道"等等。

> 睹道之人,不随其所废,不原其所起,此议之所止。(《庄子·
> 则阳》)

"几于道",上位者如水利万物而不争,故是最接近道的。

> 上善若水。水善利万物而不争,处众人之所恶,故几于道。
> (《老子·8章》)

"见天道"需要"不出户""知天下",关闭现象世界的门户,超越现象的层
面来把握世界,回归本体的世界。

> 不出户,知天下;不窥牖,见天道。(《老子·47章》)

"同于道",与道为一,与道合一,接近大道。

---

① 王志楣:《庄子生命情调的哲学诠释》,台北:里仁书局2008年版,第122页。

51

> 堕肢体,黜聪明,离形去知,同于大通,此谓坐忘。(《庄子·大宗师》)

"合道"即合乎、接近达到,与道合一。

> 故古之治天下也,必达乎生命之情。其举错未必同也,其合于道一也。(《淮南子·俶真训》)
>
> 七法各当其名,胃(谓)之物,物各(合于道者),胃(谓)之理。理之所在,胃(谓)之顺。物有不合于道者,胃(谓)之失理。失理之所在,胃(谓)之逆。逆顺各自命也,则存亡兴坏可知也。(《黄帝四经·经法·论》)

"达道"即达到大道之境,可谓至道。

> 我闻吾子达于至道,敢问至道之精。(《庄子·在宥》)

"服道"之人,即是察无形、听无声的圣人。

> 故唯圣人能察无刑(形),能听无(声);……服此道者,是谓能精。(《黄帝四经·道原》)
>
> 必有独闻之耳,独见之明,然后能擅道而行矣。(《淮南子·氾论训》)

"服道""擅道"关涉"独见之明",揭示理想人格对道的体证和体验:"独见""独闻",以构已有的知识为前提、跨越感官门户的现象感知,体证未分之道的奥妙。"独"既有独特之意,更有超越对待、把握整体的思维取向。"体道"之人是君子所向往心系之人,能保持逍遥之游的状态,能立于不败之地。

夫体道者,天下之君子所系焉。(《庄子·知北游》)

体尽无穷,而游无朕。(《庄子·应帝王》)

由此观之,体道者,不专在于我,亦有系于世矣。(《淮南子·俶真训》)

唯体道者能不败。(《淮南子·俶真训》)

"和理出其性"意味人内在之情合乎节度,外在处事清静无为。

古之治道者,以恬养知;知生而无以知为也,谓之以知养恬。知与恬交相养,而和理出其性。(《庄子·缮性》)

"得道"之人,内心安定,舒泰坦荡,不会损害万物。

得道之人,理丞而屯泄,匈中无败。节欲之道,万物不害。(《管子·内业》)

圣亡乎治人而在于得道,乐亡乎富贵而在于德和,大己而小天下,则几于道矣。(《淮南子·原道训》)

由此观之,存在得道而不在于大也,亡在失道而不在于小也。(《淮南子·汜论训》)

"有道"即"得道"合乎大道,顺从大道。

故有道以理之,法虽少,足以为治;无道以理之,法虽众,足以乱。(《文子·上仁》)

故能立天子,置王公,而天下化之。之胃(谓)有道。(《黄帝四经·经法·论约》)

与理想人格的体道践履相对应的,是背离大道的人,像"暖姝者""濡虚者""劳者""小人""小夫""蓄人""下学""倒悬之民""世俗之人" 53

"蔽蒙之民"等,他们被批判为"不处道""失道""废道""无道",价值判断呈现负面意义。

> 其在道也,曰余食赘行。物或恶之,故有道者不处。(《老子·24章》)
>
> 夫兵者,不祥之器,物或恶之,故有道者不处。(《老子·31章》)
>
> 物壮则老,是谓不道,不道早已。(《老子·55章》)

"无道""非道"主要是对上位者而言,是对其穷奢极欲和穷兵黩武的批判。

> 天下有道,却走马以粪,天下无道,戎马生于郊。(《老子·46章》)
>
> 朝甚除,田甚芜,仓甚虚,服文采,带利剑,厌饮食,财货有余;是谓盗夸。非道也哉!(《老子·53章》)

伴随文明社会的演进,仁义、智慧、孝慈导致大伪、六亲不和国家混乱的现象,是对自然原则的偏离。

> 大道废,有仁义;智慧出,有大伪;六亲不和,有孝慈;国家昏乱,有忠臣。(《老子·18章》)
>
> 故失道而后德,失德而后仁,失仁而后义,失义而后礼。(《老子·38章》)
>
> 故天子得道,守在四夷;天子失道,守在诸侯。诸侯得道,守在四邻;诸侯失道,守在四境。(《淮南子·泰族训》)
>
> 存在得道而不在于大也。亡在失道而不在于小也。(《淮南子·氾论训》)
>
> 欲王天下而失天下之道,天下不可得而王也。得天之道,其事若自然;失天之道,虽立不安。其道既得,莫知其为之;其功既成,

莫知其泽之。藏之无形,天之道也。(《管子·形势》)

"倒道""迕道"意谓背离大道。

> 倒道而言,迕道而说者,人之所治也,安能治人!(《庄子·
> 天道》)
> 名功相抱,是故长久。名功不相抱,名进实退,是胃(谓)失道,
> 其卒必(有)身咎。(《黄帝四经·经法·四度》)
> 应化之道,平衡而止。轻重不称,是胃(谓)失道。(《黄帝四
> 经·经法·道法》)

"释道"即离开大道的整体形态,片面局于感性或理性认知或者单纯依靠才能职用,必然导致不能把握整个世界的真理。

> 故得道则愚者有余,失道则智者不足。(《淮南子·诠言训》)
> 释道而任智者必危,弃数而用才者必困。(《淮南子·诠言训》)

道家对偏离大道的人物形象的批判和评定,正是出于对理想人格的人格特征和精神境界的仰慕追寻。"修道者""体道者"作为理想人格通过对大道的实践和修行,从整体和终极的意义上把握世界。"道"所蕴含的各种规定通过人自身来认知、体验。理想人格的实践智慧作为道与人关联的产物,具体体现为对先天本性的推崇和赞美,展开为"致虚""守静"的修养过程。

三、"致虚""守静":道家独特的修为功夫

道家认为人之本性和天性是最珍贵的,值得守护和尊重。人的先天本性在于它没有任何道德价值的评判,不具有后天获得的地位和品格的序列。"反其性情而复其初"(《庄子·缮性》),"初"蕴含道家强调

道超越善恶之论，显示出对人本性的提倡。为复归人本初的天性，道家提出"致虚""守静"独特修为功夫。

（一）早期道家对先天本性的赞誉

"赤子""婴儿"是道家的本真生活隐喻，是道家理想人格的象征。[①]圣人、真人、至人、神人都具有"赤子"的情怀境界。道家将人之本性誉为"朴""初"（原初、本初、最初、原本、本来）、"真"（真实、真诚、真纯、真相）、"常""天""宗"（正宗、师法、根本）、"根"（根本）、"故"，将这些作为人性修炼的目标。

"朴"乃未斫之原木，老子借以表示事物的自然状态或本来面目，其反面就是加诸人工的"器"。

> 朴散则为器。（《老子·28 章》）
>
> 无刀斧之断者谓之朴。（《论衡·量知》）

"朴"乃本然样态的原木，经过加诸人工的制作而成各式各样的东西谓"器"。《玉篇》引《老子》曰："璞散则为器"，璞乃玉石未理之状。无论"朴"还是"璞"，均是没有加过人工的或者说剔除社会性熏陶的本然样态。

> 敦兮其若朴。（《老子·15 章》）
>
> 见素抱朴，少私寡欲。（《老子·19 章》）
>
> 为天下谷，常德乃足，复归于朴。（《老子·28 章》）
>
> 我无欲而民自朴。（《老子·57 章》）

"素""赤子""婴儿"等亦无非是人性的隐喻，意味着尚未社会化的自然之性，象征着原初而完整的人天然之性（包括人性和物性）。它略近于

---

　　① 参见本书第三章："'婴儿''赤子'：早期道家关于本真生活的隐喻"。

"生之谓性"。《庄子》和《文子》继承《老子》素朴的观点。

> 静而圣,动而王,无为也而尊,素朴而天下莫能与之争美。
> (《庄子·天道》)
>
> 夫明白太素,无为复朴,体性抱神,以游世俗之间者,汝将固惊邪?(《庄子·天地》)
>
> 然后列子自以为未始学而归,三年不出。为其妻爨,食豕如食人,于事无与亲,雕琢复朴,块然独以其形立。(《庄子·应帝王》)
>
> 南越有邑焉,名为建德之国,其民愚而朴,少私而寡欲。(《庄子·山木》)

"始"①"初"为人之本性,表现出对人从哪里来的追问,其中凝固着"道"与"德"的本质:人之德(属性)是对道的分有;亦意味着人归往的指向。

> 察其始而本无生。(《庄子·至乐》)
>
> 吾游心于物之初。(《庄子·田子方》)
>
> 性修反德,德至同于初。(《庄子·天地》)
>
> 缮性于俗,俗学以求复其初;滑欲于俗,思以求致其明;谓之蔽蒙之民。(《庄子·缮性》)
>
> 文灭质,博溺心,然后民始惑乱,无以反其性情而复其初。(《庄子·缮性》)

人之本性为"故",有先前本有之意。②

---

①　《庄子·应帝王》中庄子虚幻的寓言人物"日中始",此"始"有往昔和本始之意。

②　《庄子》中《刻意》篇讲"不为福先,不为祸始;感而后应,迫而后动,不得已而后起,去知与故,循天之理"。《庄子》中《秋水》篇讲"无以故灭命",《知北游》篇讲"真其实知,不以故自持"。《庄子》中《知北游》篇:"若正汝形,一汝视,天和将至,摄汝知,一汝度,神将来舍。德将为汝美,道将为汝居,汝瞳焉如新生之犊而无求其故。"《管子》中《内业》篇云"是以君子不怵乎好,不迫乎恶,恬愉无为,去智与故"。此处"故"类同于《孟子》中的《离娄下》篇所讲"天下之言性者故而已矣",是人性先设的成见,是功利机心,是被去除的对象,不是人先天本性之代称。"变化齐一,不主故常"故为故态。

吾始乎故,长乎性,成乎命。(《庄子·达生》)

且子独不闻夫寿陵余子之学行于邯郸与？未得国能,又失其故行矣,直匍匐而归耳。今子不去,将忘子之故,失子之业。(《庄子·秋水》)

故曰,无以人灭天,无以故灭命,无以得殉名。谨守而勿失,是谓反其真。(《庄子·秋水》)

大人以善示人,不变其故,不易其常,天下听令如草从风。(《文子·精诚》)

对人性道家称为本真之性、真纯之性。《庄子》通过"真""伪"之辨深化发挥了老子的自然人性论。

马,蹄可以践霜雪,毛可以御风寒,龁草饮水,翘足而陆,此马之真性也。(《庄子·马蹄》)

皆以利惑其真而强反其情性,其行乃甚可羞也。(《庄子·盗跖》)

谨修而身,慎守其真,还以物与人,则无所累矣。(《庄子·渔父》)

(泰氏)其知情信,其德甚真,而未始入于非人。(《庄子·应帝王》)

真者,精诚之至也。不精不诚,不能动人。(《庄子·渔父》)

"真性"首先意味着自然之性,意味着人的真常之性(成玄英语):"益之而不加益,损之而不加损"的"常然"。

复命曰常,知常曰明。不知常,妄作凶。知常容,容乃公。(《老子·16章》)

知和曰常,知常曰明。(《老子·55章》)

庄子解释了具体何为常:

> 吾与日月参光,吾与天地为常。(《庄子·在宥》)
>
> 彼为己以其知,得其心以其心。得其常心,物何为最之哉?(《庄子·德充符》)
>
> 常然者,曲者不以钩,直者不以绳,圆者不以规,方者不以矩,附离不以胶漆,约束不以绳索。故天下诱然皆生而不知其所以生,同焉皆得而不知其所以得。(《庄子·骈拇》)

"常然"即未染指人化活动加工的天然状态和本然状态,如疏离规、矩而成就的圆方之类。人之"常然",即是合乎人性的本然形态。①庄子对文明演进的各种人化如争让之别、尧桀之分和贵贱对待,作出"未可以为常"的负面判断。

> 由此观之,争让之礼,尧、桀之行,贵贱有时,未可以为常。(《庄子·秋水》)

人之本真状态、人之正常状态是自然而然的状态。

人之本真之性又谓天性:

> 内直者,与天为徒。与天为徒者,知天子之与己皆天之所子,而独以己言蕲乎而人善之,蕲乎而人不善之邪?若然者,人谓之童子,是之谓与天为徒。外曲者,与人为之徒也。(《庄子·人间世》)
>
> 牛马四足,是谓天;落马首,穿牛鼻,是谓人。(《庄子·秋水》)
>
> 天在内,人在外,德在乎天。(《庄子·秋水》)
>
> 形精不亏,是谓能移;精而又精,反以相天。(《庄子·达生》)
>
> 唯虫能虫,唯虫能天。全人恶天?恶人之天?(《庄子·庚桑楚》)

---

① 杨国荣:《天人之辨:〈庄子〉哲学再诠释》,《学术月刊》2005年第11期。

"德在乎天""反以相天"是相对于"人"而言,"人"即指人之目的动机而论。以"唯虫能天"为"天"的内涵,包含着对人为的筹划和筹谋活动的摒弃,更多体现了跨越人为及人文的取向。成玄英疏:"鸟飞兽走,能虫也;蛛网蜣丸,能天也,皆禀之造物,岂仿效之所致哉!"陆德明释文:"言虫自能为虫者,天也。"谓虽微小如虫豸,都有适应自然的天性。

人的这种天性,是人立世之本宗,宗有首之意,亦有根源、根本、正宗、宗师之意,是必须效法和师法的。①

> 不离于宗,谓之天人。不离于精,谓之神人;不离于真,谓之至人。以天为宗,以德为本,以道为门,兆于变化,谓之圣人。以仁为恩,以义为理,以礼为行,以乐为和,熏然慈仁,谓之君子。(《庄子·天下》)
>
> 中国有人焉,非阴非阳,处于天地之间,直且为人,将反于宗。(《庄子·知北游》)
>
> 夫帝王之德,以天地为宗,以道德为主,以无为为常。(《庄子·天道》)
>
> 死生亦大矣,而不得与之变,虽天地覆坠,亦将不与之遗。审乎无假而不与物迁,命物之化而守其宗也。(《庄子·德充符》)

"宗"指的是某物终其一生的内在规定:不变、不遗、不迁,是特定事物之为其自身的特有规定,即使个体灰飞烟灭化为乌有,也烙上自身的规定。

> 壶子曰:乡吾示之以未始出吾宗。吾与之虚而委蛇,不知其谁何,因以为弟靡,因以为波流,故逃也。(《庄子·应帝王》)
>
> 帝箸之明(盟),明(盟)曰:反义逆时,其刑视之(蚩)尤。反义怀(倍)宗,其法死亡以穷。(《黄帝四经·十大经·五正》)

---

60   ① 《庄子》中有《大宗师》篇,此"宗"即有万物以道为宗师宗法之意。

天性即是宇宙万物产生之根本，亦是人立于宇宙之根本，必须复归的方向，是必须守护的对象。

> 万物云云，各复其根，各复其根而不知；浑浑沌沌，终身不离；若彼知之，乃是离之。无问其名，无窥其情，物固自生。（《庄子·在宥》）
>
> 万物有乎生而莫见其根，有乎出而莫见其门。（《庄子·则阳》）

道作为天地之根，构成万物的统一性根源和根据。

> 是谓深根固柢，长生久视之道。（《老子·59章》）
>
> 以深为根，以约为纪，曰坚则毁矣，锐则挫矣。（《庄子·天下》）
>
> 当时命而大行乎天下，则反一无迹；不当时命而大穷乎天下，则深根宁极而待；此存身之道也。（《庄子·缮性》）

老子提出深根固柢乃长生久视之道[1]，庄子详细解释了修身治国中，"深根固柢"如何才能"长生久视之道"？"时命"即个体生存所遭遇的社会境遇。"当时命"即天下有道，彰显自身在世状态即"大行乎天下"，"不当时命"即天下无道则隐居不现即"大穷乎天下"。"时命"决定穷和达，并不意味可以完全泯灭个体之在世。"不当时命"而穷时，人则可以蛰伏，"深根宁极而待"，自觉选择蛰伏的"存身之道"。"根"是人对天性的存守守护。《应帝王》中的"天根"这一人物形象的设计亦有此考虑。[2]

与"根"含义相似的还有"本"，即人之本性是存世之本。

---

[1] 成玄英《庄子疏》："以深玄为德之本根，以俭约为行之纲纪。"郭庆藩：《庄子集释》，第1097页。"根"有指万物的总根源，有指生命的根本，也有指德的深玄本根。

[2] 徐复观强调道家的宇宙论可说是人生哲学的副产物，（道家）"不仅是要在宇宙根源的地方来发现人的根源，而且是要在宇宙根源的地方决定人生与自己根源相应的生活态度，以取得人生的安全立足点"。徐复观：《中国人性论史》先秦篇，台北：商务印书馆1991年版，第358页。

以本为精,以物为粗,以有积为不足,澹然独与神明居,古之道术有在于是者。关尹、老聃闻其风而悦之。建之以常无有,主之以太一。以濡弱谦下为表,以空虚不毁万物为实。(《庄子·天下》)

夫明白于天地之德者,此之谓大本大宗,与天和者也;所以均调天下,与人和者也。(《庄子·天道》)

天下奋棅而不与之偕,审乎无假而不与利迁,极物之真,能守其本,故外天地,遗万物,而神未尝有所困也。(《庄子·天道》)

圣王者不失本末,故神明终始焉。(《鹖冠子·泰录》)

"朴""初""真""常""根""本"蕴含着道家对天性的赞美和推崇,揭示出道家对存守、返归本性的强调。"朴"凸显了人性素朴,意味着从文明时代的仁义礼乐回归未分化的前文明的自然状态;"初"作为生命开端和本性之初,更隐含着对未来的筹划;"真"在道家哲学中不仅意味着真实和真正的,与"伪"相对,侧重人性的真诚和真纯①;"常"批判了仁义、知识等对人性的扭曲戕害相对;"天"隐含天然的顺任;"故""本"强调人性的本有;"宗""根"意味源头和根据,意味现象界的万物向超越感性规定的道之回归。概而言之,它们意味着早期道家对人本性和天性的推崇,"致虚""守静"成为道家涵养和修炼过程的题中应有之义。

(二)"致虚""守静":道家独特的精神修为过程

道家提出了"致虚""守静"的修养方向和路径,阐释了减除欲望、超越名言和摒弃仁义的观点,提出了舍弃和减损的精神修炼方法。具体包括:"不欲""无欲""虚心""涤除玄览""洗心""澡雪""扫除不洁""用心若镜""解心""洒心""撸击""心斋""戒"等。《管子》中直接设有《白心》篇目,《庄子》设计有《马蹄》《骈拇》《胠箧》章,都包含有清洗、扫除心灵,

① 郑开:《庄子与艺术真理》,《文史哲》2019 年第 1 期。

剔除多余欲等意。

> 致虚极,守静笃。(《老子·16 章》)
>
> 体尽无穷,而游无朕;尽其所受乎天,而无见得,亦虚而已。
> (《庄子·应帝王》)
>
> 虚其欲,神将入舍,扫除不洁,神乃留处。(《管子·心术上》)

"虚极""心斋""舍"指向纯白无杂的精神状态。"致虚极"意味消除已经获得知识如"师心""成心",净化既定的精神世界。作为对诸子的批判性总结,荀子阐释了"虚"在认识论上的重大价值。

> 虚一而静。(《荀子·解蔽》)
>
> 然而有所谓虚,不以所已藏害所受谓之虚。(《荀子·解蔽》)

不能因为已有的认识而妨碍接受新的认识。洗涤心中旧有的、既定的陈迹,避免它们妨碍将要吸取接受新的东西,"虚"于此被理解为道的体现。精神空间的有序不杂,心灵的淡泊纯白就叫"虚"。"守静笃"强调静观反省、反观自省,强调以物观物,封闭感官门户,摒弃理性名言认知,超越经验的现象界,深入到物的内在规定,从本体的层面来考察对象。只有以虚无空明的心灵,向统一的大道复归,切入存在的本体层面,于无声无形之间"独见其明"。

> 涤除玄览,能无疵乎?(《老子·10 章》)
>
> 至人之用心若镜,不将不迎,应而不藏,故能胜物而不伤。
> (《庄子·应帝王》)

玄览和镜子的隐喻肯定了实践过程应悬置现象层面的日常经验,超越特定限度的知识明言,如实表现作为对象的物,回到事物本身,即"以道观之"。

> 以道观之，物无贵贱；以物观之，自贵而相贱；以俗观之，贵贱
> 不在己。（《庄子·秋水》）

这种回到物自身的认知，是一种主客混冥、不分彼此的[1]，具有直觉活
动的特点。同时对物"不将不迎"，杜绝以主体的动机为出发，避免人的
动机认知物，从而达致虚静之境。[2]

> 若一志，无听之以耳而听之以心，无听之以心而所之以气！耳
> 止于听，心止于符。气也者，虚而得物者也。唯道集虚。虚者，心
> 斋也。（《庄子·人间世》）

"一志"即精力专注，"无听之以耳"指排除感官的门户，"无听之以心"意
味摒弃逻辑的分析。耳和心分别从感性和理性理解道，是对道的片面
的理解，不能从整体和总体上把握道。为了超越单项的感性现象之域，
回归万物存在的根据，道家认为唯有消除被知识、机巧、功名污染堵塞
搅乱的状态，解构旧有的精神形态，剔除已有的认识，净化既定的精神
空间，才可能接近大道。

> 洁其宫，开其门，去私毋言，神明若存。纷乎其若乱，静之而自
> 治。（《管子·心术上》）
> 敬除其舍，精将自来……正心在中，万物得度。（《管子·
> 内业》）

"虚""静"既指心灵的本然状态，又指万物世界的不被遮蔽和蒙蔽状态。
内心虚静，精神世界才能"和"，即有序健全。

---

① 郑开：《〈庄子〉与艺术真理》，《文史哲》2019 年第 1 期。
② 杨国荣：《自然·道·浑沌之境：〈庄子·应帝王〉札记》，《中国哲学史》2020 年
第 1 期。

平者,水停之盛也。其可以为法也,内保之而外不荡也。德者,成和之修也。德不形者,物不能离也。(《庄子·德充符》)

道家一再提出"无欲""去甚""去泰""去奢""欲不欲""寡欲""黜嗜欲""刳心"①"洗心""刳形去皮,洒心去欲""澡雪""消躁藏息""虚心""忘形""忘心""忘利""坐忘""外物""悬解"等等。在洒心去欲、澡雪消躁的修为过程中,道家提供了有关净化和消除既定精神形态含义的动词,如养身以终其天年的"支离其德"②"戒之慎之"(《庄子·人间世》)、"内刑"以自知屈身(《黄帝四经·十大经·五正》)、"知止"(《老子·32章》)、"宁可以止遽"(《庄子·外物》)、"吾丧我"(《庄子·齐物论》),在"修道""体道"的实践中,在"致虚""守静"的修为过程中,早期道家的精神修为呈现出专一性和反复性、体证性特点。

四、早期道家精神修为的专一性和反复性

司马谈在《论六家要旨》说:"道家使人精神专一,动合无形,赡足万物。其为术也,因阴阳之大顺,采儒墨之善,撮名法之要,与时迁移,应物变化,立俗施事,无所不宜,指约而易操,事少而功多。""使人精神专一"揭示出早期道家精神修为的专一性和集中性。

---

① 摒除一般的感觉认知之心,剔除主观偏执,消除自我对于万物和道的遮蔽,使得其能返回其自身。"刳心者,剔去其知觉之心也"(林希逸:《庄子鬳斋口义》,中华书局1997年版,第185页)。"非刳心使虚则无以容道"(褚伯秀:《庄子义海纂微》,华东师范大学出版社2014年版,第374页)。"去知觉,则虚可入道"(宣颖:《南华经解》,广东人民出版社2008年版,第87页)。"刳心"的指向,是不以有限之自我妨碍无限之道、不以偏私之我僭越为普遍之道,在此意义上,"刳心"意味着将自身回置于自然之道、归属其中而顺受其则:"刳心者,去其知识之私,而后可以入于自然之道也"(《南华真经副墨》,中华书局2010年版,第169页)。"刳心,去其私以入于自然也"(林云铭:《庄子因》,华东师范大学出版社2011年版,第121页)。

② 《庄子》中设计了系列身体残疾、相貌丑陋但有具有非凡精神魅力的人物,如兀者王骀被孔子尊为师;兀者申屠嘉使子产谢别;兀者叔山无趾批评孔子拘泥世俗;丑陋者哀骀它竟使男女为之倾倒;跂支离无脤受到国君喜爱。这些身残志逍遥的人物形象,体现出《庄子》独特的人生理想和精神追求。

（一）"抟气致柔"：早期道家修为的专一性和集中性

"一"是道家思想中最具有标志性的概念之意。"抱一"或"抟一"在道家文本中具有复杂的含义和多重脉络，养生学与心性论理论语境中。①

> 载营魄抱一，能无离乎？抟气致柔，能婴儿乎？（《老子·10 章》）

"抱一"意谓体道，"一"为"道"，"道"为"一"。

> 我守其一以处其和，故我修身千二百岁矣，吾形未常衰。（《庄子·在宥》）

"一"有统一、综合之意，更有动词整合之意，意味着一个从无序杂多到有序丰富的过程。

> 夫道不欲杂，杂则多，多则扰，扰则忧，忧而不救。（《庄子·人间世》）

"杂"与"多"相联系，喻示无序。道作为普遍原理，与物无间。杂多纷纭的现象界由本体论统摄贯穿，并被赋予内在的统一之序。这个内在的统一之序通过"抟气"把握体验。"抟气"体现了修为过程的专一和集中。"营魄抱一"阐述了道家"定其心神"的宗旨，将形神、身心高度融合，交互为用，而不是令心神飘忽分离。"魄"本身隐含了光华光照的意

---

① 王中江：《早期道家"一"的思想的展开及其形态》，《哲学研究》2017 年第 7 期。郑开：《试论黄老学文献中的"一"》，《中原文化研究》2018 年第 5 期。

思。"魄"指月初的光华。扬雄谓："月未望而载魄于西，既望则终魄于东"(《法言·五百卷》)。王夫之疏解《远游》"载营魄而登霞"时指出，"老子、屈子以人之精神言之，则所谓营者，字与荧同，而为精明光炯之意。……扬子以日月之光明论之，则固以月之体质为魄，而日之光耀为魂也。以人之精神言者，其意盖以魂阳动而魄阴静，魂火二而魄水以，故曰载营魄抱一，能勿离开乎？言以魂加魄，以动守静，以火迫水，一二守一，而不相离。如人登车而常载于其上，则魂安静而魄精明，火不燥而水不溢，固常生久视之要诀也"①。这段很好解释了精神专一之过程。魏源也解释了何为"营魄抱一"：

> 心之精爽，是谓魂魄。(魂魄)本非二物。然魂动而魄静，苟心为物役，离之为而，则神不守舍，而血气用事。惟抱之为一，使形神相依而动静不失，则魂即魄，魄即魂。(《老子本义》)

"形神相依"即是精神的稳定和内心的安定，即沉稳、淡定、镇定、不慌乱、不忙乱、不急躁、不狂躁。魏源把"专"解释成"专一纯固"之"纯气之守"。

> 老子曰："卫生之经，能抱一乎？能勿失乎？能无卜筮而知吉凶乎？能止乎？能已乎？能舍诸人而求诸己乎？能翛然乎？能侗然乎？能儿子乎？儿子终日嗥而嗌不嗄，和之至也；终日握而手不掜，共其德也；终日视而目不瞚，偏不在外也。行不知所之，居不知所为，与物委蛇，而同其波。是卫生之经已。"(《庄子·庚桑楚》)

庄子以"卫生之经"揭示"抱一"，意味着精神世界的健全有序，"抱一""勿失"为其要义，精神世界的健全离不开"统一"，精神的统一意味着心灵的安定，情感的和谐有节，情意的自然呈现。

---

① 王夫之：《楚辞通释》，上海人民出版社 1975 年版，第 85 页。

> 夫至人者,上窥青天,下潜黄泉,挥斥八极,神气不变。今汝怵然有恂目之志,尔于中也殆矣夫!(《庄子·田子方》)

伯昏无人之"神气不变"即是源于他炉火纯青的射箭功夫,心无旁骛、处之泰然。平地上的列御寇能百发百中,但"登高山,履危石,临百仞之渊"后,则"背逡巡,足二分垂在外",做不到镇定自若和从容不迫,只能"伏地""汗流至踵"。列御寇的功夫不够扎实纯熟,表演环境的变化使他不能够"载营魄抱一",难以进入专一集中的状态,即使技艺娴熟也难以取胜。可见"抟"之重要性。

> 若正汝形,一汝视,天和将至;摄汝知,一汝度,神将来舍。(《庄子·知北游》)

"一"就是集中统一凝聚之意。"天和"即天然的平和与宁静。所要集中统摄整顿的既有"视"(视野见识),也有"度"(胸襟气度)。"一"不同于单纯的同一,它既肯定了精神现象的多样性和丰富性,又确认了多样因素之间的有序性和统一性;在"天和"的形态中,精神世界日益丰富、秩序:"神将来舍",庄子从总体上强调"一"对于治理的重要性和根本性。

> 工倕旋而盖规矩,指与物化而不以心稽,故其灵台一而不桎。(《庄子·达生》)

"与物化"意味深入物之内里,即以物观物;"不以心稽"即"塞其兑,闭其门",封闭感官门户,超越理性认知,悬置经验和名言的积累,"用心若镜",对物"不将不迎",摒弃主客二分的立场。"灵台一而不桎","不桎"意味超越是非善恶真伪等分化对立状况,"一"意味能统摄杂多纷纭的感性和理性认知,以精神的自然之序返归未分化的统一的道,精神的自然之序更合乎天道。

《庄子》的"一志"，不用耳听，不用心听，只用气听。听本来就比看具有凝心聚神之意，用"气"听更需心灵镇定与精神凝聚。

> 回曰："敢问心斋。"仲尼曰："若一志，无听之以耳而听之以心；无听之以心而听之以气。听止于耳，心止于符。气也者，虚而待物者也。唯道集虚。虚者，心斋也。"（《庄子·人间世》）
>
> 夫保始之征，不惧之实，勇士一人，雄入于九军。将求名而能自要者，而犹若是，而况官天地，府万物，直寓六骸，象耳目，一知之所知，而心未尝死者乎！（《庄子·德充符》）

何谓"官天地、府万物"？郭象注"冥然无不体"，很妥帖。"一知"之"一"为动词，有综合、统一之意。"一知之所知"意味着悬置单项的片面的感性和理性认知，勘破物的表象，回归大道，洞见"道通为一"的澄明之境。[①]在"神明来舍"的精神状态下，离不开凝心聚神的功夫。

> 其神凝，使物不疵疠而年谷熟。（《庄子·逍遥游》）
>
> 神全之人，不虑而通，不谋而当，精照无外，志凝宇宙，若天地然。（《洞灵真经》）
>
> 若夫人者，非其志不之，非其心不为。虽以天下誉之，得其所谓，謷然不顾；以天下非之，失其所谓，傥然不受。（《庄子·天地》）

"凝"就是心境虚空，不为外界所动心，不为是非所扰，在纷纭的尘世中保持心灵的平和、淡漠和虚静，从而达到纯精神的遨游和虚静。

精力集中方能行事高妙超群。

> 仲尼适楚，出于林中，见痀偻者承蜩，犹掇之也。仲尼曰："子巧乎？有道邪？"曰："我有道也。五六月累丸二而不坠，则失者锱

铢;累三而不坠,则失者十一;累五而不坠,犹掇之也。吾处身也,若厥株拘,吾执臂也,若槁木之枝,虽天地之大,万物之多,而唯蜩翼之知。吾不反不侧,不以万物易蜩之翼,何为而不得!"孔子顾谓弟子曰:"用志不分,乃凝于神,其痀偻丈人之谓乎!"(《庄子·达生》)

捕蝉老人在凝神观照中超越了捕蝉的功利目的[1],从而焕发了异乎寻常的创造力,关键在于"用志不分,乃凝于神"。

大马之捶钩者,年八十矣,而不失豪芒。大马曰:"子巧与?有道与?"曰:"臣有守也。臣之年二十而好捶钩,于物无视也,非钩无察也。是用之者,假不用者也以长得其用,而况无不用者乎!物孰不资焉!(《庄子·知北游》)

八十岁高龄的造剑者,解释自己宝刀未老的原因:二十岁就喜欢锻剑,心无旁骛专精于此,长此以往必然能发挥所长。抟气致柔还能够使人全身保命。

至人潜行不窒,蹈火不热,行乎万物之上而不慄。(《庄子·达生》)

不仅修身如此,"抟"在治国之中也甚为重要。

王者执一,而为万物正。军必有将,所以一之也。国必有君,所以一之也。天下必有天子,所以一之也。天子必执一,所以抟之也。一则治,两则乱。今御骊马者,使四人人操一策,则不可以出于门闾者,不一也。(《吕氏春秋·审分览·执一》)

---

① 褚春元:《〈庄子〉"虚静"说的诗学阐释》,《江淮论坛》2005年第5期。

"(此)一以为天地稽",这是以"一"为治理的关键和尺度即"道"。上位者如能"执一",就成为万物之楷模和标准。上位者"执一"就能够治理好所有的事情,使所有的事情都井然有序。否则,他将什么都做不好。统治者如何才能做到"执一"("道"或"法")而治呢?黄老学求诸上位者的自我精神修炼。修炼目标是"专心""专一",就是坚持"执一""用一"和"用法"。

> 专于意,一于心,耳目端,知远之证。能专乎? 能一乎? 能毋卜筮而知凶吉乎? 能止乎? 能已乎? 能毋问于人而自得之于己乎? 故曰:思之思之,不得,鬼神教之。非鬼神之力也。其精气之极也。……执一之君子,执一而不失,能君万物。(《管子·心术下》)

> 气意得而天下服,心意定而天下听。抟气如神,万物备存。能抟乎? 能一乎? 能无卜筮而知吉凶乎? 能止乎? 能已乎? 能勿求诸人而得之己乎? 思之思之,又重思之。思之而不通,鬼神将通之。非鬼神之力也,精气之极也。四体既正,血气既静,一意抟心,耳目不淫,虽远若近。(《管子·内业》)

"执一"既是掌握"一"的根本原则,又是坚持"法"的统一治理,还是修炼"专一"的精神。①

早期道家的精神修为过程呈现出专一性和集中性的特点,除了"抟一""抱一""抟气"概念所出现的复杂的知识论、养生论和心性论的语境,还指向了某种神秘体验或实践智慧。"凝神""用志不分"等概念也都强调了思维的集中和意念的凝聚。

(二)"损之又损":早期道家精神修为的过程性和反复性

道家的精神修为过程是个持续的过程。"又"体现出道家精神修为

---

① 王中江:《早期道家"一"的思想的展开及其形态》,《哲学研究》2017年第7期。

的反复性和连贯性、持续性。

> 为学日益，为道日损。损之又损，以至于无为，无为而无不为。
> （《老子·48章》）
> 故曰："为道者日损，损之又损之，以至于无为，无为而无不为
> 也。"（《庄子·知北游》）

"为学"是基于现象界的感性和理想认知过程，它强调日常经验的积累。
"为道"则要求对世界的整体把握和统摄理解，指向的是终极存在和本
体世界。现象的呈现和本体存在的不一致，要求以消除、净化既定的、
已有的知识结构为基础。"损"不仅包含"塞其兑，闭其门"，还有"绝圣
弃智"和"绝仁弃义"等等。"损"所指向的人为活动，顺乎大道无所为。
"损之又损"突出了修为过程中的无限的反复的过程。

> 视乎冥冥，听乎无声。冥冥之中，独见晓焉；无声之中，独闻和
> 焉。故深之又深而能物焉，神之又神而能精焉；故其与万物接也，
> 至无而供其求，时骋而要其宿，大小、长短、修远。（《庄子·天地》）

"深之又深""神之又神"揭示思维聚焦、精神集中、心志淬炼中的持续
的、连贯的纵深过程。"得道"是个反复曲折（"又""重""反"）不断践行
的过程。

> 形精不亏，是谓能移。精而又精，反以相天。（《庄子·达生》）
> 思之思之，又重思之。思之而不通，鬼神将通之。非鬼神之力
> 也，精气之极也。（《管子·内业》）
> 心以藏心，心之中又有心焉。彼心之心，音以先言。音然后
> 形，形然后言，言然后使，使然后治。不治必乱，乱乃死。（《管子·
> 内业》）

"积""厚"之功夫是修炼提升的累计过程的隐喻。

> 覆杯水于坳堂之上,则芥为之舟;置杯焉则胶,水浅而舟大也。风之积也不厚,则其负大翼也无力。故九万里,则风斯在下矣,而后乃今培风;背负青天而莫之夭阏者,而后乃今将图南。(《庄子·逍遥游》)

> 梓庆削木为鐻,鐻成,见者惊犹鬼神。鲁侯见而问焉,曰:"子何术以为焉?"对曰:"臣工人,何术之有!虽然,有一焉。臣将为鐻,未尝敢以耗气也,必斋以静心。斋三日,而不敢怀庆赏爵禄;斋五日,不敢怀非誉巧拙;斋七日,辄然忘吾有四枝形体也。当是时也,无公朝,其巧专而外滑消;然后入山林,观天性;形躯至矣,然后成见鐻,然后加手焉;不然则已。则以天合天,器之所以疑神者,其由是与!"(《庄子·达生》)

在梓庆做鐻的比喻中,《达生》细致刻画出精神修为的积累过程,在做鐻前"未尝敢以耗气也,必斋以静心",从三日斋到五日,从五日斋到七日,从"不敢怀庆赏爵禄",到"不敢怀非誉巧拙",再到"忘吾有四枝形体",然后入山林,观摩木之天性和形体。《天道》篇中则依轮人之口对齐桓公讲述其工作经验的积累。

> 斲轮,徐则甘而不固,疾则苦而不入。不徐不疾,得之于手而应于心,口不能言,有数存焉于其间。臣不能以喻臣之子,臣之子亦不能受之于臣,是以行年七十而老斲轮。(《庄子·天道》)

轮人关键的话是"不徐不疾,得之于手而应于心,口不能言,有数存焉于其间",这当中有一种百折千转之后获得的高度精准。这种经验积累不能用语言传授给别人,必须依靠反复实践才能把握,经历初学的困难,经历庖丁所说的那个阶段,最后才能掌握。轮人的手艺无师自通而且无人传承,他靠双手在实践中不断的尝试找准了恰当动作,将每个尝试

73

的结果记在心里,一点点从中剥离出有效的动作模式,练成巧匠。过程的艰难使得轮人的儿子们不愿意掌握打车轮的技巧。

《达生》篇中"痀偻者承蜩"的过程,也是在进行累二、累三和累五的艰难积累,诀窍在于"用志不分,乃凝于神",坚持下去,"何为而不得"。《达生》篇中有关斗鸡的案例,对斗鸡的训练经历了四个关键阶段,即十日而问、十日又问、十日再问、十日又问的反复、持续的枯燥过程,最后斗鸡才不为外界所扰,保全了完整的天性,成为呆若木鸡。这种坚持一方面生动解析了老子"损之又损"的过程,另一方面也是庄子所讨论的不断"益"的过程。最后连"忘"也忘了,体现出终极式的否定和超越。

> 颜回曰:"回益矣。"仲尼曰:"何谓也?"曰:"回忘仁义矣。"曰:"可矣,犹未也。"他日,复见,曰:"回益矣。"曰:"何谓也?"曰:"回忘礼乐矣!"曰:"可矣,犹未也。"他日,复见,曰:"回益矣!"曰:"何谓也?"曰:"回坐忘矣。"仲尼蹴然曰:"何谓坐忘?"颜回曰:"堕肢体,黜聪明,离形去知,同于大通,此谓坐忘。"(《庄子·大宗师》)

颜回持续修炼,日日渐"益",最后达到"坐忘"的境界。

> 吾犹守而告之,参日而后能外天下;已外天下矣,吾又守之,七日而后能外物;已外物矣,吾又守之,九日而后能外生;已外生矣,而后能朝彻;朝彻,而后能见独;见独,而后能无古今;无古今,而后能入于不死不生。(《庄子·大宗师》)

"守一""守道""守神"离不开抟气,具体过程不是一蹴而就,从最初的抟气凝神到守三日,三日守持到七日,从七日坚守到九日,结果达到"外",外的对象逐渐扩充拓展,从外天下到外物,从外物到外生,从外生到朝彻即彻底自由,从朝彻到能见独:得道,再到无古今,入于不死不生。

> 彼为己以其知,得其心以其心。得其常心,物何为最之哉?
> (《庄子·德充符》)

在修炼之路上逐步递进,从"知"(智慧)到"心"(割裂、分别世界的心),从"心"返回到"常心"(不起分别作用的心),逐步深入。

> 体合于心,心合于气,气合于神,神合于无,其有介然之有,唯然之音,虽远际八荒之外,近在眉睫之内,来于我者,吾必尽知之。夫如是神全,故所以能矣。[1]

历经对道的体验从合乎心、合乎气、合乎神、合乎无的过程,最终获得"神全"境界。

> 形不正,德不来;中不静,心不治。正形摄德,天仁地义,则淫然而自至。神明之极,照乎知。万物,中义守不忒,不以物乱官,不以官乱心,是谓中得。(《管子·内业》)

《管子》中展现的从物不乱进而官不乱再到心不乱的过程,以重复否定性的根源溯及,达到"中得"的境界,交涉着认知论和价值论意义。

> 为不善乎显明之中者,人得而诛之;为不善乎幽暗之中者,鬼得而诛之。明乎人,明乎鬼者,然后能独行。(《庄子·庚桑楚》)

在有人监管的显明之下做出不善之举,遭致人的声讨和讨伐;在无人窥见的幽暗之地做出不善之举,遭受良知的谴责;无论人前人后,都能无愧于人、无愧于贵、无愧于天,才能立于天地之间。从有为到无为、从无

---

[1] (唐)王冰:《重广补注黄帝内经素问》卷第一,注(宋)林亿等校,《四部丛刊》景上海涵芬馆藏明翻北宋本,00015 页。

德到有德再到玄德,这体现出道家精神修为的反复性和递进性。

> 上士闻道,勤而行之;中士闻道,若存若亡;下士闻道,大笑之。不笑不足以为道。(《老子·41章》)
>
> 民之从事,常于几成而败之。(《老子·64章》)

"中士""下士"和"上士"相对,分别代表世俗和理想人格对践行大道的态度和信念。在老子看来,现象界和终极存在有着二重性,践道艰难,行道不易,层层追溯,才能超越现象,复归大道。因此,"上士"积极践行大道、勤而行之。道家屡屡看重"行","行不言之教"(《老子·2章》)、"多言数穷,不如守中"(《老子·5章》)、"知者不言,言者不知"(《老子·56章》)、"不言而善应"(《老子·73章》)等。"大辩不言"(《庄子·齐物论》)、"意之所随者,不可以言传"(《庄子·天道》),"夫六经,先王之陈迹也……今子之所言,犹迹也"(《庄子·天运》),"可以言论者,物之粗也"(《庄子·秋水》)、"口钳而不欲言"(《庄子·田子方》)、"至言去言"(《庄子·知北游》)等,这些都显示出抑制"言"而崇尚"道"或"行"的倾向。不仅如此,道家更看重持久之行,"故从事于道者,道者同于道,德者同于德,失者同于失"(《老子·23章》)。"从事"意味持久之行和长期积累的坚持不懈。①

早期道家的修为既要求集中性和专一性,面对世界的多重呈现形态,以气的抟聚和神的凝聚,对精神世界的多样性进行统一和综合,以内在的统一和心灵的平和赋予精神的有序和健全。同时,由于终极存在与外在呈现的二重性和距离,在认知世界和体验世界的复杂往复过程中,道家的精神修为体现出层层往复递进的持续性特点,而且还体现出践履性、体证性特征。

道家哲学自有超越之处,但又深扎于实践之中,"躬身"而求是得道

---

① 刘黛:《从事而道者的得失之路:以帛书为基础的〈老子〉第23章新诠》,《马克思主义与中华文化研究》2019年第2期。

之途径。

> 天降朕以德,示朕以默;躬身求之,乃今也得。(《庄子·在宥》)

郭象注:"知而不默,常自失也。"成玄英疏:"降道德之言,示玄默之行,立身以来,方今始悟。"道分散于万物,万物得于道,乃为德。"躬身求之"是求道之途径。

> 夫六经,先王之陈迹也,岂其所以迹哉!今子之所言,犹迹也。夫迹,履之所出,而迹岂履哉!(《庄子·天运》)

足迹("迹")是脚("履")踩出来的,践履非常重要,需要反复。

> 然后列子自以为未始学而归,三年不出。为其妻爨,食豕如食人。于事无与亲,雕琢复朴,块然独以其形立。纷而封哉,一以是终。(《庄子·应帝王》)

列子目睹自己的老师壶子和巫术之士季咸关于道和技的四次互动和交锋,觉察出为道之艰难不易:既要面对道本身不同的呈现状态,地文、天壤、太冲莫胜、未始出吾宗多种玄妙神秘的表现方式;还要应对巫术之人季咸所施展的迷惑,后者是单面规定的经验之域,是"多得一察焉以自好",仅是走向道的基础和前提:"技"。经历这场生死较量,列子看到只有从整体上把握道,才能像老师壶子一样,调整自己的精神状态,解构超越经验领域,与"不该不遍"的巫术打交道,进一步在政治领域超越有为的治术。此后,列子弃过自新,在庸常凡俗琐碎的生活事务中磨砺砥砺自己,沉下心躬身体道。

> 使道而可献,则人莫不献之于其君;使道而可进,则人莫不进之于其亲;使道而可以告人,则人莫不告其兄弟;使道而可以与人,

则人莫不与其子孙。然而不可者,无佗也,中无主而不止,外无正而不行。(《庄子·天运》)

道之所以至妙者,父不能以教子,子亦不能受之于父。故"道可道,非常道也,名可名,非常名也"。(《文子·上仁》)

道只有亲身体证和体悟,才能为己所有。即使亲如父子、君臣也不能越过。艰难行道的过程则是年复一年、日复一日,奥秘在于积累和持续。

自吾闻子之言,一年而野,二年而从,三年而通,四年而物,五年而来,六年而鬼入,七年而天成,八年而不知死,不知生,九年而大妙。(《庄子·寓言》)

故执道者之观于天下也,必审观事之所始起,审其刑(形)名。刑(形)名已定,逆顺有立(位),死生有分,存亡兴坏有处。然后参之于天地之恒道,乃定祸福死生存亡兴坏之所在。(《黄帝四经·经法·论约》)

艰辛行道的过程并非世俗所能承受,践履的艰难如果得不到世人的理解,就会受到他们批判和诟病。

弱之胜强,柔之胜刚,天下莫不知,莫能行。(《老子·78章》)

理性可以阐明普遍的原理秩序何以可能,但却不能对个体修道体道的行为何以可能作出具体说明。"一条法则如何能够自为地和直接地成为意志的决定根据(这也正是全部道德性的本质所在),这是一个人类理性无法解决的问题。"[1]精神修养和修炼的复杂性在于认为道德所期

望的人不阐明它(我们也无力于此)①,而是践行它,如何践行它? 早期道家以"躬身求之""日损"作出独特性的解答和指向。

五、结　语

精神修为在早期道家哲学中和养生观、心性论、形神论密切相关,它以自我解构、自我涵养、自我健全为契入,对人是否能够体验世界和如何体验世界进行深切追问和精微反思,以克服片面和超越对待展示了关注整体和追求统一的形而上视阈,构成轴心时代下对终极根据和统一之理的探寻。在早期道家修为功夫中,有体现理想人格和隐喻本真生活即赤子婴儿等代称;有凝心聚神的抟气致柔、致虚守静的功夫;有展示心灵澄明的如坐忘、心斋、洗、澡雪、玄览、玄览(若镜)、抱一(神)等等;有揭示思维和意识世界的精纯无杂如精舍、神、精神、魂、魄、舍等;有阐释闭塞感官、限定理性、消解独断如集虚、守一、成和等等。这些不同侧面的概念和词汇重叠交织,既显示出宇宙万物的第一因与人的关联,也推展出人生最高境界以及具体修炼功夫的实践智慧,揭示出道家精神修养的专一性、反复性和亲证性特点,描绘出道家构建统一有序精神世界的图景,展示出道家文献有关精神修葺和修炼的深湛功夫和幽邃途径。

第三章 "婴儿""赤子":早期
道家本真生活的隐喻

　　"婴儿"是早期道家的重要意象和完美象征,既是道之载体,亦是道之喻体,是理想人格的形象化代称。道家"婴儿"特征如下:作为生命开端和本性之初,它天性完满,内在活力充沛;超脱机心纷扰,解构分化芜杂的精神形态;作为一个可能性存在,隐含着对人的可能性的肯定及未来的筹划。"复归于婴儿"是道家精神修炼的重要课题。学界对道家婴儿的研究略有开展,对老庄视野中的婴儿概念进行初步解读①,但婴儿在文献中的本然形态、所隐含的本真生活、所喻示的价值判断及其与道、自然和无为的关系并没有被揭示出来。因此,重提道家视野中的婴儿概念,发掘它所蕴含的守柔示弱、少私无欲、素朴纯愚的真义,揭示其所具有的无争无欲、致柔守一等意蕴,展现其蕴含的未分化的、原始的本真的价值,是探赜早期道家研究的重要指向。

---

　　① 李德芬:《老子视野中的"婴儿"》,《濮阳职业技术学院学报》2007 年第 1 期。徐仪明、廖永安:《对〈老子〉婴儿赤子、孩的解读》《韶关学院学报》2013 年第 5 期。邓田田、吕锡琛:《论"复归于婴儿"》,《湖南社会科学》2015 年第 5 期。郭继民、高巍:《道教视野中的"婴孩"意蕴》,《宗教学研究》2013 年第 2 期。路伟:《"赤子"与"丈人"》,《红河学院学报》2008 年第 6 期。黄凯:《如赤子般本真的生活:老庄婴儿论》,《黄冈师院学报》2014 年第 4 期。周丹丹:《老子"婴儿"说》,《西昌学院学报》2015 年第 1 期。张晓昆:《老子婴儿意象中的"涵养"哲学》,《天津市社会科学界第十三届学术年会优秀论文集》(上),2017年。葛桂录:《道与真的追寻:〈老子〉与华兹华斯诗歌中"复归婴孩"观念比较》,《南京大学学报》(哲学·人文·社会科学)1999 年第 2 期。冯晖:《京派的"童心"与道家的"复归于婴儿"》,《江汉论坛》2012 年第 4 期。藏守虎、李玉清:《道家复归婴儿的现代养生意义》,《江西中医学院学报》2004 年第 6 期。

一、早期道家"婴儿"概念的提出

"婴儿""赤子"是早期道家的理想人格。人在出生之初最接近自然,也就最能保持自然的本性,也最为纯朴。婴儿作为比喻,既是人格修养和精神修炼的理想,是个体之修炼的最高目标,亦是人天性和本性的寓体。"婴儿""赤子""孩""儿子""孺子"等形象成为理想精神的喻体,在早期道家文献中有生动描述。道家为何以婴儿喻道、以婴儿载道?原因在于道的境界最高,难以言传,特别是一般人理解道之境界更加困难,道家以婴儿为形象来阐释道易于为人接受。现实中接近道的有两种人,一是体道之圣人,二是婴儿。体道之人寥若晨星,且微妙玄通。以他们来喻道,飘幻渺远,婴儿则是生活在人们身边,现实又亲近。以婴儿喻道,还有一层深刻的含义:婴儿所喻之道,是原始而未分化的道,既是世界本源,亦是人之理想存在形态。作为蕴含无限可能的形态,婴儿尚未被定格在某一点上,预示着多样的发展途径。

《释名·释长幼》说"婴儿"即"始生"儿:人始生曰"婴儿"。胸前曰"婴",抱之婴前乳养之也。或曰"婴婗",婴,是也。言是人也。"婗"其啼声也,故因以名之也。所谓"人始生曰婴儿",与现今"婴儿"定义相近。"赤子"在中国古代出现的时间很早,《辞源》给出的最早书证是《尚书·康诰》云"若保赤子,惟民其康乂。"孔颖达疏:"子生赤色,故言赤子。"赤子指初生的婴儿。①《孟子·离娄下》:"大人者,不失其赤子之心者也。"赤子之心解释为少小,专一而未改变的意思。赤子指纯洁善良如初生婴儿,后来泛指百姓,如班固《汉书·龚遂传》:"海濒遐远,不沾圣化。其民困于饥寒,而吏不恤,故使陛下赤子,盗弄陛下之兵于潢池中耳。"此处赤子指称百姓,百姓是赤子的引申义。进而国内百姓为"海

---

① 《汉书·贾谊传》:"故自为赤子而教固已行矣。"颜师古注:"赤子,言其新生未有眉发,其色赤。"(清)李慈铭《越缦堂读书记·樗庵小乘》:"'尺'字古通用'赤'。……'赤子'者,谓始生小儿仅长一尺也。"此亦可备一说。转引自徐再仙:《在汉字中蕴含的中国人的色彩观念》,《中国史研究》第108辑,2017年第6期。

内赤子",《资治通鉴》记载唐太宗说"王者视四海如一家,封域之内,皆朕赤子,朕一一推心置其腹中,奈何宿卫之士亦加猜忌乎?"①后来人们又仿造出"海外赤子"一词,这些词保留了"赤子"一词的天性和本性。

真正从哲学意义上阐释赤子概念的却是早期道家的文献。《老子》是诸子中最早关注婴儿概念的。《老子》5次出现"婴儿"意象,形象揭示出老子之"道"的基本内涵和价值意义。婴儿既是修道抟气、身体柔顺的典范,从而开启了道教修炼的方向指向;还是杜绝炫耀夸示的象征,是上位者("我")践行无为而治的指引②;婴儿既是知雄守雌、与人无争的形象,亦是绝伪弃诈、淳厚质朴的角色所在,更是引领上位者精神修为的方向。老子视域下的婴儿,强调的是价值层面的当然性,而不是事实层面的实然性。③老子对婴儿的关注,体现出对人之未来理想状态的追求推崇。婴儿作为可能性形态的象征,超越了在场的现时状态,既是对未来选择和自由的憧憬,又是向作为出发点的本源复归。

《庄子》更加细致地展现婴儿的思想,扩展了"婴儿"的内涵。

> 仲尼曰:"婴儿生无师而能言,与能言者处也。"(《庄子·外物》)

婴儿无师能言,是与"能言者处"的结果,是天性完满的象征。

> 彼且为婴儿,亦与之为婴儿。彼且为无町畦,亦与之为无町畦。
> 彼且为无崖,亦与之为无崖。达之,入于无疵。(《庄子·人间世》)

结果"无町畦""无崖",指的是婴儿没有自我意识,与外界无分无对的状态,谓"无疵"。

---

① 司马光:《资治通鉴》第192卷,中华书局2009年版。

② 此处婴儿指胎儿,道教文献认为腹内胎儿也是可称婴儿的。《老子》用首次胎动发生前母体不能感验到的所谓"静止"之态,去喻释圣人"我独泊兮"的"未兆"之态,是很形象与贴切的。见王凯博:《老子"婴儿之未孩"新解》《语言研究》2017年第2期。

③ 王邦雄:《老子的哲学》,台北:东大图书公司1983年版。

　　德人者,居无思,行无虑,不藏是非美恶。四海之内共利之谓
悦,共给之谓安,怊乎若婴儿之失其母也,傥乎若行而失其道也。
财用有余而不知其所自来,饮食取足而不知其所从,此谓德人之
容。(《庄子·天地》)

婴儿与"德人"并现,是对"德人"的形象化说明。在庄子看来,思虑和是
非等对人类生活更多具有负面意义,只有摒弃世俗价值判断才能积德
体道,恢复社会淳朴的风尚,人才能更好地生存。

　　除"婴儿"外,早期道家还以孺子、儿子、童子、赤子等相近的形象来
辅助比喻。《庄子》所创"孺子"一词为后世沿用不衰。

　　南伯子葵问乎女偊曰:"子之年长矣,而色若孺子,何也?"曰:
"吾闻道矣。"(《庄子·大宗师》)

孺子是闻道体道的形象化显现,具有强大生命力,对应了老子"物壮则
老,谓之不道,不道早已"的思想。体道者不仅"色若孺子",且神似
孺子。

　　能儿子乎? 儿子终日嗥而嗌不嗄,和之至也;终日握而不捉,
共其德也;终日视而目不瞚,偏不在外也。行不知所之,居不知所
为,与物委蛇,而同其波。是卫生之经已。(《庄子·庚桑楚》)

"儿子"终日"哭而不哑",手握拳头,视物而不眨眼转睛,无求无作,毫无
功利动机,是"卫生之经"的体现者。

　　儿子动不知所以,行不知所之。身若槁木之枝而心若死灰。
若是者,祸亦不至,福亦不来。祸福无有,恶有人灾也!(《庄子·
庚桑楚》)

婴儿精神宁静平和，消解了世俗在知识背景和功利基础上的谋划；其内在意图是守护存在的自然和可能形态，避免对自然的偏离，避免"人灾"。

> 若然者，人谓之童子，是之谓与天为徒。（《庄子·人间世》）

童子天性完满，活力充沛，可谓"与天为徒"。

> 子桑雽曰："子独不闻假人之亡与？林回弃千金之璧，负赤子而趋。或曰：'为其布与？赤子之布寡矣；为其累与？赤子之累多矣；弃千金之璧，负赤子而趋，何也？'林回曰：'彼以利合，此以天属也。'"（《庄子·山木》）

庄子以"天"流露出对自然状态的向往，"天"的更内在意向则是避免目的性和动机性的追求。林回千里背负赤子，展现了"绝巧利弃"的价值追求，"此以天属也"。在庄子看来，与赤子相反，舜以有为治天下，干涉百姓，导致百姓竞争不已，"奇物滋起"。由此出发，庄子倡导超越形名、尊重民意的治理方式。

《庄子》以实际案例解释了"动不知所以，行不知所之"的行为，赤子重似千金，贴近赤子是"天属"的体现和展示，赤子体现了最高的道德境界。林回千里背负赤子，没有任何功名炫耀的动机，其行为体现了"绝巧利弃"的特点，导向对人为性及其产物的——文明仁义的疏离。"此以天属也。"

结合婴儿的事实义，早期道家重点阐论其天性完满的价值意义：既体察存在意义的某种自觉，也关注到对真正合乎人性的生活的关切与呼唤。正是以人的存在形态为关注之点，道家盛赞婴儿的"与天为徒"：以"与物委蛇""心若死灰"的形式表现出来的"人"，"天"构成了其内在规定或本质。在道家看来，作为人的在世形态，人具有对于物的优先性；同样作为人的内在属性，"天"之性也高于名利等世俗追求。一旦将人消解在物之中，或使人的内在规定陷于名利的追求，便意味着人与物、性与俗关系的颠倒。

《列子》提到"婴孩"概念四例。婴孩、少壮、老耄、死亡是人从生到死的四个阶段，"婴孩"指第一个阶段：婴儿和孩童时期。

> 人自生至终，大化有四：婴孩也，少壮也，老耄也，死亡也。（《列子·天瑞》）
>
> 亦如人自生至老，貌色智态，亡日不异，皮肤爪发，随生随落，非婴孩时有停而不易也。间不可觉，俟至后至。（《列子·天瑞》）
>
> 虽未及婴孩之全，方于少壮，间矣。（《列子·天瑞》）
>
> 其在婴孩，气专志一，和之至也；物不伤焉，德莫加焉。其在少壮，则血气飘溢，欲虑充起；物所攻焉，德故衰焉。（《列子·天瑞》）

《列子》继承老庄婴儿"和之至也"的观点，将精神本然之序称为"和"。作为精神存在形态，"和"有平和、宁静之意。精神宁静体现了"和"的品格，"气专志一"，超越利害计较，在行为中达到精神之和。《列子》认为，作为人之初，婴儿喻示着人之理想状态，"和之至也"，它蕴含以后发展的全部可能，亦提供了以后生长阶段的基础。然而，可能性一旦展开，人总是被限定为既定的在场状态，并同化为外在的特定模式，逐渐由壮而老，失去内在的生命力，"血气飘溢，欲虑充起"。

《列子·仲尼》中出现"儿童""童儿"各1次，指幼童。

> 闻儿童谣曰："立我蒸民，莫匪尔极，不识不知，顺帝之则。"（《列子·仲尼》）
>
> 尧喜问曰："谁教尔为此言？"童儿曰："我闻之大夫。"（《列子·仲尼》）

《列子》中出现"孩抱"1例：

得百年者,千无一焉。设有一者,孩抱以逮昏老,几居其半矣。(《列子·杨朱》)

"孩抱"意同孩提。"孩抱""儿童"延续老庄婴儿概念的内涵:婴儿是人生历程中最初阶段,其完美性在于内在的生机和活力。

"婴儿"概念在早期道家文献中蕴藏着丰富的含义,隐含着道家对本真生活和理想状态的尊崇,意味着道家对人为和人化的超越,彰显着道家对人之天性和本性的复归。

二、早期道家文献中"婴儿"的特性

早期道家文献中的"婴儿"意象具有以下特性。

(一) 活力充沛

"柔"是道家"婴儿"的最明显特性。

专气致柔,能婴儿乎?(《老子·10章》)

河上公注:"专守精气使不乱,则形体应至而柔顺。"婴儿之柔导致全身柔软、气息和顺,因而守护了道所内含的可能,元气满满,活力充沛,达到了人的理想状态。

含德之厚,比于赤子。毒虫不螫,猛兽不据,攫鸟不搏。骨弱筋柔而握固。未知牝牡之合而朘作,精之至也。终日号而不嗄,和之至也。(《老子·55章》)

"含德之厚"意为"赤子"之德,包括"骨弱筋柔而握固""精之至也""和之至也","精之至"指人之最初所秉受于天地者,此处意谓婴儿保存了天然状态和本然之性，生命力强大，绵绵不绝，故谓"含德之厚"。老子把婴儿看成"精之至"的体现，是得道之象征。《淮南子》以"藏精于内"作出解释：

> 今夫道者，藏精于内，栖神于心，静漠恬淡，讼谬胸中，邪气无所留滞，四枝节族，毛蒸理泄，则机枢调利，百脉九窍莫不顺比。其所居神者得其位也，岂节拊而毛修之哉！（《淮南子·泰族训》）

邪气不生，正是藏于体内的精气维持生命活动的体现，亦是得道的表现。

> 治身者，当爱惜精气，不为放逸。①
> 专守精气使不乱。②

河上公充分将"精气"说运用和阐发到生命存养方面，强调了精气对人之生命的至关重要之决定性。对于婴儿"和之至"，庄子和列子延续老子的这种思想。

> 心莫若和。（《庄子·人间世》）
> 夫德，和也。（《庄子·缮性》）
> 其在婴孩，气专志一，和之至也。（《列子·天瑞》）

精神的本然之序或自然之序在道家里又称为"和"：作为心或精神的存在形态，"和"的含义之一为超越对峙对立，心平气和、轻松宁静，在精神层面达到统一与和谐之境。"和之至"的体现是肉体的柔软无僵和气色的平和淡定，《庄子》继续形象化地对"和之至"作出解释：

---

① 王卡：《老子道德经河上公章句》，中华书局1993年版，第231页。
② 王卡：《老子道德经河上公章句》，中华书局1993年版，第16页。

> 南伯子葵问乎女偶:"子之年长矣,而色若孺子,何也?"曰:"吾
> 闻道矣。"(《庄子·大宗师》)

闻道的结果是"色若孺子",婴儿是道的象征,潜藏着道之寓意。进一
步,《庄子》将"和"视为"抱一"的"卫生之经":

> 卫生之经,能抱一乎? 能勿失乎? 能无卜筮而知吉凶乎? 能
> 止乎? 能已乎? 能舍诸人而求诸己乎? 能翛然乎? 能侗然乎? 能
> 儿子乎? 儿子终日嗥而嗌不嗄,和之至也;终日握而不捾,共其德
> 也;终日视而目不瞚,偏不在外也。行不知所之,居不知所为,与物
> 委蛇,而同其波。是卫生之经已。(《庄子·庚桑楚》)

"儿子"身体柔顺、身心和谐,"终日嗥而嗌不嗄""终日握而不捾""终日
视而目不瞚"的状态隐含了尚未同世界分化的统一或混沌状态,展示了
婴儿完满不亏损的天性以及十分充实和健全的德性,这恰恰是婴儿活
力充沛的表现,是道家所强调的回归本真生活状态。

(二)素朴纯净

婴儿身体柔顺的原因在于少私寡欲,不计得失。在道家看来,上位
者如能像婴儿一样少私寡欲,宽谅万物,百姓就不会奸巧耍滑,浇薄
好斗。

> 绝伪弃诈,民复季子。(郭店楚简《老子·19 章》甲本)

季子指小儿,与"比于赤子"相应。"伪""诈"与自然、素朴相对,主要涉
及人化世界和人为的过程,往往导致负面的社会效果。季子具有愚厚
素朴、不算计、不逞强、不争执的特点。老子以季子的天真无邪召唤人
们返璞归真,复归本性,这种观点为后世道家学派所继承。

《庄子》继续倡扬《老子》的婴儿与世无争的思想观点。

> 鲁有单豹者，岩居而水饮，不与民共利，行年七十犹有婴儿之色。（《庄子·达生》）

单豹行年七十而犹如婴儿，原因在于其不与民争，利物而不争。利物不争就是要消除是非、善恶、美丑、高低对峙的执念。

> 彼且为婴儿，亦与之为婴儿。彼且为无町畦，亦与之为无町畦。彼且为无崖，亦与之为无崖。达之，入于无疵。（《庄子·人间世》）

万物上溯到本源之处，则是一体的，亦是等位的。"町畦"则是纷然淆乱的根源。婴儿与"无町畦""无崖"铺排对应，隐含着"同于大通"（与道为一）的意涵。

> 德人者，居无思，行无虑，不藏是非美恶。四海之内共利之谓悦，共给之谓安，怊乎若婴儿之失其母也……（《庄子·天地》）

未分化的道体现在价值领域，就是超越是非善恶的对峙，德人"居无思，行无虑，不藏是非美恶"与道为一的自然状态恰恰是通过婴儿这个喻像体现出来的。

黄老道家继续倡扬慈爱万物、福佑四方的观点。

> 三月婴儿，轩冕在前，弗知欲也；斧钺在后，弗知恶也；慈母之爱谕焉，诚也。（《吕氏春秋·审应览·具备》）

婴儿以无目的无意向为取向，超越轩冕和斧钺之别，完全顺乎自然。

庄子将"至德之世"想象成人类社会的婴儿状态，其共居、共老、共乐、共食、共享的原始状态符合婴儿与世无争、合乎天性的特点。无欲无求的状态赋予婴儿不与人争、人亦不伤害的神秘特性。何以如此呢？河上公注："赤子不害于物，物亦不害之。"王弼注 55 章"含德之厚，比于赤子"："赤子，无求无欲，不犯众物……含德之厚者，不犯于物，故无物以损其全也。"①婴儿与世无争，外物无意加害于他。杜光庭曰："至道之士……如赤子之沌粹，若婴儿之未孩，其德既然，所以物不能害。物不能害者，以至人无害物之心故也。赤子者，子生三月而眼转，睛微眴，能分别人。其未分别之前，即号为赤子，和气全也。既有所别，和气分矣，不可谓为赤子也。"②世俗之智长于分辨明辨，婴儿则体现了道的智慧，注重把握统一的整体，以合而未分之貌趋向于与天地为一之境。"无人害"看似神秘神奇，实则是合乎天性的体现。

> 其在耄耋，则欲虑柔焉，体将休焉，物莫先焉；虽未及婴孩之全，方于少壮，间矣。（《列子·天瑞》）

婴儿无欲无求、素朴纯净，蕴含着整全的品格，隐含着强大的生命力。

> 三月婴儿未知利害，而慈母爱之愈笃者，情也。（《文子·精诚》）

婴儿未知利害，与人无争，愈发促使慈母对之无限关爱。

> 机心存于心中则纯白不备，纯白不备，则神生不定，神圣不定者，道之所不载也。（《庄子·天地》）

嗜欲深者则陷于名利之争，反而导致其与得道过程之间的紧张，容易走向衰老死亡。

---

① 楼宇烈：《老子道德经注》，中华书局 2011 年版，第 139 页。
② 杜光庭：《道德真经广圣义》，《道藏》14 册，文物出版社、上海书店、天津古籍出版社 1988 年版，第 0512b 页。

从理性分析来看,少私寡欲、素朴纯净是婴儿神秘传奇的原因所在。素朴纯净原有本然、自我统一之义,与"知""故"相对,而后者是感知理性等文明演进的伴生物。"含德之厚""未知利害"同时强调了婴儿远离、摒弃了文明世故发展的影响,从容守护了精神层面的统一性、整体性和强大性,"无思无虑始知道",故而蕴含着强大的生命力。

(三)天性完满

在道家的视阈下,婴儿有一种天性即个性的理论预设,本然、天然原则构成了个体原则。婴儿在道家文献中是天性完满的象征,在《老子·28章》中婴儿与朴对列、与无极对列,与常德对举,表现出天性与德性的分野。与世俗对仁义德性的强调不同,道家更多趋于从德性回归天性,婴儿概念即是对世俗和儒家德性的反动和批判,婴儿之天性要真正展示为善的品格,避免个性的失落。从向个体天性还原的理想出发,摆脱普遍性的后天社会礼义化的侵染,是道家提出婴儿概念的另一主旨,这也凸显了婴儿概念的本体和功夫的合一。道家强调修道体道,看重自身对世界的体验和体征,对婴儿、赤子的生理、心理、行为方式和日常状态可能有不少细致认真的体察和观摩,从婴儿柔弱、天真、纯朴、无欲中得到了启发,有感于仁义礼乐泯灭个性、强制干涉个体可能导致的消极后果;产生了"以婴儿为典范"的价值观。①

《庄子》在对"天"的观察中得到了启发,产生了人须"师法天"的价值观,盛赞童子"与天为徒":

> 内直者,与天为徒,与天为徒者,知天子之与己皆天之所子,而

---

① 婴儿确实作为人类典范,能引起人类美好的情感。马克思说:"一个成人不能再变成儿童,否则就会变得稚气了。但是,儿童的天真不使他感到愉快吗? 他自己不该努力在一个更高的阶梯上把自己的真实再现出来吗? 在每一个时代,它的固有的性格不是在儿童的天性中纯真地复活着吗? 为什么历史上的人类童年时代,在它发展得最完美的地方,不该作为永不复返的阶段而显示出永久的魅力呢?"[德]马克思:《〈政治经济学批判〉导言》,《马克思恩格斯选集》第2卷,人民出版社1995年版,第114页。

> 独以己言薪乎而人善之,薪乎而人不善之邪?若然者,人谓之童子,是之谓与天为徒。外曲者,与人为徒也。擎跽曲拳,人臣之礼也,人皆为之,吾敢不为邪?为人之所为者,人亦无疵焉,是之谓与人为徒。(《庄子·人间世》)

"内直"就是与天为徒,既不求人誉以为善,也不忧虑人以为不善。"外曲"就是与人为徒,遵从人臣应行的礼节。"外曲而内直"的处世方法,就是既要坚守正道、维护独立人格,又要虚与委蛇、苦心孤诣地去诱导。完整保存天性的,则可视为人格健全的人。

我们可以借助庄子对至人不热不溺之状况的描述,来理解其天性完满之状态及其为人的安然"在世"提供的担保。

> 至人神矣!大泽焚而不能热,河汉冱而不能寒,疾雷破山飘风振海而不能惊。(《庄子·齐物论》)
>
> 不然者,登高不慄,入水不濡,入火不热。(《庄子·大宗师》)

至人不热、不溺、不惊的状态已走向神话之境,既展示出道与经验现象之间的不同,也凸显了把握形上之道与了解经验知识在前提和方式上的区别,揭示了至人超迈洒脱、与道为一的境界。《秋水》篇把至人不热不溺解释为善于规避危险,即"察乎安危""谨于去就"。《达生》则用内篇观点解答疑问,把至人不热不溺归结为"纯气之守","死生惊惧不入乎其胸中"的原因在于"藏于天""全于天",具体来说就是要坚守天然之性,保持精神世界的浑然不分。当人处于素朴纯净、心灵纯白时,精神世界具有统一未分的特点,体现了得道之境界,即"致道者忘心矣"(《庄子·让王》)的境地。

从逻辑上讲,万物源于"道",道分别寄存展现于万物中,体现为物之"德",

　　　　道散而为德。(《文子·精诚》)

婴儿处于人生初始,天性完满,保存了从道中分得的"德",存留了本然天性。

从以上材料可以看出,道家区分了人的理想存在形态与外在礼乐的拂染状态,与之相应的是"内"与"外"之别及"天"与"人"之分:"内"和"天"体现人的本真存在形态即天性,"外"与"人"则伴随礼乐演进而来的功利动机。随着历史的衍化,礼乐文明的内容不断发展,所蕴含的理想存在形态渐行渐远,"外曲"与"内直"成为同一过程的两个方面。这里既指示着对合乎人性的存在形态的追思,又点出了外在礼乐的演进导致天性的失落这一历史悖论。

(四)可能性存在和发展

道家之婴儿喻示了人之可能性发展的最好开端。

婴儿预示了人后来各种各样的可能性。正是婴儿,才为以后的成长提供了丰富空间,也给人的选择提供了基本前提。

> 婴儿生而无师而能言,与能言者处也。(《庄子·外物》)

婴儿的精神世界像一张白纸,最初的环境至关重要。近墨者黑,近朱者赤。

> 今三月婴儿,生而徙国,则不能知其故俗。(《淮南子·齐俗训》)

婴儿之特点就在于它的未确定性和可能性,预示了不同的发展途径。[①]婴儿既是人以后成长的根据,又是人发展的现实出发点;复归婴儿作为

---

① 柏拉图出色的学习能力和其他才华,古希腊人还称赞他为阿波罗之子,并称在柏拉图还是婴儿的时候曾有蜜蜂停留在他的嘴唇上,才会使他口才如此甜蜜流畅。

对原初的守护,则以天性为现实的出发点;万物的形成和发展,总是表现为天性和本性的展开。推崇婴儿在逻辑上意味着对终极存在和未来筹划的双重确认,蕴含着对未来意识和发展过程的关注。①"婴儿是人之朴、人之本、人之根,以后的什么人,是从这里生长出来的。"②

> 有过江上者,见人方引婴儿而欲投之江中,婴儿啼。人问其故。曰:此其父善游。其父虽善游,其子岂遽善游哉? 以此任物,亦必悖矣。《吕氏春秋·慎大览·察今》

婴儿的成长是一个不断获得具体规定的过程,也是逐渐落实有限现实性的过程。

从人的发展来看,婴儿体现为人的一种可能形态,在婴儿阶段,人究竟会成为什么样的人,尚未预定。萨特曾言,人并非既定存在,而是通过自己选择谋划,经过一定过程才能成为其所是,如上文所言的因其父善游,婴儿亦可能善游只是其中的一种可能,而且这种可能必须通过选择或筹划努力才能实现。婴儿的特点在于它是未来之在或可能之在,可以向不同的方向发展。上文《列子》所言,人一旦由婴儿到成年,就定型难以改变了。这种可能性对道家而言非常珍贵。对婴儿的看重,体现出对人的可能形态的肯定。

三、婴儿与道的其他喻体的关系

除了婴儿之外,道家之"道"被比喻成水(或者渊)、木、朴、山谷、玄

---

① 马克·吐温认为,"未来的栋梁此时正在长牙;未来闻名的太空人正望着银河以一种无精打采的神情眨着眼睛;未来的历史学家正躺在那里,直到他的这一任务完成;另一个,未来的总统正忙着烦恼他的头发还没有长齐之无聊问题。其他大约6万个摇篮里装着未来的官吏,还有一个摇篮在旗子之下的某个地方,篮内躺着未来的有名的美国陆军司令,因为此时负担的责任和荣耀极少,于是把他整个富于战略的心都用来寻找能把他的大脚趾放入口中的方法。"马克·吐温:《婴儿》,《中国供销合作经济》2001年第6期。

② 叶秀山:《中西智慧的贯通》,江苏人民出版社2002年版,第56页。

览、根,它们都具有一定的象征意义。婴儿作为道之体现和象征,是道之特性和体道境界的形象化说明。它们的相同之处在于,它们既是道之喻体之一,亦是体道之最高境界。婴儿和其他喻体具有等通功效,具备其他喻体所具有的特点。

(一) 婴儿和"水"

道的另一喻体是水。道家推崇水。道家产生柔弱胜刚强的思想是直观的,婴儿和水都是道家借以描摹道体的喻像,道家以经验界中婴儿和水的特点阐论超验界中道的功能属性。《老子·8章》说"上善若水"和水"几于道",认为水是最接近道的,善于利物不争,"故几于道"。水像道一样因利物不争而柔弱无比：

> 天下莫柔弱于水,而攻坚强者莫之能胜。(《老子·78章》)
> 知其雄,守其雌,为天下溪。为天下溪,常德不离,复归于婴儿。(《老子·28章》)

婴儿和水都具有雌柔之属性,而这种属性正是老子所凸显的"常德",是道所体现的属性。婴儿守雌,水利物不争,都是对道的形象的最贴切表达,在此不仅可以等通,还昭示出婴儿更为本源的属性。"天下莫柔弱于水,而攻坚强者莫之能胜",强调了水因善于处下而具有的攻破、渗透万物的属性,无所不在。

> 含德之厚,比于赤子。蜂虿虺蛇不螫,猛兽不据,攫鸟不搏。(《老子·55章》)

暗示婴儿不为万物所伤害的特质,隐含婴儿相对外界的抵御能力。水从积极主动的层面体现出道的创生万物、决定万物的属性;婴儿则从消极的方面提示着道因浑然无缺的特性而喻示的强大无敌,"和之至也"

"精之至也"。再进一步,老子刻画了"益生曰祥,心使气曰强",阐论婴儿对这种强势心理精神状态的远离。老子以无欲无求故无害的婴儿,借喻道之实体。《庄子》接下来则以止水揭示体道养神之功夫:

> 水之性,不杂则清,莫动则平……天德之象也,故曰纯粹而不杂,静一而不变……此养神之道也。(《庄子·刻意》)

《庄子》所列的"不杂""清""莫动""纯粹""静""平"的特征,既是"天德"的体现,又是水"止而不外荡"的特性,更是人修道体道的功夫体现。

> 水之于沟也,无为而才自然矣。至人之于德也,不修而物不能离忘。(《庄子·田子方》)

水"纯粹而不杂"的德性品格被誉为纯白纯素之道,既是道体之象征,又是修道之比喻。谓之纯白纯素在于消除了动机意识和目的意识,剔除人的有意图作为,解除了人在一定知识背景和功利目的下而展开的算计和谋划。

> 吾闻之吾师,有机械者必有机事,有机事者必有机心。机心存于胸中则纯白不备。纯白不备,则神生不定;神生不定者,道之所不载也。(《庄子·天地》)

机心意指较强的功利意识,隐含着向"伪""故"沉沦的可能,意味着与得道的背离和紧张。去除机心的过程正如婴儿的"抟气致柔",其结果是对天性的保留。

> 纯素之道,唯神是守。守而勿失,与神为一,一之精通,合于天伦。(《庄子·刻意》)

（二）婴儿和"玄览"

婴儿超乎人之常态，其纯净无瑕之状态可以比作玄览。

> 抟气致柔，能婴儿乎？涤除玄览，能无疵乎？（《老子·10章》）

"无疵"即没有瑕疵，包括人之偏见、成见、物欲沉沦和功利动机等等。对于人之修道体道之境界，老子追问"能如婴儿乎"，"能无疵"至玄览乎？庄子说至人"用心若镜"，都强调了心灵和精神世界的纯白和无杂，婴儿、玄览和镜不再具有客观意义了，而是体道之标准和象征，是主观性、境界性的价值意义。人心静，则天地万物都静，人心为"天地之鉴也，万物之鉴也"。

> 人能正静……鉴于大清，视于大明。（《管子·内业》）
> 人莫鉴于流潦于澄水，以其清且静也。故神清意平，乃能形物之情，故用之者必假于不用者。夫鉴明者，则尘垢不污也。（《文子·十守》）
> 夫道者，内视而自反，故人不小觉，不大迷，不小惠，不大愚。莫鉴于流潦，而见于止水，以其内保之，止而不外荡。（《列子·上德》）

玄览之喻，一方面肯定体道过程应如其所是地表现外在对象的自身规定，另一方面体现了对人为意向的剔除。具体而论，需要避免以自身目的为出发点，剔除人的有意图作为，防止为外物所蔽或受限于物。

（三）婴儿和"谷"

山谷亦是道之比喻体。高亨说：谷神者，道之别名也。谷读为穀，

《尔雅·释言》:"穀,生也。"《广雅·释诂》:"穀,养也。"谷神者,生养之神。严复在《老子道德经评点》中说,"谷神"不是偏正结构,是联合结构。谷,形容"道"虚空博大,像山谷;神,形容"道"变化无穷,神奇不已。福永光司说"宿于谷间凹地之神灵",空旷、幽深、宁静的山谷,体现了道的开放、旷远、豁达的状态,道被比喻成谷,有空旷无我、豁达开阔、包容万物之意。

> 敦兮其若朴,旷兮其若谷。(《老子·15 章》)
> 上德若谷;大白若辱;广德若不足;建德若偷;质真若渝。(《老子·41 章》)

王弼注:"不德其德,无所怀也。"上德之人有恩于别人,却不期待他人感恩戴德,是最高意义上的"德",是深远的"德"。

> 上德不德,是以有德。(《老子·38 章》)

不标榜、不炫耀是人之"上德"的体现,具有空虚无我之意,而这也是山谷的特征。这种特征甚至被用来概括道家的特点,如《庄子·天下》称老子一派的特点是"以濡弱谦下为表,以空虚不毁万物为实"。谷的品格是宽容和虚怀,婴儿的特点是无欲无求,与物无争,同样体现了二者彰显道空虚不毁万物、成就万物和宽谅万物的特点。

(四)婴儿和"渊"

道亦被比喻成"渊"。小川环树认为"谷神即水神"①。道家眼里道如渊静深无底,玄妙难测。人得道后的精神世界如渊一样的淡定安宁

---

① [日]町田三郎:《关于管子·水地篇》(节译),路英勇译,《管子学刊》1988 年第 4 期。

和渊深难测。"心善渊"（《老子·8章》）"渊"用来形容人心的渊深沉静，这种源深沉静是无为不争的意涵，是人得道之体现。"渊"与人之精神世界有相通之处，"心善渊"意味着心灵的沉潜修炼：既能保持沉潜、又能激发向上的志向。

> 孰能浊以静之徐清，孰能安以久动之徐生。保此道者，不欲盈。（《老子·15章》）

"浊"指变动而形成的状态，水搅动后容易浑浊，要恢复水清，需要动中求静，在静态下水中的杂质才能慢慢沉淀，水才会变得清净。"浊"引申为世俗的名利追求。"静"最为关键，静如何体现，就在这"徐"的过程："徐"之意思就是要有耐心，要慢慢的来，才能由浊到清，这是一个逐渐趋向安和静的过程，体现的就是静定的工夫。"孰能安以久动之徐生"，讨论如何由"安"而"动"，涉及如何激发生命活力和发挥主体精神、主观能动性的问题。人生在世，要处理好"静"和"动"的辩证关系：在动中要求静，在静中要求动。动而不求其静，一味向外追逐名利，导致人迷失自我、沉沦世俗。静而不求其动，则会失去内在的生命活力。动和静应该保持统一，这个统一就体现为"渊"的特征："不欲盈"。

《庄子》多用"渊"来释得道：

> 无为而物化，渊静而百姓定。（《庄子·天地》）
> 其居也渊而静，共动也县而天。（《庄子·在宥》）
> 尸居而龙见，雷声而渊默。（《庄子·天运》）

"渊"既有深、静、定之意。也有深静之下的多变莫测和复杂多样之意。

> 鱼不可脱于渊，国之利器不可以示人。（《老子·36章》）

因为渊的复杂难测而要求人必须像面临深渊一样对待道体，比如在治

99

国中不可迷信制度利器和武力权势。渊对于上位者而言，意味着与万物自化呈现一致性，尊重对象自身力量而不加干预的意思。婴儿是理想人格，其境界是无欲无求，安闲宁静、不骄不躁，这恰与深静无澜的渊水相应。对"渊"作更全面解析的是《庄子》中列子与其师壶子的一段对话。

> 壶子曰："乡吾示之以太冲莫胜。是殆见吾衡气机也。鲵桓之审为渊，止水之审为渊，流水之审为渊。渊有九名，此处三焉。尝又与来。"（《庄子·应帝王》）

壶子列举三个"渊"之相。所谓"渊"，如郭象所言"静然之谓也"，是指返归为静的深水。但把"渊"比为人体内部的生命力，比较特殊。道家进一步以"深渊"喻精神世界。"渊"变化多端，深不可测，暗示精神世界的复杂难测和多种表现，巫术之士只能推测其外在行迹和形态，对于丰富的精神世界的内在方面和根据，则不能真正理解。作为道之喻体，作为得道的象征，渊之静深与婴儿之静定类似，渊之变化多端和复杂难测与婴儿所潜藏的多种适应性，以及婴儿所隐含的多方面可能和复杂具有一致性。

（五）婴儿和"朴"

道还被比喻成"朴"。《尚书·梓材》认为，"朴"意为"未成器也"。"朴"指未经砍凿的树木。

> 伐榠楠豫樟而剖梨之，或为棺椁，或为柱梁，披断拨撅，所用万方，然一木之朴也。（《淮南子·齐俗训》）

一段"素木"（朴）既可以做成棺椁，也可以做成柱梁。未被削砍雕琢的"朴"（木），是融棺椁、柱梁等一切可能性于其中的"朴"（木）。道的原初状态就如"朴"这种未经雕琢的本然状态一样。

> 敦兮其若朴。(《老子·15 章》)
>
> 见素抱朴,少私寡欲。(《老子·19 章》)
>
> 知其荣,守其辱,为天下谷。为天下谷,常德乃足,复归于朴。
> 朴散则为器,圣人用之,则为官长,故大制不割。(《老子·28 章》)

"朴"是未被雕琢的,近乎"混混滑滑""浑浑苍苍""冯冯翼翼""窈窈冥冥"(《淮南子·诠言训》)的未分化状态。

> 既雕既琢,复归于朴。(《庄子·山木》)
>
> 雕琢复朴,块然独以其形立。(《庄子·应帝王》)

将婴儿和朴作为道之喻体,是以二者未分化、未定型的特性喻示道的本然性和浑朴性。从本体论上说,可能的形态尚未被凝固在某一点上,它隐含着多样不同的复杂方向,就人和事存在而言,可能的形态也提供一种更广的价值选择空间和表现形态。婴儿和朴从时间上来说昭示着原点,从状态上来说意味着为分化和未定型,二者都预示着有无限可能的未来。和陷于僵化、走向终结的现实形态相比,可能性更为重要。作为道的喻体,为什么婴儿和朴如此重要,是因为它所蕴含的未定型未分化形态为以后发展谋划提供了根据,也为社会的治理提供了本然的根基。

(六)婴儿和"根"

道还被比喻成根。道作为天地之根,构成了万物的统一性根源和根据。根为万物之命,万物归根才能呈现静之境状。"根"有根本、本根、根据之意,也有起源和本源、来源之意,体现出趋向性和决定性。从这个方面来说,映衬出婴儿所具有的起始和起源之意,都是对道之本根和本体的比喻。

> 归根曰静，静曰复命。复命曰常，知常曰明。(《老子·16章》)
>
> 万物云云，各复归其根，各复其根而不知。(《庄子·在宥》)
>
> 惽然若亡而存，油然不形而神，万物畜而不知，此之谓本根。
(《庄子·知北游》)
>
> 万物有乎生而莫见其根，有乎出而莫见其门。(《庄子·则阳》)

根即本根，宇宙中之至极究竟者，万物之所从出。在老子眼里，"道"既是万物的生成者，又是万物的最高养育者，有至上的美德。万物既然根源于"道"，道是万物之根。每一物皆是对道的分属，都分有了"道"，都具有"道"的根据，"万物皆种也，以不同形相禅"(《庄子·寓言》)。万物都有它们的"种子"，而"道"则是万物的种子，万物具有根本上的"统一性"。对个体在世来说，体道修身同样是根本，为个体立世存世之根。

> 是谓深根固柢，长生久视之道。(《老子·59章》)
>
> 以深为根，以约为纪。(《庄子·天下》)

"根"指万物起源，包含生命的根本，也有指德的深玄本根。①

婴儿在道家眼里的单纯厚朴，从逻辑上说，原因在于他来自后天熏染的东西最少，来自先天的本性最多。道家的婴儿、赤子之美德或德性，凸显的是与生俱来的"先天性"。说它天生如此，这是常识性的（生育上的）理解，而非逻辑上的解释。在哲学上，道家虽然没有直接说婴儿赤子的"德性"根源于什么，但道家对万物根源的说明，可以说间接地回答了这一点。在道家看来，万物的一切美德自然也来源于道，它分别表现在万物中，这就是事物的"德"。在道家眼里，婴儿保持了先天的根据即"道"，因而留住了先天本性即"上德"等等，进而留住了内在的根源

---

① 成玄英疏："以深玄为德之本根，以俭约为行之纲纪。"郭庆藩：《庄子集释》，第1097页。

根据即"根"。婴儿阶段因此成为人之根,人的后天生长之根,后天发展之根。《应帝王》中的"天根"这一人物形象的设计亦有此考虑。

水(或者渊)、婴儿、朴、山谷、玄览、根都是道家道之喻体。它们具有一定的象征意义和神秘特性。婴儿和朴、水、谷具有相同之处,婴儿具有水之柔弱的特性,蕴含玄览之平和安静,亦体现朴之未分化的特征。道家以这些比喻来说明道之利物不争、寡欲柔弱等特征。婴儿作为道之体现和象征,是对道之特性和体道境界的形象化说明,婴儿亦具备其他喻体所具有的特点。

"赤子""婴儿"是早期道家的重要意象和完美象征。作为道家理想人格的形象化代称,婴儿既是道之载体,亦是道之喻体。作为人生初始,婴儿天性完满,活力充沛,蕴含着勃勃生机;作为可能性存在,婴儿既彰显着对人的可能形态的肯定,又隐含对无限可能性的落实。作为道家精神修为的重要课题,"复归于婴儿"既是对人性开端的回复或守护,亦喻示着对未来的关注筹划。

四、结　语

"婴儿"是早期道家的重要意象和完美象征,既是道之载体,和圣人、真人、至人、神人一样;亦是道之喻体。"婴儿"是理想的存在形态,理想人格的形象化代称。道家之"婴儿"特征如下:作为生命开端和本性之初,它天性完满,内在活力充沛,相对于以后的人生阶段,它更多地蕴含着一种勃勃生机的生命力量,婴儿意味着对生命活力、生命力量的肯定;婴儿的精神世界如白纸和明镜一样素朴纯净、纯白无杂,超脱物欲形名的机心纷扰,以守柔示弱和无欲无争来净化解构旧有的分化的精神形态;婴儿作为一个可能性存在,有不同的发展方向和状态,隐含着对人的可能形态的肯定。"复归于婴儿"是道家精神修炼的重要课题。

第四章 否定和超越：试论 老子的否定式表达

一、问题的提出

否定式表达是《老子》文本表述思想观点的一个重要途径和基本方式。《老子》文本81章，基本上每章都有带否定词和否定句的否定式表达，有的章节还使用叠加的否定词和否定句。大量使用否定式，显示了老子及道家独特的论证思维，赋予《老子》文本思想表达的独特意义。文本中改换常规的肯定性的说法表达，采用否定式表达不仅使词汇语句丰富多姿，避免重复和单调；而且和肯定式表达相比，否定式表达从相反情况入手论证，以非吉利、非吉祥、灾难性的后果出现，更有强调性，批判性效果更凸显；更重要的是否定式表达带来思想上更为玄远的意旨，否定世俗的、主流的价值观念，反思世俗的管理方法和制度文明。不仅对世俗的价值进行重估，而且对常规的文化文明予以省思。因此，对否定式表达的分析就是解读《老子》文本的一个有效途径。

尽管否定式表达是《老子》文句词汇的基本特点，但学界对否定式表达却缺乏应有的关注。学者曾提出和否定式表达相关的说法，如负的方法、辩证法、正反观、无的方法、吊诡的方法、弱决定性的判断、冷漠冷峻冷静的判断、减的方法等等。冯友兰先生谈及西方哲学和中国哲学的不同，西方哲学对中国哲学的贡献在于"逻辑分析法"。"佛家和道家都使用'负的方法'，西方哲学的'分析方法'正好是'负的方法'的反

面,因此也许可以称之为'正的方法'。负的方法致力于消泯差别,告诉
人:它的对象不是什么;而正的方法则致力于突出区别,使人知道它的
对象是什么。"①冯先生所说道家"负的方法"在于说明"对象不是什
么",间接涉及老子的否定式表达。从辩证法的角度探讨老子的逆向思
维的成果较多,有代表性的是张岱年的反复观,从事物变化的角度提到
反复,认为事物由成长而剥落,谓之反;而剥落之极,终而又始,则谓之
复。反即是否定。复亦即反之反,或否定之否定。②牟钟鉴对老子辩证
法进行全面的分析和整理,称老子的辩证法为"逆向思维模式"。③刘笑
敢从正反观入手,讨论了辩证法内容特点以及老子如何从辩证法角度
为自然和无为提供论证。④张岱年等从"无的发现"间接揭示老子的否
定式表达,赋予"无"以"有的缺失"的意义,阐释"无名""无形""无象"
"无物""无名""无欲"和"无为"的抽象性含义⑤,创造性地诠释了"道",
从"有的缺失"证明老子哲学的否定与解构,揭示从反面关照、从反面
说明事理的思维方式。叶威廉等以道家特异性的逻辑、戏谑性语言、
模棱两可的语句和吊诡矛盾的表达论证老子激进前卫的语言的颠覆性
和解构性。⑥有学者以弱决定性探讨道家的否定式思维⑦,从视觉抑制

---

①　冯友兰:《中国哲学简史》,天津社会科学出版社 2007 年版,第 299 页。

②　张岱年:《中国哲学大纲》,江苏教育出版社 2005 年版,第 115 页。

③　牟钟鉴等:《道教通论:兼论道家学说》,齐鲁书社 1993 年版,第 168—172 页。

④　刘笑敢:《老子:年代新考和思想新诠》,台北:台湾东大图书股份有限公司 1997
年版,第 147—172 页。

⑤　张岱年:《中国古典概念范畴要论》,中国社会科学出版社 1989 年版,第 73—74
页。王博:《无的发现与确立:道家的形而上学》,《老子思想与人类生存之道》,社会科学
文献出版社 2011 年版,第 3—11 页。郑开:《试论〈老子〉中的"无"的性质与特点》,《哲学
门》第 29 辑,北京大学出版社 2014 年版。汪奠基:《老子朴素辩证法的逻辑思想:无名
论》,湖北人民出版社 1958 年版,第 44—45 页。

⑥　叶威廉:《道家美学与西方文化》,北京大学出版社 2002 年版,第 95 页;叶威廉:
《言无言:道家知识论》,《中国诗学》,生活・读书・新知三联书店 1992 年版。任博克、赖
锡三、莫加南、陈慧贞、李志桓《〈老子〉:"正言若反""不笑不足以为道"的"吊诡・反讽"
之道》商丘师范学院学报》2021 年第 12 期。

⑦　刘笑敢:《老子古今:五种对勘与析评引论》,中国社会科学出版社 2006 年版,第
384 页;陈霞:《人者,乃理万物之长:论道家弱化的人类中心论》,《商丘师范学院学报》
2015 年第 2 期。

的方法讨论道家的否定式思维①，以上讨论有助于促使人思考《老子》文本的类似启迪意义。刘笑敢曾对老子无为概念进行解析，提出无为是老子系列否定式用语的总代表，是一系列反世俗反惯例的方法论原则。②郑开注意到视觉语词、否定语词、状态语词对道家哲学表述的重要性。③

对《庄子》的否定式表达，刘笑敢提出《庄子》谈到道家之道的表述时常用否定的形式，"不为仁""不为义""大道不称"等等，认为这是中国佛教"遮诠"法之先声。④陈少明认为《庄子》看事物，否定的一面比肯定的一面多。⑤从存在和价值方面，王中江谈到庄子对儒家价值进行全面的批判和重估，从政治观念和操作方式到人们的价值追求，从人格理想到道德坐标都在被检讨的范围。⑥叶秀山等揭示出庄子哲学吊诡、反讽和解构的特点，认为《庄子》"揭示"一切的"进"，都是"虚幻"的，"进"与"退"皆"幻"，它的工作只在于"揭示"这个"天下—世界"的"虚幻性"，这种"揭示"，是"反讽"，是"解构"，《庄子》表现了一种中国学术传统少有的"彻底性"。⑦毕来德提出庄子的"反权威"的观点，他从主体转化的工

① 贡华南认为道家向外活动的视觉被自觉反省与坚定抑制。老子反对"为目"，反对"心"随"目"向外追寻，而极力以道规训视觉。庄子一方面批判人们注目外在形色，主张废黜、遗弃视觉及其对象；另一方面，庄子特别警惕"目"对"心"的引导与塑造，反对"心有眼"与"内视"。贡华南：《道家的视觉抑制与中国思想史取向》，《南京大学学报》（哲学・人文科学・社会科学）2022 年第 4 期。

② 刘笑敢：《老子：年代新考和思想新诠》，台北：台湾东大图书股份有限公司 1997年版，第 112 页。

③ 郑开：《新考证方法发凡：交互于思想史与语文学之间的几个例证》《同济大学学报》（社会科学版）2020 年第 1 期。

④ 刘笑敢：《庄子哲学及其演变》，中国人民大学出版社 2010 年版，第 113 页。

⑤ 陈少明：《经典世界中的人、事、物》，上海三联书店 2008 年版，第 269 页。

⑥ 王中江：《从价值重估到价值认同：郭象与庄子哲学的一个比较》，《中州学刊》1993 年第 6 期。

⑦ 叶秀山：《〈庄子〉的"反讽"精神：读〈庄子〉书札记》，《浙江学刊》2016 年第 6 期。赖锡三：《"中道空性"的无限创造与"吊诡两行"的以应无穷：天台、庄子、任博克、牟宗三的交织对话》，《商丘师范学院学报》2021 年第 10 期。任博克、林明照、赖锡三、莫加南、王华：《〈齐物论〉的儒墨是非与两行之道：吊诡、反讽、幽默的不道之道》，《商丘师范学院学报》2022 年第 2 期。

夫论角度激活了《庄子》的当代批判意义。①杨儒宾、何乏笔、赖锡三与毕来德的跨文化《庄子》解释学对话深化了这一进路的《庄子》读解。②谭维智曾从道德修养为何做减法和如何做减法的角度研究庄子道德教育③，也有人讨论道家的"冷眼热心"和冷峻④，还有更多的学者讨论庄子的怀疑主义和相对主义。⑤有学者单纯从语言方面分析《庄子》的否定词和否定句。⑥以上学者的研究都从不同层面涉及道家的否定式思维，对笔者深有启发，老子及道家的否定式表达究竟有哪些形式种类，否定的对象内容如何？老庄之间有什么关联和不同？对中国佛教有什么影响？任重道远，诸多问题似乎远非本章所能解决得了。因此，本章对《老子》文本的否定式解读就成为曲径通幽的起始点。

笔者认为，《老子》文本中观点的表述和思想的表达主要以否定的途径来实现，以否定的形式来完成，《老子》文本很少正面论述一个问题，人应该如何如何做，治理者应该如何做，而是从反面迂回，强调如果人不这样做，如果治理者不这样做会有什么不好的、灾难性后果；老子更多的不是肯定什么现象和事项，而是反思、质疑、批判甚至吊诡地说出另外一种相反的现象和事项。以否定进行一种肯定，比直接的肯定

---

① ［瑞］毕来德：《庄子四讲》宋刚译，中华书局 2009 年版。

② ［德］何乏笔：《气化主体与民主政治：关于〈庄子〉跨文化潜力的思想实验》（22卷），《中国文哲研究通讯》2012 年第 4 期；杨儒宾：《儒门内的庄子》，台北：台北联经出版社 2016 年版；赖锡三：《身体、气化、政治批判：毕来德〈庄子四讲〉与〈庄子九札〉的身体观与主体论》（22 卷），《中国文哲研究通讯》2012 年第 3 期。

③ 谭维智：《庄子道德教育减法思想研究》，北京师范大学出版社 2011 年版，第27—32 页。

④ 清代学者胡文英论庄子说"冷眼热心"："庄子眼极冷心肠极热。眼冷故是非不管；心肠极热，故感慨无端。虽知无用而未能忘情，到底是热肠挂住；虽不能忘情而终不下手 到底是冷眼看穿。"转引自谢祥皓、李思乐主编：《庄子序跋论评辑要》，湖北教育出版社 2001 年版，第 337 页。李刚：《道家的态度："冷眼热心"》，《哲学研究》2008 年第 8期。韩经太：《道德的冷峻：老子道德政治观新探》，《中国文化研究》1993 年第 4 期。王博：《无奈与逍遥：庄子的心灵世界》，华夏出版社 2007 年版。

⑤ 孙旭鹏、赵文丹：《爱莲心"不对称相对主义"的庄学思想》，《商丘师范学院学报》2021 年第 8 期；高迪·莫厄尔：《怀疑的想象：庄子与休谟》，梁燕华译，《商丘师范学院学报》2017 年第 4 期。

⑥ 耿为光：《〈庄子〉中的否定词与否定句：〈庄子〉语言分析之一》，《贵州大学学报》1995 年第 3 期。

更为犀利锋刃，目的意旨更明显。老子否定式表达是有针对性的，它针对的是争（利而争）、恃（为而恃）、宰（长而宰）、主（为主）、强（逞强恃能）、伐（武断）为、敢（一味果敢）、先（一味领先）、进（一味冒进）、盈、矜、锐、壮、割、刿、肆、耀等强势强制的主体性行为。与否定式行为相对应的，是老子对某些行为表示了推崇和崇尚，例如不争、慈爱、虚静、恬淡、守柔、自然、勇于不敢、知常守常等在老子看来是对道的靠近，是尊道贵德的表现；民众生活的晏然和素朴本性的恢复，要求上位者的无为而治。老子主张削弱行为的主体性特点，凸显行为的对象性特点；老子针对名、言、辩、知、仁、义、礼等利器法令，反思文明制度的阴影；同时针对民众生活的搅扰，老子否定治理者的奢华、暴政苛政及由此而来的浇薄世风。以上构成了《老子》文本否定批判的内容对象。

笔者希望通过对老子否定式表达句式文法的分类统计，进而推衍老子更深层次的思想义理，开掘出以往研究者较少关注的新内容。

二、老子否定式表达的形式种类

（一）直接式否定

《老子》文本中出现很多带"不""无""莫""非""弗""勿"等字的否定词和否定句。带"不"的否定词和否定句最为常见。否定词有第 2、81章"不善"；第 2、43、56 章"不言"；第 27、64 章"不贵"；第 2 章、77 章"不为始"；第 2、21 章"不去"；第 3 章"不尚贤"；第 4、15 章"不盈"；第 4、25 章"不知"；第 5 章"不仁"；第 5、9 和 62 章"不如"，第 5 章"不屈"；第 6 章"不死""不勤"；第 7 章"不自生"；第 3、8、23、66、68、73、81 章"不争"；第 9 章"不可常葆"；第 14 章"不可致诘""不可名"；第 15 章"不可识"；第 20 章"不可不畏"；第 27 章"不用""不可开""不可解"；第 29章"不可为"；第 14 章"不昧""不闻"和"不得"；第 14、47 章"不见"；第 2、10 和 51 章"不有""不宰""不恃"；第 16、32、55 章"不殆"；第 18 章"不和"；第 19、41、48 章"不足"；第 22 章"不自示""不自是""不自伐"

"不自矜"；第23章"不终朝""不终日"；第24章"不立""不行""不长"和"不彰"；第25章"不改"；第10、26、28章"不离"；第28章"不忒""不割"；第29、31章"不得已"；第30、67、69、73章"不敢"；第30章"不道"；第31章"不祥"；第31、81章"不美"；第34章"不辞"；第33章"不名有""不为主"和"不为大"；第35章"往而不害""不足见""不足闻""不足既"；第34章"不为主""不自为大"；第15、37、39、64、77章"不欲"；第38章"不德""无德"；第45章"不弊""不穷"；第47章"不行""不为"；第49章"不善者""不信者"；第54章"不拔""不脱"；第55章"不道"；第56、81章"不知"；第58章"不割""不刿""不肆""不耀"；第63章"不为大"；第64章"不学""不敢为"；第68章"不武""不怒""不与"；第67章"似不肖"；第72章"不自见""不自贵"；24章、77章"不处"；第71章中"知不知""不知知""不病"；第73章"不召"；第79章"不责于人"；第81章"不辩""不信""不博""不积"和"不害"。基本上每章都有"不××"的表述，甚至有的章节不止一处。

带"不"的否定句也有很多，如第17章帛书本、汉简本"信不足，安有不信"；第30章"以道佐人主者，不以兵强天下"；第33章"不失其所者久，死而不亡者寿"；第36章"鱼不可脱于渊；国之利器不可示人"；第38章"是以大丈夫处其厚不居其薄"；第41章"不笑不足以为道"；第48章"取天下常以无事，及其有事，不足以取天下"；第50章"陆行不遇兕虎，入军不披甲兵"；第55章"蜂虿虺蛇不螫，猛兽不据，攫鸟不搏"；第56章"故不可得而亲，不可得而疏；不可得而利，不可得而害；不可得而贵，不可得而贱"；第60章"非其鬼不神，其神不伤人；非其神不伤人，圣人不伤人。夫两不相伤，故德交归焉"；第61章"大国不过欲兼畜人，小国不过欲入事人"；第65章"不以智治国国之福"；第66章"是以圣人处上而民不重，处前而民不害。是以天下乐推而不厌"；第76章"是以兵强则不胜"；80章"使有什伯之器而不用，使民重死而不远徙……民至老死不相往来"。

《老子》文本中有很多带有"无"的否定词和否定句：第2、3、10、37、38、43、48、57和63章"无为"；第37、38章"无不为"；第1、32、

37、41章"无名";第48、57、63章"无事";第1、3、37、57章"无欲";第3、70章"无知";第7章"无私";第13章"无身";第14章"无物""无状";第19章"无有";第24章"无功";第28章"无极";第39章"故致数舆无舆";第49章"大方无隅""大象无形";第49章"无心";第35、63章"无味";第79章"无德"。

带"无"的否定句则有第27章"善行无辙迹,善言无瑕疵;……(圣人)故无弃人,故无弃物";第50章"兕无所投其角,虎无所措其爪,兵无所容其刃。夫何故? 以其无死地";第64章"慎终如始,则无败事";第69章"是谓行无行,攘无臂,扔无敌,执无兵";第72章"无狎其所居,无厌其所生";第75章"夫唯无以生为者,是贤于贵生";第78章"天下莫柔弱于水,而攻坚强者莫之能胜。以其无以易之";第79章"天道无亲,常与善人";第80章"虽有舟舆,无所乘之;虽有甲兵,无所陈之"。

《老子》文本中也有由"莫"构成的否定句,第9章"金玉满堂,莫之能守";第22章"夫唯不争,故天下莫能与之争";第32章"民莫之令而自均";第38章"上礼为之而莫之应,则攘臂而扔之";第46章"祸莫大于不知足,咎莫大于欲得";第51章"是以万物莫不尊道而贵德";第59章"治人事天莫若啬;无不克则莫知其极;莫知其极,可以有国";第66章"以其不争,故天下莫能与之争";第69章"祸莫大于轻敌";第70章"天下莫能知,莫能行";第78章"天下莫柔弱于水,而攻坚强者莫之能胜,……天下莫不知,莫能行"。

另外,《老子》文本中具有带"未""非""勿""弗"的否定词和否定句,第1章帛书乙本"道可道也,非恒道也;名可名也,非恒名也";第20章"我独泊兮其未兆,如婴儿之未孩";第31章"兵者,不祥之器,非君子之器";第53章"朝甚除,田甚芜,仓甚虚。服文采,带利剑,厌饮食,财货有余,是谓盗夸。非道也哉";第64章"为之于未有,治之于未乱";第65章"非以明民,将以愚之";在不同版本的同一章节中,有不、勿、毋和弗等不同的否定词表达否定含义,如第23章帛书乙本、北大汉简本是天地"弗能久",河上公本、傅奕本和王弼本则是天地"尚不能久"。第

24 章帛书乙本和汉简本是"有欲者弗居"，河上公本和王弼本则是"有道者不处"，郭店本无此简。第 30 章帛书甲乙本、北大汉简本、河上公本和王弼本为"果而勿伐""果而勿骄""果而不得已""果而勿强"，在郭店楚简本则为"果而弗伐"等。第 10 章王弼本是"能无知乎?"帛书乙本和北大汉简本则是"能毋以知乎?"56 章河上公本、王弼本、严遵本为"不言，不知"，而帛书甲乙本、郭店本和汉简本则是"弗言，弗知"。"涤除玄览""塞""闭"都是表达了直接的否定。

（二）削弱式否定

《老子》文本对某种行为和现象进行削弱、弱化处理和贬抑性评价，以表达对这种行为和现象的否定式意图。这可分为三种情况：直接的削弱式否定；预警式、诅咒式否定；对世俗行为的贬抑式否定。

直接的削弱式否定，直接使用削弱性词汇，表达对某种行为事项的否定，如第 3 章"虚其心，实其腹；弱其志，强其骨"，对心和志进行削弱处理。第 4 章"挫其锐，解其纷"，以搓解锐和以解理纷。"和光同尘"，光尘的等级区别被模糊，光代表高级的存在，以"同尘"显示出对"尘"（级别较低）的接受和认同。第 70 章"被褐怀玉"以被褐削弱怀玉，达到"形秽而质真，光而不污其体，同尘而不渝其真"①。第 9 章"持而盈之，不如其已"，以"已"对持而盈之进行否定。以"希"表示事实上很少的某种情况，第 3 章"希言自然"，第 41 章"大音希声"。第 43 章"天下希及之"，第 70 章"知我者希"，第 74 章"代大匠斫者，希有不伤其手矣"。第 41 章"大器晚成"对大器早成予以否定。以"客""退"表达对行为主体性特点的弱化，第 15 章"俨若客"，第 69 章"吾不敢为主而为客，不敢进寸而退尺"。第 9 章"功遂身退"。以失败对失道之行为进行削弱，第 23 章"同于失者，失亦乐得之"。以"少"和"寡"对自私多欲进行否定，第 19 章"少私寡欲"。以"损""抑"对某种情况或现象进行否定，第 48

---

① 　高明：《帛书老子校注》，中华书局 1996 年版，第 177 页。

章"为学日益,为道日损。损之又损,以至于无为"。第 77 章"天之
道……高者抑之,下者举之。有余者损之,不足者补之"。以"病"否定
对无知状况的不了解,第 71 章"不知知,病"。以"迷"感叹一般人看不
到正反互转的事实和转化的规律和标准,第 58 章"孰知其极? 其无正?
正复为奇,善复为妖,人之迷,其日固久"。

预警式和诅咒式否定,《老子》文本强调某种行为原则方法或方式
是违背其价值判断的,如果执意这么做就会产生非常严重、可怕的后
果。文本中用了很多预警性、警惕性甚至诅咒性的词汇,表达对这类行
为的强烈否定。这在《老子》文本中颇有特色。如以"死""灭""兵""杀"
表示对强梁和蛮勇的否定,第 42 章"强梁者不得其死",第 67 章"舍慈
且勇,舍俭且广,舍后且先,死矣"。第 76 章"故坚强者,死之徒……是
以兵强则不胜,木强则兵"。第 73 章"勇于敢则杀,勇于不敢则活"。以
"大费"和"厚亡"对甚爱和多藏进行否定,第 44 章"甚爱必大费,多藏必
厚亡"。以"丧吾宝"和"祸"表达对轻敌的否定,第 69 章"祸莫大于轻
敌,轻敌几亡吾宝",帛书乙本和汉简本则是"无敌"。以"祸""惑""咎"
表达对骄、不知足和欲得的否定,第 9 章"富贵而骄,自遗其咎"。第 22
章"多则惑"。第 46 章"祸莫大于不知足,咎莫大于欲得"。以"不祥之
器""凶年""丧礼"表示对战争的否定,第 30 章"师之所处,荆棘生焉;大
军之后,必有凶年"。第 31 章"兵者,不祥之器。……杀人之众,以悲哀
泣之。战胜,以丧礼处之"。以"凶"表示对妄作的否定,第 16 章"不知
常,妄作凶"。以"迷"表示对不贵善人、不爱不善人的否定,第 27 章"不
贵其师,不爱其资,虽智大迷"。以"目盲""耳聋""口爽""行妨""心发
狂""祥""死地"否定奢华生活,第 12 章"五色令人目盲,五音令人耳聋,
五味令人口爽,驰骋畋猎令人心发狂,难得之货令人行妨"。第 50 章
"人之生动之死地,亦十有三"。第 55 章"益生曰祥"。以"穷""败""失"
"民贫""国家昏""奇物起""盗贼多"等表达对上位者有为的否定,对其
所导致的恶果的预警,第 5 章"多言数穷",第 29 章"为者败之,执者失
之"。第 57 章"天下多忌讳,而民弥贫;民多利器,国家滋昏;人多伎巧,
奇物滋起;法令滋彰,盗贼多有"。以"裂""废""竭""蹶"表达对失道的

否定，第 39 章"天无以清将恐裂，地无以宁将恐废，神无以灵将恐歇。谷无以盈将恐竭。万物无以生将恐灭，侯王无以贵高将恐蹶"。以"侮""民不畏死""大威"表达对暴政的否定，第 17 章"其次，畏之，其下，侮之"。第 72 章"民不畏威，则大威至"。以"老"表达对物盛极而衰的否定，第 30 章"物壮则老"。

对世俗性、俗众性行为进行贬抑性否定。以"天下""众人""民""过客""俗人""下士""下德"等词汇对世俗行为表达否定。第 2 章"天下皆知美之为美，斯恶矣"。第 8 章"处众人之所恶"。第 20 章"众人熙熙""众人皆有余"①"俗人昭昭""俗人察察"。第 35 章"乐与饵，过客止"。第 43 章"不言之教，无为之益，天下希及之"。第 53 章"大道甚夷，而民好径"。第 64 章"民之从事，常于几成而败之"。第 78 章"弱之胜强，柔之胜刚，天下莫不知，莫能行"。老子以此表达了对世俗性行为的贬抑、挞伐。

（三）选择式否定

这种否定包括选择式否定、排列式否定和对比式否定。

选择式否定，以舍弃性的词汇如"外""后""止""去""绝""弃""塞""封""无""虚""不居"等表达对某种行为和某种现象的否定。第 7 章"是以圣人后其身而身先，外其身而身存"。第 12 章"是以圣人为腹而不为目。故去彼取此"。第 19 章"绝圣弃智""绝仁弃义""绝巧弃利"。第 20 章"绝学无忧"。第 24 章"自矜者不长，其在道也，曰余食赘行"。第 29 章"是以圣人去甚，去奢，去泰"。第 35 章"乐与饵，过客止"。第 38 章"是以大丈夫处其厚，不居其薄。处其实，不居其华。故去彼取

---

① 丁四新曾对"众人"在老子各版本中出现情况作简单梳理，认为"众人"一词大概在战国中期开始出现，在其他版本《老子》中的"众人"在郭店本中为"众"。虽然他质疑包含"众人"的文本不是老子本有的，而是后来吸纳进来的。但并不影响"众人"或"众"在《老子》文本中所具有的负面性。丁四新：《郭店楚竹书〈老子〉校注》，武汉大学出版社2010 年版，第 81 页。

此"。第72章"是以圣人自知,不自见;自爱,不自贵。故去彼取此"。

排列式否定,《老子》文本通过价值序列对某种事项和现象进行否定。第17章"太上,下知有之。其次,亲而誉之。其次,畏之;其次,侮之"。以三个"其次"对亲而誉之、畏之、侮之表示否定。第19章"大道废,有仁义;智慧出,有大伪"。第38章"故失道而后德,失德而后仁,失仁而后义,失义而后礼"。以排序表达仁义和大伪否定。第41章"上士闻道,勤而行之;中士闻道,若存若亡;下士闻道,大笑之,不笑不足以为道"。通过排序对中士和下士进行否定。通过比较来否定其中一种,推崇另外一种行为方式或价值观念,第36章"柔弱胜刚强"。第43章"天下之至柔,驰骋天下之至坚"。第78章"弱之胜强,柔之胜刚"。以柔弱先于刚强来否定刚强。类似的还有第45章"躁胜寒,静胜热"。第61章"牝常以静胜牡"。第75章"夫唯无以生为者,是贤于贵生"。

反差对比式否定,通过对两种事项的对比表达对其中一项的否定。如第47章"其出弥远,其知弥少"。以"知弥少"对"出弥远"进行否定。第20章"俗人昭昭,我独昏昏;俗人察察,我独闷闷"。以圣人无为否定世俗之治依靠形名。第58章"其政闷闷,其民淳淳;其政察察,其民缺缺"。第77章"天之道,损有余而补不足。人之道则不然,损不足以奉有余。孰能有余以奉天下?唯有道者"。以天道对弱势的关注和均衡的强调否定人道对社会公正的片面理解。第70章"吾言甚易知,甚易行。天下莫能知,莫能行"。以吾言之易于理解对比世俗之人的不愿理解和不愿接受。

(四)前提式否定

在《老子》文本中出现不少前提性否定和相对性否定。它们不是绝对的、一味的否定,而是有条件的、相对的否定,以后面的否定来成就、完成前面的肯定。即否定是具体的方法和途径,肯定才是终极的原则,如第2、8、9、10、31、34、51、79章中出现的"生而不有""为而不恃""长而不宰""利万物不争""胜而不美""功遂身退""功成弗居""衣养万物而不为主""执左契而不责于人""知雄守雌"等等都属于这类否定。在以上的语句表达中，前面的肯定寓意一种价值观念，后面的否定是这种价值观所要求的行为方式。前提条件和后面所否定的事项相反，这样就把两种相反、对立的事项放在一起讨论，兼顾两种事项从而寻求一种适度、恰切、有分寸的行为方式和价值观念，表达对其中任何一种事项的否定。通过正反两方面的折衷表达对某种纯粹、单一方面的否定。如第56章"和光同尘"，以光尘等列对光进行弱化否定。第70章"被褐怀玉"，以被褐折衷怀玉。第30章"物壮则老，是谓不道"。第58章"方而不割，廉而不刿，直而不肆，光而不耀"，老子强调高明、恰切、有分寸的行为原则。第41章"上德若谷，大白若辱，广德若不足，建德若偷，质真若渝"。第45章"大成若缺""大盈若冲""大直若屈，大巧若拙"。正面的形象容纳了反面的因素，以反面因素否定正面形象，表达对纯粹、单一、完全事项的否定。正面形象是反面因素的前提和条件，反面因素是在正面形象前提下的论说。

（五）重复式否定

在某前后关联的句式中出现不止一处的否定词和否定句。这分为两种情况，递进式否定和反复式否定。

递进式否定，两种否定情况之间具有因果递进关系，前者是因，后者是果。如第2章"夫唯弗居，是以不去"。第3章"不尚贤，使民不争；不贵难得之货，使民不为盗；不见可欲，使民心不乱；……为无为，则无不治"。第8章"夫唯不争，故无尤"。第22章"夫唯不争，故天下莫能与之争"。第26章"轻则失本，躁则失君"。第63章"夫轻诺必寡信，多易必多难"。第64章"是以圣人无为，故无败；无执，故无失"。第71章"夫唯病病，是以不病"。第72章"民不畏威，则大威至……夫唯不厌，是以不厌"。

反复否定式，在第38章对礼进行多重反复否定，"夫礼者，忠信之薄而乱之首。前识者，道之华而愚之始"。礼是忠信的缺失和祸乱的元首,是道之废落腐化,是愚蠢的开始。第48章对有为进行一再否定,"为学日益,为道日损。损之又损,以至于无为"。

(六) 疑问式否定

老子在文本中以看似疑问的口气表达对某种现象和行为的否定。第13章"及吾无身,吾有何患?"第26章"奈何万乘之主,而以身轻天下?"对无身进行否定。第17章"信不足,焉有不信焉"。以百姓对治理者的不信任来否定治理者对百姓的不信任。第20章"唯之与阿,相去几何? 善之与恶,相去若何?"对执著于唯阿善恶两方面之区别作否定。第23章"天地尚不能长久,而况于人乎?"第74章"民不畏死,奈何以死惧之! 若使民常畏死,而为奇者,吾得执而杀之,孰敢?"第73章"勇于敢则杀,勇于不敢则活。此两者,或利或害。天之所恶,孰知其故? 是以圣人犹难之"。这是对治理者的暴政苛政否定。第44章"名与身孰亲? 身与货孰多? 得与亡孰病?"第62章"人之不善,何弃之有!"对放弃不善者进行否定。第79章"和大怨,必有余怨;安可以为善?"对大怨予以否定。

直接式否定、削弱式否定、选择式否定、前提式否定、重复式否定和疑问式否定,《老子》文本以形式多样的否定式表达了对世俗行为、方法和价值观念的批判。这些世俗的行为方式和价值观念究竟体现在哪些方面呢? 老子否定的具体内容具体体现在哪些方面呢? 这是本章接下来要解决的问题。

三、老子否定的内涵

老子的否定式表达立足对行为主体性特点的否定和省思,围绕世界是否完全可以认知,强势强制行为是否可行,民众受搅扰之如何避免三个层面展开论述,揭示老子否定式表达是源于其对通行价值观念、管理方法、制度文明的批判,是对人是否能够变革世界、是否应该变革世界和如何变革世界进行省思，成为老子独特思想的独特性表达。

（一）否定"道"的完全可知

老子通过"无"的返现创造性地诠释了"道"，赋予"道"以哲学意义，与之前的"道"划清了界限。①作为春秋以来哲学突破的产物，老子认为"道"可以用"无"来说明，诉诸"无形""无象""无物""无名"等概念，扩展至"窈窕""寂寞""恍惚"等。其中"无名"概念尤其耐人寻味，因为它是老子哲学中最重要的概念之一。

第1章帛书本"道可道，非恒道也；名可名，非恒名也"。老子在文本中强调了"道"之不可完全认知，表现了人对世界认知能力的有限。对道之可道的一面与名之可名的一面似有一定的肯定，意味着道之可道与不可道，名之可名与不可名之间构成的辩证的统一关系。"无名，万物之始也。有名，万物之母也。""名"和"无名"兼具语言、政治两个方面的内容，尤其是语言层面更令人省思和关注。"可道"与"恒道"、"可名"与"恒名"是老子之道的特征，老子所谓的"有"和"无"，是在道的基础上产生的，"有"和"无"是道的两种属性：道既有可认知的一面，也有不可认知的一面。老子是中国哲学上自觉阐释语言、言说局限性的第一人，道家哲学因而具有质疑名言可否阐论终极真理或最高原则的特征。

> 道隐无名。（《老子·41章》）
> 道常无名。（《老子·32章》）
> 绳绳兮不可名。（《老子·14章》）

"无名"也是一种"名"，正如否定也是一种肯定一样，道具有无法名言的

---

① 王博：《无的发现与确立：道家的形而上学》，见《老子思想与人类生存之道》，社会科学文献出版社2011年版，第3—11页。郑开：《试论〈老子〉中的"无"的性质与特点》，《哲学门》第29辑，北京大学出版社2014年版。

一面,虽然不可名言,但这种无法名言也是一种名言,虽然"吾不知其名",但仍能"字之曰道,强为之名曰大"(《老子·25章》)后来的庄子和尹文子延续这种观点,如:

> 大道不称。(《庄子·齐物论》)
> 大道吾称,称器与名。(《尹文子·大道上》)

老子认识到人之认知能力的有限,承认人类,包括普通人、精英认知能力的局限性,这是一种很高的境界,"知不知,上。不知知,病"。由于认知能力的局限,在某种程度上人变革世界是否可能?是否应该?又该如何变革世界?老子隐含着放弃人类万能、精英万物的观点,如第3章"不尚贤,使民不争",第19章"绝圣弃智……绝仁弃义……绝巧弃利",第57章"天下多忌讳,而民弥贫;民多利器,国家滋昏;人多伎巧,奇物滋起;法令滋彰,盗贼多有"。在第5章、18章、19章、38章、57章老子否定对知识、礼乐、文明的一味颂扬,否定对人类认知能力的绝对自信,从而对行为主体性予以反思,第15章通过一系列消极退缩行为,理性说明了"古之善为士者,微妙玄通,深不可识"的神秘神奇的精神境界。①和豪情万丈的积极进取相比,圣人那些看似消极退缩的行为隐含着对人主体性的省思。

从道之不可完全认知出发反思人之主体性,进而老子在文本中对世俗所看重的仁义礼乐制度进行多重考究。近年学界对老子及道家对仁义的态度颇有争论,陈鼓应、张立文、郭沂等从郭店竹简本第19章"绝伪弃诈"出发,认为老子与儒家在仁的问题方面并无强烈冲突,而是相互补济。②而张岱年、许抗生、孙以楷则看到,竹简本有"大道废,有仁义",认

---

①　李晓英:《试论老子之"善"》,《文史哲》2015年第5期。

②　陈鼓应:《从郭店简本看〈老子〉尚仁及守中思想》,《道家文化研究》17辑,生活·读书·新知三联书店1999年版,第64—79页。张立文:《论简本〈老子〉与儒家思想的互补互济》,《道家文化研究》第17辑,生活·读书·新知三联书店1999年版,第131—148页。郭沂:《郭店竹简与先秦学术思想》,上海教育出版社2001年版,第703—706页。

为这就是老子对仁义的贬损和反对。①刘笑敢则认为，郭店竹简老子本并没有提供根本推翻原有的儒道关系理论的足够材料。②儒道关系是复杂的，既不能说儒道绝对对立，也不能简单说儒道之间是互补的关系。

《老子》文本同样隐含对制度万能的反思。第81章"善者不辩，辩者不善"。首先"辩"具有言之意。河上公注："辩者，谓巧言也。不善者，舌致患也。……辩口多言，亡其身。"③李荣认为"大辩若讷，无劳词费，善者不辩也。偏词过当，多言数穷，辩者不善也"。陈景元注"善于心者贵能行，不辩者本其素朴。辨于口者贵能说，不善者滞于是非"。"辩"字面含义为巧辩、辩争。其次，"辩"具有分疏分别的意思。如成疏："辩，别也。善体至道之人，指马天地，故无可分别也。儒墨是非，坚执分别者，良由未证善道故也。"④再次，"辩"具有依形名而治之意。严遵注："不善之人，分道别德，散朴浇醇，变化文辞，依义讬仁，……辩也。……（圣人）去辩去知，去文去言。……辞巧让福，归于无名，为而不恃，与道俱行。"⑤"辩"牵涉春秋时期激烈的名实论争。老子既与孔子的正名对立，也反对邓析在辩说上的名言是非。⑥名辩造成僵化的社会秩序，导致君民、民众之间的失信相争。老子提出超越形名制度，此即"善者不辩"。类似的还有第19章郭店本"绝智弃辩"，第45章"大辩若讷"，都体现了老子对形名制度的反思。

（二）否定治理者强势强制的行为

《老子》文本主张限制治理者的权利。《老子》文本中代表治理者的

---

①　王博：《张岱年先生荆门郭店楚简〈老子〉》，《道家文化研究》第17辑，生活·读书·新知三联书店1999年版，第22—24页。许抗生：《再读郭店竹简〈老子〉》，《中州学刊》2000年第5期，第77—79页。孙以楷：《老子通论》，安徽大学出版社2004年版，第166—179页。

②　刘笑敢：《诠释与定向》，商务印书馆2009年版，第386页。

③　王卡：《老子道德经河上公章句》，中华书局1993年版，第307页。

④　蒙文通：《道书辑校十种》，巴蜀书社2001年版，第666页、875页和534页。

⑤　王德有：《老子指归译注》，商务印书馆2004年版，第359—361页。

⑥　汪奠基：《老子朴素辩证的逻辑思想：无名论》，湖北人民出版社1958年版，第20页。

称呼有吾、圣人和候王等。"吾（我）"是第一人称代词，可作主语和宾语。"吾"作主语时表示自我，此自我不是现代语法中一般个体，而是特指居于引导和规范民众生活的理想或现实中的治理者，如圣人或候王之称。在《老子》文本中"吾"具有否定和肯定式的表达，肯定式表达如"观复""镇之以无名之朴"等，凸显圣人、候王以无为引导民众的自我演化和自我完善；否定式表达如"不知""不敢""悠兮其贵言"等揭示治理者对主体性权能和认知的省思；在"吾"的两种表达中，都意味着作为治理者的权力自我对权力的节制和限制。"我"作宾语时，同样是施政主体，但却是百姓评判的对象，"我"既是无为而治的承担者，也是民心民意的顺任者。①

与对治理者强势行为的限制对应，老子对民众自我完善和自我反正的强调，体现在第 32 章、第 37 章和第 57 章出现的自化、自定、自正、自均、自宾、自朴、自富，凸显了在百姓和民众方面老子主张的充分的个体自由与发展空间，彰显个体的独立和尊严之一面。另外，在第 7 章、22 章、24 章、72 章中针对上位者，老子有不自生、不自见、不自贵的主张，强调个体自我约束自我限制的一面，要求限制个体的极度膨胀的强势权力。第 67 章"不敢为天下先"，第 69 章"吾不敢为主而为客，不敢进寸而退尺"，第 73 章"勇于敢则杀，勇于不敢则活"。老子对上位者专权苛政持否定态度，主张对万物百姓"辅"。第 64 章郭店楚简甲本"是故圣人辅万物之自然，而弗能为"。这里的"能"即"能够"的意思，指有能力做某事，也可以指规范允许的行为，相当于按照某种原则可以做、应该做某事。"圣人能辅万物之自然，而弗能为"一句中的"能"不是指能力，"弗能为"不是没有能力"为"，而是圣人从自己的行为原则出发认为不能那样做。那么"圣人能辅万物之自然"也不是说圣人的能力高低问题，而是指圣人的行事准则只能是"辅"之为，不能是一般之"为"。从社会治理的角度来讲，辅显然不是统治、控制和主宰，不是直接的干预、指挥、命令、管理等等。"辅"是圣人特有的行为方式和行为原则，不属

① 见本书第五章"对象性和关系性：《老子》面向自我的沉思"。

于一般的"为"。一般的"为"正是老子要批评、否定和超越的。①

《老子》文本强调治理者或行为主体对敌对方的"果而不强"，第 30 章"善者果而已，不敢以取强。……果而勿强"。除王弼注"善有果而已"，其他版本则都是"善者果而已"。王弼注"言善用师者，趣以济难而已矣，不以兵力取强于天下也"②。高明的用兵者用兵是济难，并不逞强惩能，是以道佐人主者对敌对方的正当抵御。其济难之行为比穷追敌寇的行为显得高明，具有伦理价值判断意味。第 68 章"善为士者不武，善战者不怒，善胜敌者不与，善用人者为之下。是谓不争之德，是谓用人之力，是谓配天，古之极也"。为士者等被称为高明在于不争之德，具体表现是不武、不怒、不与和为之下，这是从行为对象的感受而论。朱谦之"案《尔雅·释诂》'极，至也'。……成疏'配，合也'"③。那些为士不武、为战不怒、胜敌不与、用人为之下的人具有不争之德，可以合天。

《老子》文本彰显治理者和行为主体恰当有分寸的行为，在第 2 章、8 章、10 章、28 章、34 章、51 章、63 章、79 章中老子反复论说生而不有、为而不恃、长而不宰、功成弗居、知雄守雌、不自为大、执左契而不责于人、利而不害等不争守雌的观点。这些行为的主体和主语多为圣人、水或道，直接或间接地强调上位者或行为主体采取谦和柔婉的治理方式和行为方式。在老子看来，谦和柔婉的行为方式不是懦弱，恰恰体现了很高的境界。强者、主导者应该实行谦和不争的原则和谦下的姿态。伴随不争和谦下的必然是恰切适中的行为，第 58 章"是以圣人方而不割，廉而不刿，直而不肆，光而不耀"。第 45 章"大成若缺……大盈若冲……大直若屈，大辩若讷"。在正面的因素中呈现反面的姿态，以恰切适度的行为求得更为圆满、更为正面的价值。强者如此。弱者呢？老子不认为弱者应该永远自甘柔顺，一味守雌示弱，而应该有自强的信

---

①　刘笑敢：《〈老子〉"辅万物之自然"古今浅说》，2014 年 9 月第四届洛阳老子文化国际论坛论文。

②　楼宇烈：《老子道德经注》，中华书局 2001 年版，第 80 页。

③　朱谦之：《老子校释》，中华书局 1984 年版，第 276 页。

心和耐心,以及扎实的努力等待和争取变化。弱者不能急于求成,不应该逞强而躁动,第 24 章"企者不立,跨者不行",第 26 章"轻则失本,躁则失君"。

(三)否定民众被搅扰被控制的生活状态

"民"在老子通行本中出现了 30 处,在帛书本中出现 33 处,郭店竹简本中出现 13 处。另外,"人""百姓"①,还有个别章节的"万物""物"也具有民的意思。老子对民之生活状态非常看重,对百姓常以自朴、自宾、自正、自定词汇状态求之。和对"众人""俗人""下士"的批评不同,《老子》文本用"民""万物""百姓"表达了非常深切的民本思想、强烈的民心、民意观点。②

首先《老子》文本中隐含着对万物民众平等看待,反对将民众作价值等地分疏的观点。如第 5 章主张以"天地不仁"和"圣人不仁"平等对待万物,第 27 章强调圣人不弃人、不弃物,第 49 章直接说明圣人无心,以百姓心为心,否定分疏善者和不善者,第 56 章否定亲疏贵贱的划分,第 62 章提出道是不善人之所保,否定放弃所谓的不善者,第 79 章主张"天道无亲,常与善人"。这些章节都体现了老子为保证民众生活的安然,反对治理者对民众进行价值等第的分疏。

老子主张让民众过安然、自适、淳朴无争的生活。第 3 章帛书本"不尚贤,使民不争;不贵难得之货,使民不为盗;不见可欲,使民不乱。

---

① 对于《老子》文本中的"人""民"之意是否相同。学界似有不同观点,赵建伟认为"民"可同"人",赵建伟:《郭店竹简〈老子〉校释》,《道家文化研究》第 17 辑,生活·读书·新知三联书店 1999 年版,第 295 页。陈锡勇认为,"民"指在地而有生养之资者,"人"乃泛指一般人,是通称。并认为在第 75 章中最为明显,但通行本将"人""百姓"并讹做"民",泯没原意。陈锡勇:《郭店楚简老子论证》,台湾:里仁书局 2005 年版,第 81—83 页。笔者赞同丁四新的观点,"民"和"人"对言有别,散言则通。似乎不必强作分别。"民"相对于统治者,特别是君主而言;"人"为通称,然在"内圣外王"的政治话语系统中,"人"一般亦指"民"而言。丁四新:《郭店楚竹书〈老子〉校注》,武汉大学出版社 2010 年版,第 78 页。

② 参见本书第十章"'以百姓心为心':试论老子的民意论"。

是以圣人之治，……常使民无知无欲"。这一章中就出现了使民不争、使民不为盗、使民不乱、使民无知无欲四处对民众理想生活状态的描绘。第17章帛书本"成功遂事，而百姓谓我自然"。以民众口气道出对治理者实行自然之道的向往。第32章郭店竹简本"民利百倍""盗贼无有"和"民复孝慈"强调对民众利益诉求的肯定。第58章"其政闷闷，其民淳淳"民众淳朴无争的生活既是治理者无为的结果，也是其象征。第80章"使民重死而不远徙；虽有舟舆，无所乘之……民至老死不相往来"。第32章、37章和57章出现民自化、自定、自正、自均、自宾、自朴、自富，第49章出现圣人以百姓心为心，第64章出现辅万物之自然，在百姓和民众这方面，老子主张充分的个体自由与发展空间，强调百姓安然自适的生活。

追根溯源民众生活的纷争搅扰，老子认为原因在于治理者的有为而治、强势而行。

> 天下多忌讳，而民弥贫；民多利器，国家滋昏；人多伎巧，奇物滋起；法令滋彰，盗贼多有。（《老子·57章》）
> 其政察察，其民缺缺。（《老子·58章》）
> 民之难治，以其智多。（《老子·65章》）
> 民之饥，以其上食税之多，是以饥。民之难治，以其上之有为，是以难治。民之轻死，以其求生之厚，是以轻死。（《老子·75章》）

上行下效，上位者的贪婪、奢华无度、与民争利导致民性狡黠、民风浇薄。老子对暴政苛政进行猛烈抨击，第42章"强梁者不得其死"，第76章"故坚强者死之徒，柔弱者生之徒。是以兵强则不胜，木强则兵"。对民众以死抗争暴政苛政，老子则予以积极肯定，第74章"民不畏死，奈何以死惧之！……夫代大匠斫者，希有不伤其手矣"。《老子》文本还多次谈到对民众深遭战争涂炭的悲悯。第30章"师之所处，荆棘生焉。大军之后，必有凶年"。第31章帛书本"夫乐杀人者，则不可以得志于天下矣""杀人之众,以哀悲泣之;战胜以丧礼处之"。第46章"天下无道,戎马生于郊"。

老子否定式表达的内容围绕世界是否完全可以认知,强势强制行为是否可行,民众受搅扰之如何避免三个层面展开论述,集中体现在对通行价值观念、管理方法、制度文明的批判。对人之主体性进行省思,成为老子独特思想的独特性表达。

四、结　语

通过以上分析可知,否定式表达是《老子》文本表述思想观点的一个重要途径和基本方式,对老子否定式表达的解读分析,不仅能够有效地揭示《老子》文本对通行价值观念、管理方法、制度文明的批判,及老子对人是否能够变革世界、是否应该变革世界和如何变革世界的省思。放眼远望,也许更重要的是阐释《老子》文本的否定式表达对《庄子》文本类似思想和思维的关联,对中国佛教的影响及对中国文化的影响,这当然是任重道远的漫漫征途。但有意义的目标确立了,会有更多的学者参与其中。

第五章　对象性和关系性：
老子面向自我的沉思

一、问题的提出

自我意识和自我概念是近代中国才有的，虽然至今都没有得到充分发展。但是先秦文本作为圣贤经典，在相当程度上有作者本人对自我的认知和对世界的省思。在轴心时代随着诸子对天下、百姓、万物这些概念的关注，自我意识从战国开始成为主题和显学，儒道最早对自我作出自觉地思考。自我属于心灵和伦理范畴，包含 I、me 和 self 三种含义。自我以身心的兼备、相治、统一的整体为前提，表示人的完整、同一、整全的状态。自我包含身、心两部分，这两部分并非两种不同的存在，而是意味着精神生活和身体生活是无差别的整体。自我既凸显生命中枢，又折射出心灵或人格，二者同属于整个身体结构的一部分。和其他派别将知人（认识他人以及认识人与人之间的伦理关系）放在第一位不同，老子从整体性思维出发，将认识自我放在更显豁的位置。《老子》文本中确实有对自我的理解和认知、有自主和自律的诉求。在《老子》文本中，相当程度上有他本人对世界的认知、对他人的认知、对人类和人的省思。因此，从自我的观点进入《老子》文本，并非没有道理。

需要指出的是，《老子》文本中的自我有几个需要关注的问题：

第一，《老子》文本中用来代表自我的语词不全是名词，除了名词"己""身""独"外，表示自我的还有代词"吾（我）"、系列"自＋"的动词语汇（"自知""自胜""自爱"）和"不自＋"的语词（"不自见""不自贵"）。老子的"自知""自胜""自爱"属于自主的表现，"不自见""不自贵"等属于自律的内涵，这包含了自我和自由的表现。

第二，老子的自我有三层含义：一般性和普遍性的自我、老子自身的自我以及圣人，而且三层自我有所叠加，但也有区别。

第三，作为老子本人的自我，在文本出现不多，有几则材料感慨不被俗世理解的孤独寂寞，如"吾言甚易知，甚易行。天下莫能知，莫能行"（《老子·70章》）。尤其第15章中的"善为道者"的行为描述，其谨慎、庄重、纯朴、宽容的特征，第20章中"我独泊兮，其未兆；沌沌兮，如婴儿之未孩；儽儽兮，若无所归""我独若遗。我愚人之心也哉！""我独昏昏""我独闷闷""我独顽且鄙""我独异于人"应该就是老子本人的写照①，明显和飘逸、超迈、洒脱和逍遥的庄子有所不同，"善为道者"实际就是老子本人的总结和总括。

第四，作为圣人的自我，材料较多，阐论老子无为、节制的政治哲学，《老子》中有"百姓皆谓我自然""用兵有言：吾不敢为主而为客"等等，这些吾（我）是替圣人代言发声。这种自我看似是主体，其实被置于天地万物的关系之下，更像是整体性格局之下的一种客体，天地所有的万物都对自我有影响和限制，这种自我被赋予对象性的思考。这种自我看似是主体，实则是被动性的、宾语性的表述，因而这种圣人的自我更多是否定式表达。

第五，老子将自我节制的主体由圣人延伸至普通民众，普通人的认知偏差和贪婪欲望，同样需要纠正和节制。作为普通民众，需要不断消除利益和偏见之我，需要"损之又损"的精神修炼，需要不断解构既存之我，民情民性需要劝诫、引导、化育。

因此，老子关于自我的概念中有对自身的描述、对圣人的设想与对普通民众的期许。这三种自我中以第二种自我即圣人的设想最重要、

---

① 虽然老子在后世的材料极为稀少，其生平传记中猜测成分难以避免，后世传闻又搭上神秘传奇的色彩。但是言为心声，我们仍然可以从文本中判断老子的性格、人格、其价值取向和实践过程，《老子》这本书就是老子这个人的思考和智慧的结晶。

最醒目：这揭示出老子无为而治的政治哲学的主旨。这三种自我既相互叠加，也有所区别。如第 20 章对"我"的一系列描述，既可以看作是老子本人的写照，也可以是圣人的形象。这三种层次的自我置身于一种关系的场域之下，被赋予一种对象性的思考，体现出主体觉醒和主体省思的统一、主体肯定和主体否定的统一、主体存持和主体弱化的统一。

　　学界从不同方面讨论老子对自我观念的思考，有学者间接讨论老子的自我概念，如杨国荣、刘笑敢提出老子个体论的阐论有利于揭橥老子对自我的沉思①；有学者如王中江、郑开、匡钊、罗安宪从心性层面讨论德性为个体对道之分有，阐释道为自我实现的形上根据，确认德（心）为自我成立的依据和标志，以道家心性论助推自我学说的研究②；有学者从存在的本体论前提出发，立足身的根基性讨论道家复杂的身体观，既有身心一体、形神双修的修身观点，也有身心难以协调的贵身（忘身）的二元论③；具体如白奚、曹峰、森舸澜从"心贵身亦贵"的立场出发，强调养形存生基础上的精神提升成为自我的应有之义。④张再林从肉身和道身的二重性出发，指出老子及道家对道身的推崇。⑤也有学者以精

---

① 杨国荣：《个体存在：老子的价值取向》，《社会科学》2021 年第 2 期；刘笑敢：《诠释与定向》，商务印书馆 2009 年版，第 298—301 页；赖锡三、刘笑敢、曹峰：《老子"我无为而民自化"的"自发秩序"之道》，《商丘师范学院学报》2021 年第 11 期。

② 王中江：《早期道家的"德性论"和"人情论"：从老子到庄子和黄老》，《江南大学学报》2012 年第 3 期；王中江、匡钊《道家"心"观念的初期形态：老子中的"心"发微》，《天津社会科学》2012 年第 4 期；郑开：《道家心性论研究》《哲学研究》2003 年第 8 期；匡钊：《先秦道家的心论和心术》，中国社会科学出版社 2021 年版；罗安宪：《虚静与逍遥：道家心性论研究》，人民出版社 2005 年版；叶树勋：《老子德观念的改造和重建》，《哲学动态》2015 年第 9 期。

③ 张学智：《中国哲学中身心关系的几种形态》，《北京大学学报》（哲学社会科学版）2005 年第 3 期；杨儒宾主编：《中国古代思想中的气论及身体观》，台北：巨流图书公司 1997 年版。

④ 白奚：《稷下学研究：中国古代的思想自由与百家争鸣》，生活·读书·新知三联书店 1998 年版；曹峰：《近年出土黄老思想文献研究》，中国社会科学出版社 2015 年版；森舸澜、闫怡恂、史国强：《先秦哲学研究（一）：作为概念隐喻的"无为"》，《沈阳大学学报》2018 年第 3 期；森舸澜、梁燕华：《〈庄子〉中的自我：概念隐喻分析与比较思维》，《商丘师范学院学报》2017 年第 1 期。

⑤ 张再林：《老子的以屈求伸之身道及其体现》，《中州学刊》2016 年第 11 期；张再林：《刚柔与中国古代的身道》，《中州学刊》2017 年第 8 期。

神净化、消解名利(偏见、礼序)之我讨论自我内涵:老子以"去(轻)身"否定名利之我。① 以上学者围绕老子的自我学说开展了不同研究,为理解此学说提供了诸多启发性思路。

以上研究也有不足:学界对自我在《老子》中所出现的三种含义缺少分析;学者侧重于身(心、德)零散单一的讨论,缺少直接、整体及系统的自我研究;在身(心、德)的讨论中,对老子自我概念关注的还不够广泛和深入;未能从身心固有的整体意义讨论身(心、德);对自我的关系性和对象性特征更是鲜少论及。因此,老子是如何确立哲学上的自我意识,自我的内涵和独特性又是什么? 自我如何解构和确立绵延存在? 其关系性、对象性特征又是如何贯穿、交融于主体性等问题有待推进深入。

笔者认为,老子从正和反层面阐释对自我的沉思,正面论述以"身""私(独)"等确立自我的概念,它们的具体意义有所侧重,"独"指无所依傍和唯一、独立之意,与"众(俗)"相对,"我独昏昏"。"私""己"与"独"类似,指个体的存在价值和风貌品格的独一无二。"身"本指身躯,指涉自我时具有身心兼备之意,从"复归于婴儿"全身葆真的理想出发,老子倡导身国同治,治身等重于治天下。"自知(自胜)"显明自律和自主。"长生(保)""寿""无死地"等观念倡扬了自我存在的恒久性。在反面论述中老子将自我置于关系性的视域之下,以"不自生(贵、见)"等观念揭示老子对主体性的省思,包含认知性含义、价值观内涵,并与德性涵养交融,与真实的人格相联系。"吾(我)"作为第一人称代词,既强调对无为而治的能动性,体现出老子对能动性的省思,又揭示了老子对自我的解构和重构。自我的确立和解构如何协调地统一连接? "抱(得)一""柔""和"等观念充分发掘人的身、心固有的整体意义,力显精神世界的统一、有序,将存持天性中形成的人本质的同一性(心身整体性)视为自我最深刻的直观的核心。诸语词的侧重点相对而言,无绝对界限。基

---

① 杨国荣:《个体存在:老子的价值取向》,《社会科学》2021 年第 2 期;陆建华:《生命之"患":以老子之"身"为中心》,《现代哲学》2011 年第 3 期。

本概念的梳理可为义理探讨提供文本基础。

二、自我价值的确立："身""独""私"

（一）自我价值的确立："身""独""私"

老子以"人"确定作为人类意义的自我，将人从类的层面与物作出区分，发现了人类自身的存在。

> 故道大，天大，地大，人亦大。域中有四大，而人居其一焉。（《老子·25 章》）

老子以"四大"之说把世界的存在和人之"在"沟通起来，这一意义上的道不仅呈现为人知行过程之外的本然存在，不再单纯地具有实在性，而且还同时获得了现实的品格。"人亦大"看重的是与天、地、道相对的另一种存在形态，体现了对人的存在价值的肯定，关涉对道的终极追问和人自身的存在。在道、天、地、人的四大之中，对世界形而上的关切同时指向自我的存在。将人列入四大之中，不仅有境界和认知之意，更是客观本然的呈现，物只有与人联系，才具有沟通天、地、人、道的作用，在物的背后，是人自我的存在。作为最高原理的道，与人并非相分，"域中四大"的论题不仅意味着对人自身、自我的发现和确证，还隐含着人作为类自我处于天地四方万物的关系之中，与天地万物所有的能量有着一种影响和限制的关系，人类的自我之存在、自我之生命，被天地万物所加持或减弱，处于和天地万物联系的格局之中。

人不仅具有作为类的自我意义，还包含着个体生命的存在价值，后者主要展现为一种生命的主体，与儒家注重于德性的完善有所不同，老子对个体的生命存在表现出更多的关切，"身""私""己"成为自我价值存在的符号和前提。

"己"显明老子对自我的确认。

> 圣人不积,既以为人,己愈有;既以与人,己愈多。(《老子·
> 81 章》)

"己"在一般语境中是作为与他人对立而出现的,王夫之在《说文广义》当中,曾经对"己"作过一个解释,非常具有代表性,"己,本戊己之己。借为自称之词者,己为中宫,彼在外,己在中也,有反循诸身之意。……己者,置物反求之词"①。所谓"置物反求",就是站在世间万物的立场上对自己进行反思、反省,这样就会体察自己的失误、不足。人站在外物的立场上来反求自身、表达自身,就成为与他人有别的自己。但是在本章的分析中,认为老子之"己"作为反身代词,仍然有置物反求之意,形式上仍含有与他人对立之意,但在实际的处理中,老子对"己"作出一个大的跨越,"己"包容了他人,己面向的不是单纯的人自身,而是和他人的关联:对他人和众人的宽谅、包容也构成了对自我的确认和构建,此处"己"的主体是圣人,但是对普通人仍然有启发和劝导功用。自我给予人的越多,自己得到的也越多;越为别人做事,自己得到的越多。自我在成就他人的过程中不断丰富和完善。

作为具体的存在,自我常以"身"的形式呈现出来,"身"不仅是感性的躯体,也是自我的符号和存在前提。老子从存在的前提出发,立足"身"的根基性。"身存""身先""私"和"长生"一样,既阐论了对自我的关注,也体现为承载自我的符号和前提。

> 天地所以能长且久者,以其不自生也,故能长生。是以圣人后其身而身先,外其身而身存,非以其无私邪? 故能成其私。(《老子·7 章》)

"成其私""长生"表征自我的存在和长久、永恒,肯定自我存在的合理性和合法性,老子以"私"肯定自我的价值实现,成"私"是其终极追求。

---

　　① 　王夫之:《船山遗书》(第 5 卷),北京出版社 1999 年版,第 2761 页。

从第七章看，老子之身有广义（整体之身）和狭义（与心相对之身）之分。"身存""身先"关乎广义的整体之身，凸显个体和自我如何维持自身存在的问题："身先"则是居于领先之位；"身存"则是安然存在。"后其身""外其身"意味着狭义的与心相对之身，"后其身"是后退一步，"外其身"是将个体自身置之度外。老子认为，从个体生存的角度看，自我不刻意谋求自身的生存，反而能更好地存在。

> 出生入死。……盖闻善摄生者，陆行不遇兕虎，入军不被甲兵。……夫何故？以其无死地。（《老子·50章》）

"出生入死"表明"生"（进入世界）和"死"（退出世界）乃同一个过程，"生"（确立自我）的过程同样是"死"（解构自我）的过程，事功生不带来死不带去，自我不必等到真的死亡，就能看到事功终不可居。[1]消除欲求、不刻意谋求自我是"入死"的基本内容，"入死"（无欲无求、退出世界）和"出生"（建功立业、进入世界）并行，是"善摄生者"的修炼功夫，也是其"无死地"的原因：无欲无求、无犯于物，故无物损其全。[2]可以说，"无死地"是"入死"的必要前提，也是"出生"的前提。老子盛赞的"功遂身退""出生入死"不仅是一种觉悟和修养，与德行涵养交错，而且更是一种必然：自我早晚要退出事功，无论是否愿意。事功不可"居"，"身"终究要"退"要"外"，只有"无私""成其私"，此为"外其身""后其身""功遂身退"。

---

① 叶秀山：《道家哲学与现代"生"、"死"观》，《中国文化》1996年第2期。

② 《韩非子·解老》描述了"善摄生者"可用理性说明的神秘境界："圣人之游世也，无害人之心；无害人之心，则必无人害；无人害，则不备人。故曰：'陆行不遇兕、虎'，入山不恃备以救害，故曰：'入军不备甲兵'。远诸害，故曰：'兕无所投其角，虎无所错其爪，兵无所容其刃。'不设备而必无害，天地之道理也。"以其无害人之因故而无人害之果说明善摄生者的神秘。王弼将善摄生者比于赤子，"善摄生者，无以生为生，故无死地也。……斯诚不以欲累其身者也，何死地之有乎！……赤子之可则而贵，信矣"。王弼注第55章"含德之厚，比于赤子"，"赤子，无求无欲，不犯众物……含德之厚者，不犯于物，故无物以损其全也"。善摄生者像婴儿一样无欲无求，处于无犯于物、故无物损其全的状态。善摄生者自认不会受到伤害，无须防备别人，故而真的不会受到伤害。"无人害"为其神秘之原因。

何谓贵大患若身？吾所以有大患者，为吾有身，及吾无身，吾有何患？故贵以身为天下，若可寄天下；爱以身为天下，若可托天下。（《老子·13章》）

作为自我存在的两种境遇，"宠""辱"都不理想，二者都远离自我的本然形态，背离"不失其所者久"的理想境地，难以实现自身的价值。

一种内在的张力充实于老子之"身"，"吾所以有大患者，为吾有身，及吾无身，吾有何患"，此"身"为狭义之身，是承担物欲的载体，老子由此视"身"为"患"，甚至强调此"身"与"吾"不能共存亡，轻"身"去"身"的观念由此而生。如果没有"身"，人的一切"宠""辱"不复存在。此"身"指围绕肉身的贪欲贪婪，从逻辑上看，这种观念导向"轻身"或以超脱的眼光来看待"身"，如"为腹不为目""去彼取此"等。后面"故贵以身为天下，若可寄天下；爱以身为天下，若可托天下"，则是广义的整体之身，不仅意味整全的身和心，而且涵括身和天下的同构。对此老子表现出"贵身""爱身"的意向，与前面对"身"的看法似乎不一致。

进一步讨论可看出老子所关注的两重之"身"：其一是世俗之"身"，即名利之身，后者导致了世间大患。老子之"无身"主要是消解这一意义上的身。其二是体现道或自然原则的"身"，此"身"不是名利载体，而是与道合而为一，"贵以身为天下""爱以身为天下"之"身"，便指以上之"身"。因此，老子之"身"既有身—心的兼备之意，亦有身—天下的同构力量；既有身心一体、形神双修的修身观点，也有身心难以协调的贵身（忘身）的二元论。消解名利之身，回复到与道为一之"身"，此为"贵身"的真正意义。这一看法在实质的层面上，展现了对个体存在的肯定，它所体现的是自我内在的价值取向。

名与身孰亲？身与货孰多？得与亡孰病？是故甚爱必大费，多藏必厚亡。知足不辱，知止不殆，可以长久。（《老子·44章》）

在"身"与"名"及"货"的比较中，老子进一步强化了自我的价值体现：此处"身"可理解为具体的个体生命存在。对自我而言，生命存在（身）与外在名利哪一个更重要？"名与身孰亲？身与货孰多"的追问将这一问题直接地提了出来，"得与亡孰病"在普遍层面追问名利得失的困惑。相对于外在的名利，生命存在具有更重要的意义。"甚爱必大费，多藏必厚亡"，便从这一角度立说：过度关注名利，反而会付出沉重代价。这一推论的前提是对立的两个方面可以相互转化，"反者，道之动"。从"身"与名利的关系看，离开"身"（生命存在）追求名利，则会导致消极的后果。

从自我存在的载体出发，老子对身的肯定，关乎养生等问题，通过"知足""知止"达到"长生久视"，表明这一点。道尽管内在于万物，但它本身主要表现为超感性的存在，无法以感性的方式加以把握。在老子看来道与生命之"身"之间，并不相互对峙，而是具有相关性，可以并重：一方面，生命的维护和"身"的持久存在，离不开循道，如"没身不殆""无遗身殃"；另一方面，在追求超验之道的同时，不能遗忘作为感性生命承担者的"身"。在某种意义上，"身"构成了形而上之道与形而下的存在沟通的具体载体之一。①

"身""私"揭示了自我存在的前提和符号意义，"独"则凸显自我存在的属性的殊异性，与"众"截然对立。

众人熙熙，如享太牢，如春登台。我独泊兮其未兆；如婴儿之未孩；儽儽兮若无所归。众人皆有余，而我独若遗。我愚人之心也哉，沌沌兮！俗人昭昭，我独昏昏；俗人察察，我独闷闷。澹兮其若海，飂兮若无止。众人皆有以，而我独顽且鄙。我独异于人，而贵食母。（《老子·20章》）

"我"与"独"相互彰显，"我"出现七处，既指理想治理者，也指精神层面的高风亮节者。"独"出现六处，表示我与世俗的差异，"我"与"众人"

①　杨国荣：《个体存在：老子的价值取向》，《社会科学》2021年第2期。

"俗人"风貌迥异,但非离群索居,而是在与众人共在中展现独立的品格。作为探寻存在的个体,"我"属于心灵和伦理范畴,"我"之不安由来已久:"独泊""若无所归""独若遗""独顽且鄙";"我"甚是卓异:既无所仗依,也有唯一或独一之意,凸显出自我的品格规定。"我"在与世共存中,既有无所依傍的独立精神,也有不同于俗流的独特品格,从不同维度展开了自我的原则。作为二者统一的"独异于人"被赋予至上的价值:"贵食母"体现了如上价值判断。"我"的种种卓异的情状分现于身、心两部分:既有独特的精神生活,又有独特的身体生活,并且这两部分并非两种不同的存在,而是意味着精神生活和身体生活是无差别的整体。

> 水善利万物而不争,处众人之所恶,故几于道。(《老子·8章》)

众人意指社会世俗的价值判断,我包容世俗但又超越世俗,"利万物而不争,处众人之所恶","独异于人"。"我"异于众人①,因为具有"微妙玄通,深不可识"的特征:

> 古之善为道者,微妙玄通,深不可识。夫唯不可识,故强为之容。豫兮若冬涉川,犹兮若畏四邻,俨兮其若客,涣兮若冰之将释,敦兮其若朴,旷兮其若谷,混兮其若浊。孰能浊以静之徐清?孰能安以久动之徐生?保此道者不欲盈,夫唯不盈,故能蔽而新成。(《老子·15章》)

从"善为道者"可看出"我"之独的原因和进一步的表现:"豫""犹""俨""客"和谨慎、慎重、顾虑有关,"涣"为潇洒洒脱,"敦"意为质朴、淳厚,

---

① 在《老子》文本中,"众"既指民众万物之意,更具有世俗的价值判断之意。"众"意味着世俗,具有消极和否定意义,与道背离,如《老子》第8章中"水善利万物而不争,处众人之所恶,故几于道"。

"旷"为胸襟开阔，"混"意指浑朴包容，"动""静"彼此统一，从为人处世的过程来看，慎微、庄重、纯朴、宽容、动静的统一，此为自我之独特的属性和内在规定。对这种独特的属性和规定，老子以"德"概括。

自我的发生和形成，总是表现为"德"的展开，老子提出"尊道而贵德"的主张。"道"是万物的根据，"德"意味着个体对道的分有，呈现为个体特殊性的规定。尊道即涵盖万有，而贵德隐含着对个体自我的关注。[1]尊道而贵德的背后是个体性原理和统一性原理的一并眷顾。

> 道生之，德畜之，物形之，势成之。是以万物莫不尊道而贵德。
>
> （《老子·51章》）

"道生之"既可以理解道创生万物，也可以理解物自生，每一物包括自我所内涵的"道"的规定性，"德畜之"即得之道的具体规定构成了物的具体潜能。"物形之"涉及特定质料和具体形态的关系，"势成之"则是内在的必然性对物的推动。"尊道而贵德"蕴含着对个体自我内在根据和本然属性的守护。"含德之厚，比于赤子"，对婴儿的复归，是老子对自我本然形态的守护，是对自我存在的内在根据的守护。守护婴儿、守护天性，就是守护自我存在的根据。

个体自我独特、卓异和丰富的属性规定，导致曲高和寡，懂得自我的人甚少，一旦自我的智慧为社会接纳借鉴，就会显示出巨大深远的价值来。

> 吾言甚易知，甚易行。天下莫能知，莫能行。言有宗，事有君。
>
> 夫唯不知，是以不我知。知我者希，则我者贵，是以圣人被褐怀玉。
>
> （《老子·70章》）

---

① 　王中江：《早期道家的"德性论"和"人情论"：从老子到庄子和黄老》，《江南大学学报》（人文社会科学版）2012年第4期。

自我的主张不能为时人欣赏,得不到应有的重视,更无法付诸实施。这是老子作为思想家普遍遭遇的境遇。从宽泛意义上讲,"知我者希""天下莫能知,莫能行"也表达了一种自我存世的普遍的感慨和无奈,而造成这种状况的原因在于"言有宗,事有君。夫唯无知,是以不我知"。老子的自我价值围绕其核心思想而展开,不理解其核心观念便不能完全把握其思想,无法明了其价值,被褐怀玉之"玉"隐含着有价值的真理性观念,与"则我者贵"相互映衬,更加凸显自我存在价值。

(二) 自我的永恒存在

老子最强调长久和长远,如"长生""久""寿""长保""祭祀不辍""无死地"凸显了自我的永恒存在。

> 知常容,容乃公,公乃王,王乃天,天乃道,道乃久,没身不殆。
> (《老子·16 章》)

根据上下文的语境,老子所言"道乃久"所承上文是,谁知晓了道之常,他就能包容,他就合乎了"天",他合乎了"天"就合乎了道,他合乎了道就能"恒久",就能"终身不殆"。人得"道",就能恒久,长久。

> 不失其所者久,死而不亡者寿。(《老子·33 章》)

"所"有根基、根本之义,显明老子对个体自我在世基础、本原的重视。自我存在于世,需要一个可靠的根基,安身立命的基础,此为"所"。唯有"不失其所",自我才能长久存在。"死而不亡者寿","寿"与"不朽""长生久视"一致,死是自我之死,寿是自我之寿。

> 盖闻善摄生者,陆行不遇兕虎,入军不被甲兵。兕无所投其角,虎无所措其爪,兵无所容其刃。夫何故? 以其无死地。(《老

子·50 章》）

"无死地"乃是"不失其所者久"，老子肯定个体"不朽"与在个体现世过程中所做的一切相联系，从"自知""自胜"等自我存在的方式出发，谈论如何追求"不朽"的问题：真正的"寿"在于生命过程中所做的一切在生命终结后仍不会消亡，仍然具有意义。

　　　　善建者不拔，善抱者不脱，子孙以祭祀不辍。（《老子·54 章》）

"祭祀不辍"与"寿"意思相同。对老子而言，"不拔""不脱"的行为方式是从对象的感受而言，老子批判那种只看重行为的方式和形式，而忽略行为为之服务的那一过程的实质。老子强调行为的实质即对行为对象产生的感受，远比行为的形式要重要得多。在老子看来，"祭祀不辍"不仅仅代表某一宗姓或家族的传承，也不仅仅是皇祚的绵延与朝代的赓续；而是说作为一定社会形态中的最高统治者，或者说作为一定能力的行为主体，其站到对象立场上实施行为的方式，才能赋予其稳定而强大的生命力，故而说"祭祀不辍"。老子对"不朽"的理解，不仅有见于个体合乎自然的自主自律，而且关乎无意而为、自然而然的行为方式，这有异于儒家"不朽"观对文化创造传承的追求。①

　　　　夫唯啬，是谓早服；早服谓之重积德，重积德则无不克，无不克则莫知其极。莫知其极，可以有国。有国之母，可以长久。是谓深根固柢，长生久视之道。（《老子·59 章》）

自我存持的恒久，从一方面来说是其行为方式为对象考虑的特点，

_____

　　① 汉末徐干所著《中论》记述荀爽的言论道："古人有言，死而不朽。其身殁矣，其道犹存，故谓之不朽。夫形体固自朽弊消亡之物，寿与不寿，不过数十岁。德义立与不立，差数千岁，岂可同日言也哉？"从一个人的实际贡献与影响讲不朽，这既是对于叔孙氏豹不朽学说的阐发，也是中国古典的特色。

从另一方面来说则是自身的修炼:"啬"。"啬"是自我保持长久的最好的修为方式,不仅针对治国,而且关涉养生。如果自我能坚持不懈地践行,不断地积累这种美德,就能神通广大无所不能。如果这样的人治理国家,因他掌握了治国的根本,他也能够使国家长治久安。这叫作根深蒂固,也是长生久视的方法。

与长久相反的则是老子对"不可长保"的担忧。

> 揣而锐之,不可长保。(《老子·9章》)
> 故飘风不终朝,骤雨不终日。孰为此者? 天地。天地尚不能久,而况于人乎?(《老子·23章》)

老子认为人和物一样,柔和、柔弱就能长久;相反,如果过于强壮、刚强,它衰老得就快,这就不合乎道。不合乎道,就会过早逝去。

(三)自我永恒存在的功夫:自主和自律

自我获得长久的功夫该如何做呢? 老子诉诸自主和自律之论。

> 知人者智,自知者明。胜人者有力,自胜者强。知足者富,强行者有志,不失其所者久,死而不亡者寿。(《老子·33章》)

知人具有对象性,指向他人。"自知"以自我本身为认识对象,带有返身和反思的性质,"自知"与古希腊的"认识你自己"具有一致性,老子区分知人和自知,将自我认知放在更高的地位,誉之为"明"。儒家将知人放在第一位,以认识他人、认识人与人之间的伦理关系为侧重点;老子将知己(自知)放在更重要的位置,与其整体性思维具有一致性。

"自知"既具有认知的含义,但又不局限于此,而是具有价值观的内涵,与德性涵养交错在一起,更多与真实的人格相联系,指向实践领域中的"胜":"胜人"意指战胜、支配他人,"自胜"就是主宰自我,支配他人是外在形式上的孔武有力，成为自己的主人更为重要，其中涉及自由自律等一系列问题，而不限于对象性的支配。“知足者富”牵涉对财富的理解和感受：财富的相对性问题，财富并不易无限制的积累，它还关乎自我的评判，“富”的真切意义在于自己获得满足感，这一看法与前文的“自知”具有一致性，特点在于将关注点由外在对象转向内在自我。幸福的感受不是简单地取决于外在财富的多寡，而是关乎自我本身的看法和感受。老子把幸福感放在更为重要的位置，“感”或“感受”与自我的境域有更多联系。在相同的境域下，不同个体有不同的感受，这主要取决于自我本身，并与个体的德性修养、价值取向相联系。

> 是以圣人自知不自见，自爱不自贵。故去彼取此。（《老子·72章》）

“自知”“自爱”与“知足者富”相互贯通，“自知”“自爱”在充分理解、把握自我的前提下，在将自我的努力指向返身内向的自足时，将自我的关注点转向内在的精神修炼和精神提升，关涉自我的评判、保护和成就，强调主体性与个人尊严的一面，凸显自足、自尊和自重的一面。

“强行者有志”，努力去做，体现出自觉和自愿地践履践行，类于“上士闻道，勤行不已”，“强行”“勤行”以行为的集中，通过反复迂回，“损之又损”，显示自我视域的不断提升扩展，以对道的真切理解认同，达到最高的人格之境：“上士”。“强行”“勤行”凸显着意志的坚定和坚韧，超越了意志的软弱，隐含着自我支配和自律。在《普罗泰哥拉》篇中，柏拉图曾借苏格拉底之口说：“如果一个人知道或者相信存在比他现在所从事的行动更好的行动，同时他也可以选择这种更好的行动，那么，他就不会再继续做现在所做之事。‘做有失自己人格的事’（‘to act beneath yourself’）完全是无知的结果，‘成为自己的主人’则是一种智慧。”①按

① ［古希腊］柏拉图：《柏拉图对话集》，王太庆译，商务印书馆2004年版，第348—349页。

照这一理解,老子的"勤行""强行"则是成为自己的主人,做出符合自己人格的事。因为他知道什么事当做或什么事更正确,他就一定会去做这种当做之事或正确之事。换而言之,自我的知必然会化为行,不存在自我知而不行的现象,而这必然因于自控和自律。

涉及自主自律的不仅有自知、自胜、自爱,还关乎每一平凡个体的"自宾""自均"。

> 道常无名,朴虽小,天下莫能臣也。侯王若能守之,万物将自宾。天地相合以降甘露,民莫之令而自均。(《老子·32章》)
> 道常无为而无不为。侯王若能守之,万物将自化。……不欲以静,天下将自定。(《老子·37章》)
> 我无为而民自化,我好静而民自正,我无事而民自富,我无欲而民自朴。(《老子·57章》)

自宾、自均、自定、自化即万物或民众自然的生化过程。这种自然的变化过程体现了作为个体的万物,自我发展和自我完善的状态。无为、好静、无事、无欲不是老子的目的,无为是为了民自化、民自正等,以最少的代价取得最大最好的效果。老子看重的不是侯王主体性的发挥,而是百姓自然的、内在属性发展的状态。老子没有排斥侯王的作用,只是提出侯王的作用是间接温和的,尤其不应该从外界强加于人。就正视百姓的主体性行为而言,老子看到正由于百姓在社会生活中的活动与一定程度自主的选择相联系,一再强调"我无事而民自富"。不难看出,"自宾""自化"等语词是在圣人或侯王的主体隐藏的状态下所呈现出来,人君的无为和百姓的自主是互相映照的,其前提是百姓主体的行为并非仅由上面的力量所左右,而是一定程度的自由延伸,这无疑在更深的层面上体现了肯定百姓主体力量的价值原则。

"自知""自胜"意味着自我的认知和自我的支配,体现出直接的主体性特征。"自宾""自化"对应的主语是百姓,指的是百姓的自我发展和自我完善。而且百姓的自我完善是圣人无为治理下的结果,体现出政治领域中百姓的主体性和自主性特征，蕴含着管理者对自身的主体性省思。

三、自我的关系性视域："不自生（见）"

（一）个体各自殊异的属性

老子将个体置于一种关系的视域和对比的映射之下，由此，老子阐释对物、人各自殊异的属性和规定。

> 故物或行或随，或觑或吹，或强或羸，或载或隳。（《老子·29章》）

本章讨论了万物各自迥异的属性、规定及其互有短长的状态，万物可以相互促进、各自启迪。在先秦时期，儒道都对个体的边界限度提出了不同看法。儒家以礼凸显个体的边界，礼的重要功能在于确立度量分界，将社会成员区分为不同等级，安排在相应的等级秩序上，各有权利、各尽义务，彼此之间不越界。在荀子看来，如果每一个人都各安其位、互不越界，整个社会就可以避免纷乱。

对于自我的边界和限度的明确，道家和儒家似乎有所不同。对老子来说，重要的不是把人区分成不同等级和位次，而是看到各个不同阶层和位置的人各有其意义和功用，以及彼此之间的相互协和。

> 故善人者，不善人之师；不善人者，善人之资。不贵其师，不爱其资，虽智大迷。是谓要妙。（《老子·27章》）

善人和不善人各有短长、各存功效、互为借资。即使是所谓的"不善人"仍有其存在价值和功用，仍能对善人及时提醒补拙，充当其完善之"资"。无视善人之局限或不善人之功效，老子称为"大迷"。老子在

141

第 49 章中说"善者，吾善之；不善者，吾亦善之；信者，吾信之，不信者，吾亦信之"。老子提醒世俗要认识"善者""信者"的局限和边界，要看到"不善者""不信者"的价值，"善者"依靠"不善者"，方才构成"善"；"信者"离不开"不信者"，才能组成"信"。

> 人之不善，何弃之有！（《老子·62 章》）

"不善"之人，没有被抛弃的理由。

> 故贵以贱为本，高以下为基。（《老子·39 章》）

贵也需要以贱为基本，高依靠下来支撑。从社会的稳定和和谐来论，仅仅有"高者"是不够的，仅仅看重"有余者"也是不够的，还需要下者、不足者来丰富、完满和填充，社会才能完善、和谐、有序。老子以"抑""损"来对待高者和有余者，显然看到了他们对于社会稳定存在的单调和不足。而"举""下者""与""不足者"也是要倡扬他们的功能和价值。

> 高者抑之，下者举之；有余者损之，不足者补之。天之道，损有余而补不足；人之道则不然，损不足以奉有余。（《老子·77 章》）

老子看到，个体固然有不同和差异，但过度强化基于不同的个体权利，易引向个体间的分离和对峙。因此，肯定每一个体的内在价值为基本内涵。避免从"人之道"的层面对待弱者，需要肯定弱者存在的内在价值，也需要看清强者的边界和限度。

个体各自特异的属性规定赋予其独特的内涵和内在，同时也限定了其发挥的活动范围和界限，每一人、物都有自己未能企及的领域和范围，因此，对自我的省思和剖析，在老子这里成为一个重要而独特的论点。

（二）个体自我的边界和限度

道家主张把物极必反的客观辩证规律运用于生活之中，老子讲"正言若反"，《庄子·秋水》提出"反衍"的观念："以道观之，何贵何贱？是谓反衍。"反衍即是相反相生。这种从反面看问题的思维方式同样体现于对自我的沉思，老子在确认人的自主性的同时，也正视自我的边界和限度：自我既有能力和权力，又不是全面和绝对的存在；自我既是需要正视的，又是需要考量和打量的，自我是既肯定又否定的概念，绝对自信导致某种不好的结果："自见者不明，自是者不彰。"

老子对自以为是和自视甚高予以批判。自我边界的思想来源于老子的整体思维，这既是对个体的限制，也是对个体的一种存持。在整体视域下，个体才有发展的自由和空间；在自我的生存境域中，并立着拥有自主性的他人，后者也在追求自我成就，他人与自我一样拥有无法剥夺的自主性。自我主体性的过分膨胀导致强制和强势，在强制的秩序中，个体的活力受到很大束缚。为了维持整体的和谐，不允许整体中的某些个体无限地膨胀，从而影响其他个体的生存和发展。因此，必须有对自我边界和限度的自觉，自我的主动性和能动性的实现要给他人保留自主性得以实现的可能：

> 天地所以能长且久者，以其不自生也，故能长生。（《老子·7章》）
>
> 不自见故明，不自是故彰，不自伐故有功，不自矜故长。（《老子·22章》）
>
> 知不知，上；不知知，病。夫唯病病，是以不病。圣人不病，以其病病，是以不病。（《老子·71章》）

自我权限和界限的设定消除了成见和偏见，符合老子立于长久的价值观：长生、有功、彰、明。相反，自我的无限则导致灾难性后果，体现价值观层面的批判性。

> 自见者不明,自是者不彰,自伐者无功,自矜者不长。(《老
> 子·24章》)

已有的知识、观念构成人的偏见和成心:成心产生于一定的社会文化背
景,形成之后,又组成自我的思维定式及考察问题的前见。这种成心类
似黑格尔所说的"出于自信的意见":"遵从自己的确信,诚然要比听从
别人的权威高强些,但从出于权威的意见转变为出于自信的意见,意见
的来源虽有转变,并不必然地就使意见的内容也有所改变,并不一定就
会在错误的地方出现真理。如果我们执着于意见和成见的系统,那么
究竟这种意见来自别人的权威或是来自自己的信心是没有什么差别
的,唯一的差别是后一种方式下的意见更多一种虚浮的性质罢了。"①
相信外在权威,是一种盲从,但过分自信则是主体性膨胀,与盲从权威
并无根本不同。

　　在明确自我边界、限制主体膨胀这点上,老子疗之以"为道日损"的
方法,"损"即减少,其特点在于将已有的经验知识和偏见加以消解。对
老子而言,经验偏见会妨碍我们对道的认识,需要不断消解这种已经积
累的知识。人格或观念形态的转换:在实现"损之又损"之后,原来的
"我"以及精神世界不复存在,取而代之的是经过净化的自我及其精神
世界。在经过人格或精神世界的这种转换之后,人就成为他自己。

四、自我的中立和中和

(一)对过分和过度的警惕和调整

　　老子对自我的存在价值和边界问题的讨论,进一步涉及行为对分

---

　　① 〔德〕黑格尔:《精神现象学》上卷,贺麟、王玖兴译,商务印书馆1981年版,第
55页。

寸适度的把握。

是以圣人自知不自见，自爱不自贵。(《老子·72 章》)

圣人既能自主、自知自律，又不自以为是、自是甚高。其间必然要寻求一个合适、适度的界点，确立一个恰切的、正好的、不偏不倚的标准。因此，老子和道家经常出现这种否定中有肯定、肯定中有否定的表述，以否定成就肯定的思想观点，如生而不有、为而不恃、长而不宰、果而勿骄等等。①

　　对万物之"作"的引导和调节，对"甚""泰""奢"的消除、对"矜""伐""骄""强"的否定，都表明老子对适度和恰切的看重、对走极端的不赞成和对强制专断的反对：

万物并作，吾以观复。(《老子·16 章》)

万物将自化，化而欲作，吾将镇之以无名之朴。(《老子·37 章》)

是以圣人去甚，去奢，去泰。(《老子·29 章》)

果而勿矜，果而勿伐，果而勿骄，果而不得已，果而勿强。物壮则老，是谓不道，不道早已。(《老子·30 章》)

是故甚爱必大费，多藏必厚亡。(《老子·44 章》)

是以圣人方而不割，廉而不刿，直而不肆，光而不耀。(《老子·58 章》)

　　在老子看来，"作"有异化、异常之意，"甚""太""奢"有贪婪贪欲之嫌，"矜""伐""骄""强""壮""多"等强势语汇更证明老子对自我主体性的警惕，老子认为自我将注意力过分集中于某一点，陷入一种巨大的难以察觉的盲目性，失去正常判断的能力。以上所出现的情况都是贪欲

需要最强烈的时候,强烈的需求和急切的渴望容易引起思考的直觉,使自我仅注意到环境与需要相关联的部分,忽视对整体和全局的关照,忽视对自我的限度和节制。"割""刿""肆""耀"意味着个体在行事过程中,坚持急切性心理和片面性思维,攻其一点,不及其余,忽略对事情的整体观察和深入了解,形成倾斜偏颇的心理定势,以极端化的行为做出伤害、损害他人的结果。自我盲目强势的表现,原因在于把复杂的事情简单化,一味坚持某种方法南辕北辙,欲速则不达。老子反对过分、过度、过界、过头、极端和偏颇,强调高明、恰切、有分寸的行为原则。"过度"之"度"和"过分"之"分",就是肯定有一个恰当或恰好的限度和分际,越过了就是"过"。

(二)自我的中立与中和

老子和道家蕴含着丰富的中立性、中间性和中和性思想,既体现出关于自然、无为、道、守中的玄理讨论层面,也表现在关于生命、自由、社会治理与秩序智慧中。①老子强调对立面之间相互依存、相互转化的状况,在讨论"有生于无"的同时,也强调"有无相生",其中隐含了"中"的思想,如"多言数穷",王弼注曰:"守数中","数"字为衍。"多"对应"穷",隐含对调整趋中的强调。

> 道冲而用之或不盈。(《老子·4章》)

《老子想尔注》则以"中和"解释"道冲而用之不盈",其曰:"道贵中和,当中和行之,志意不可盈溢,远道诫。"②可以看出老子"守中"思想的丰富和复杂:"守中"隐含着反对治理者过多过分的赋税制度,要求其"志意不可盈溢,远道诫",以虚静之道对常规的管理、强势的制度进行调节。

---

① 郑开:《试论庄子哲学语境中的"中道"》,《孔学堂》2018年第4期。
② 饶宗颐:《老子想尔注校证》,上海古籍出版社1991年版,第7页。

> 万物负阴而抱阳，冲气以为和。(《老子·42章》)
>
> 大盈若冲，其用不穷。(《老子·45章》)

延伸到普通人身上，就是要调节自己的行为，凸显恰当的分寸和着力点。一般来说，个体自我所犯的错误有两类，一类是由于努力不足而引起的，另一种则是由于行为过分而引起的。努力不够造成的后果可能是严重的，但毕竟节约了人力、物力、财力，留下的空白更容易加工。而过分行为导致的危害不仅更严重，而且更难补救和回复。不仅要拆除原有努力导致的后果，还要承受人类精力、财力的无偿而有害的巨大支出带来的心理的创伤。

儒释道都主张守中，有异有同。其同在于三家都反对偏颇之言和极端之性，都想求得合适的分寸和最佳选择。其异在于儒家之中强调中庸之道，是人伦的最佳状态；佛家之中是中道之义，是在出世和入世之间找出最佳结合点；道家之中强调独立面之间的相互依存和相互转化。既然对立面之间有转化的关系，就需要对纷纭世界的不稳定和不可靠作出超脱、超迈的态度，务必不落于两边、超迈于两边：

> 圣人无常心，以百姓心为心。善者吾善之，不善者吾亦善之，德善。信者吾善之，不信者吾亦善之，德信。(《老子·49章》)

"圣人无常心"而"以百姓之心为心"指圣人以百姓的是非为是非，而不执着于是非价值判断，且将是非善恶之价值判断悬置起来，犹如庄子所说的"因是、因非"之"天倪""两行"(《庄子·齐物论》)；然而百姓之是非又彼此冲突矛盾，比如儒家之"是"往往就是墨者之"非"，这是由于衡量是非善恶的标准并不一定，并非恒常，它根据体场景不同而设，随着时代、社群、地域、文化传统的变化而变化。在对立的两端下，强调两端之间的居中平衡，既要保持恰切、适宜的行为分寸感，又要工巧、高明、神智并用的自然而然，体现出超脱固定场景、无所纠结的洒脱、淡定与从容。

五、对象性的场域和格局:"吾"与"我"

"吾(我)"是第一人称代词,可作主语和宾语。"吾"作主语时表示自我,此自我不是现代语法中一般个体,而是特指居于引导和规范民众生活的理想或现实中的治理者,如圣人或侯王之称。在《老子》文本中"吾"具有否定和肯定式的表达,肯定式表达如"观复""镇之以无名之朴"等,凸显圣人、侯王以无为引导民众的自我演化和自我完善;否定式表达如"不知""不敢""悠兮其贵言"等揭示治理者对主体性权能和认知的省思;在"吾"的两种表达中,都意味着作为治理者的权力自我对权力的节制和限制。"我"作宾语时,同样是施政主体,但却是百姓评判的对象,"我"既是无为而治的承担者,也是民心民意的顺任者。

首先看,吾作为人之主体性的肯定式表达,这种肯定式表达以对无为的认知、体验和施行为内容,"吾"可直接视为无为的主语,无为是"吾"最主要的谓词,在看似肯定的表达中,实则蕴含着否定式表达的旨趣。

> 致虚极,守静笃,万物并作,吾以观复。(《老子·16 章》)
> 万物将自化。化而欲作,吾将镇之以无名之朴。(《老子·37 章》)

"观复"和"将镇之以无名之朴",看似肯定,实则否定:万物在发展的过程中难以避免"作"的趋向,"吾"发则挥了"观复"的功能,明白万物总要回归自身的本然状态即回归到道的形态,并且要引导万物回归其本然形态。此处之"吾"是指老子本人,或者居于引导地位的圣人。"将镇之以无名之朴","镇"并不表明侯王以一种自上而下的形态强行要求事物依循其法则而行,它更主要侧重于价值的引导,"镇"可以理解为普遍的规范,"朴"则是本然之意,与无欲、无为一致。按老子理解,一旦有意而为的意向出现,便需要吾或侯王用本然之道重新限制和规范,抑制有意而为的动机，复归天下安宁的状态，所谓"不欲以静，天下将自定"，"定"意味着社会恢复有序的状态，避免社会政治领域的失序和失范，保证其稳定的运作。以侯王"无为"的方式实现天下之"定"，表现为按照"道"的法则形成自发的秩序。老子讨论的是如何在政治实践领域实现社会自发的秩序，治理者的无为是实现这种自发秩序的前提。社会秩序并非完全依靠人为设计而安排，它是通过社会内部各力量相互制约和协调、形成合力而逐渐达到的格局。作为形成秩序的前提，无为不是无条件的放任，而是通过减少侯王的干预来实现社会有序运作。"吾"作为侯王的代称，具有实行无为而治的主观意图和自觉意识，"吾"之主体性的存持以对主体性的省思来完成。

> 故物，或损之而益，或益之而损。人之所教，我亦教之。强梁者不得其死，吾将以为教父。（《老子·42章》）

> 天下之至柔，驰骋天下之至坚，无有入无间，吾是以知无为之有益。（《老子·43章》）

从现实形态看，合理的社会政治运行模式，是在有为和无为之间保持某种适当的张力，以至柔驰骋至坚，以无有进入无间，"吾"深知无为之益处。从无为的观念出发，避免"强梁"的态度和意识，有意为之或过度发展，无论哪种情况都会导致灾难性的结果，"吾"以此道理来规范、引导民众。"吾"指的是劝导人们无为的圣人或治理者。杜绝"强梁"体现为治理者对百姓的包容和宽谅。

> 自古及今，其名不去，以阅众甫。吾何以知众甫之状哉？以此。（《老子·21章》）

作为万物存在的根据，道被自我视为最一般的存在法则：循道是自我确立于世的规则。在社会领域，历史之道和当今之道具有统一性，道涵盖古今，它不仅制约着以往历史的进程，同样影响着今天的存在。人

149

在社会历史过程中展开的实践过程,无法离开道的普遍制约。"自古及今,其名不去,以阅众甫",古今的贯通,突出了道对古今的人和事所具有的普遍规范意义,道不仅构成了过去的法则,而且规定着今天和未来的人与事。从对象存在来说,道具有本原性;从人的行为方式和万物的运行方式来看,它又构成了制约其运行过程的法则。而道这个普遍的规范意义是由自我感知、体验和把握的。再具体说,自我对道的感知和把握,体现在治国理政方面:

> 使我介然有知,行于大道,唯施是畏。(《老子·53 章》)
>
> 以正治国,以奇用兵,以无事取天下。吾何以知其然哉? 以此。(《老子·57 章》)

以上"吾"形式上作为肯定式表达,但实际意义却表达了对无为而治的追求。实际上,老子为了体现对无为的阐释和贯彻,还对"吾(我)"进行了否定式表达,常常以"吾不知""不敢""不得"来阐述,这同样揭示了老子对世俗的否定和超越、省思。

> 道冲而用之或不盈,渊兮似万物之宗。……湛兮似或存,吾不知谁之子,象帝之先。(《老子·4 章》)
>
> 有物混成,先天地生。……吾不知其名,字之曰道,强为之名曰大。(《老子·25 章》)

在阐释道的本原性问题上,只谈论"吾"对道的认知能力和程度,一方面,老子在隐喻意义上肯定道具有更为本原的性质,整个世界追溯到最后都指向道;另一方面,对道有所"不知"的"吾",是老子的化身和代称,是宇宙本原的最真切体悟者,"吾"作为最早、最深的宇宙本原的体悟者,寻求绝对和无限,以道作为宇宙来源与根据的假设式、象征式的概念符号。这个符号是绝对和无限的,而且是不可捉摸的、无界限的、类似于虚空的东西,"吾"无法确切知晓和命名。对道的虚空性、无限性的体悟,既是老子自我意识的萌动和确证,又是其自我意识的省思:如果无限的道可以界定的话,就不再是无限了。"吾"是在一个"有物混成,先天地生"的背景之下的,是在一个"万物之宗"和"万物"共在关系的场域之下,获得的一个深知其"不知""强为之名"的能力的。老子以两难论法揭示自我意识的层次发展:一方面提出绝对性和无限性的认知和追求,另一方面赋予绝对性和无限性的不可界定。这样"吾"体现出关系性和个体性、肯定性和否定性的统一、主体性存持和主体性减弱的统一。老子以返身和反思强化自我意识。

既然体认到无限和永恒的不可认知、不可传达和不可界限,则强势行为就遭到"吾"之否定批评:

> 将欲取天下而为之,吾见其不得已。(《老子·29章》)

欲求不费力地治理天下但又想有为而治,这是无法实现的,"吾"对此持否定态度,否定现实中有为而治的治理者,"吾"是高出于现实的理想治理者。

> 用兵有言:吾不敢为主而为客;不敢进寸而退尺。(《老子·69章》)
> 我有三宝,持而保之。一曰慈,二曰俭,三曰不敢为天下先。(《老子·67章》)

"正言若反",老子多次谈论"不敢","不敢为""不敢以取强"等。"敢"体现出世俗的盲动和强势,表明我之强烈的主体性特征;"不敢"意味着我作为主体的削弱和隐藏。"不敢"一方面指不敢求强、称主、求进,另一方面也指已经居于强者、主者、进者的地位,也不愿意以强者、主者、进者自居。"不敢"并不是怯懦畏缩,而是勇敢地面对和正视自我的局限。在群体的激烈狂潮推动、怂恿和裹挟下保持"不敢",的确需要勇气和智慧。"不敢"作为"吾"自我意识的断流,使我意识到,"吾"生存于世界

151

中，一生的行为和是非功过，要由他人、后人检验和评判。我的言行不能只顾"眼前"，不能只考虑"为主""进寸""天下先"，还要顾及身后之事，能够"为客""退尺"，考虑到那些不在场的他人。

"吾（我）"不仅可以作主语，而且可以作宾语。"我"作为宾词被评判和评估，评判的主语是天下的百姓，对作为治理者的我的评判和评定。

> 功成事遂，百姓皆谓我自然。（《老子·17 章》）
>
> 故圣人云，我无为而民自化，我好静而民自正，我无事而民自富，我无欲而民自朴。（《老子·57 章》）
>
> 天下皆谓我道大，似不肖。夫唯大，故似不肖。（《老子·67 章》）

"我"意指"太上"之"上"，意味作为治理者而接受百姓的评判，是客体和对象。"我"作为宾语，是民意民心的顺任者。从政治实践的领域看，如果治理者能够自觉地遵从无为的法则，万物便会自我演化，并达到自然的有序状态，这即所谓的"自化"。"我"作为治理者而出现，是被评判的对象，体现出被动性和对象性，弱化了主体性和主观性。

六、自我的整合和统一："抱一""柔""和"

自我的否定和省思，是在完整自我的前提下完成的。完整的自我与其存在状态相联系，可从自我存在的统一或整合的这一侧面来理解。立足于省思，老子以"抱一"发掘自我固有的整体性[①]：统一性既展开于

---

① 老子及道家之"一"呈现出一种多重视域、多元思考与多元进路的特点，它出现于各种层次的理论语境中，包括宇宙论、政治哲学（含伦理学）、心性论甚至养生理论等，"一"的思想逻辑蕴含在道家理论的各个层面，形成了复杂的思想脉络。王中江：《早期道家"一"的思想的展开及其形态》，《哲学研究》2017 年第 7 期。郑开：《试论黄老学文献中的"一"》，《中原文化研究》2018 年第 5 期。本文讨论交互纠结于养生学与心性论理论语境中的"抱一"或"抟一"。

心—身关系，又以精神世界的整合为内容，二者从不同方面赋予自我以具体、现实的品格。

（一）"抱一"

载营魄抱一，能无离乎？专气致柔，能婴儿乎？（《老子·10章》）

我独泊兮其未兆，如婴儿之未孩。（《老子·20章》）

"营魄"有不同解释，有释之为形神合一①，有寓意为道②，也有学者综合二说，认为此处老子从守道的角度谈论人的身心和谐③，王夫之疏解《远游》"载营魄而登霞"时指出形神关系、身心关系高度融合，交互为用。"老子、屈子以人之精神言之，则所谓营者，字与荧同，而为精明光炯之意。……扬子以日月之光明论之，则固以月之体质为魄，而日之光耀为魂也。以人之精神言者，其意盖以魂阳动而魄阴静，魂火二而魄水一，故曰载营魄抱一，能勿离开乎？言以魂加魄，以动守静，以火迫水，一二守一，而不相离。如人登车而常载于其上，则魂安静而魄精明，火不燥而水不溢，固常生久视之要诀也。"④魏源把"抱一"解释为魂魄相守，形神相依，还把"专"解释成"专一纯固"之"纯气之守"⑤：

---

① 河上公释为"魂魄"和"身"（同"营魄"即"魂魄"相对应）。许抗生、陈鼓应接受了这一解释。参见许抗生：《帛书老子注译与研究》（增订本），浙江人民出版社1985年版，第86—87页；陈鼓应：《老子注译及评介（修订增补本）》，中华书局2009年版，第94页，认为"一"是指人的身体，或人的"形神合一"。

② 王弼解释"一"为"人之真"。李零解释为"道"。参见李零：《我们的经典·人往低处走》，生活·读书·新知三联书店2014年版，第50页。"载营魄抱一，能无离乎"说的是人坚持用"道"来修身养性。

③ 王中江认为，"一"作为事物的根本，针对人的修身养性而言。人为了达到身心的和谐，就要持守"一"。"一"解释为人的生命的源泉和保持人的生命的统一性的基础。王中江：《早期道家"一"的思想的展开及其形态》，《哲学研究》2017年第7期。

④ 王夫之：《楚辞通释》，上海人民出版社1975年版，第85页。

⑤ 郑开：《道家政治哲学发微》，北京大学出版社2019年版，第231页。

> 心之精爽,是谓魂魄。本非二物,然魂动而魄静。苟心为物
> 役,离之为二,则神不守舍而血气用事。惟抱之为一,使形神相依,
> 而动静不失,则魂即魄,魄即魂。(《老子本义》)

"营魄抱一"看似养生,实则涉及养神,既显明修炼中的生命中枢,又隐含心灵或人格,同属于自我整个身体结构的一部分。"抱一"之"抱",是守住。"一"意指道,既有统一、综合之意,世界以统一的形态存在,同时寓意自我的身与心之间并非彼此分离,而是在身心兼备的状态中也含有精神专注之意,包含对精神之"一"的关注。老子由抱一、守志进而从养生的角度强化自我的主体权能,开启以后庄子和道教身心并重和身心兼备的精神修炼的思路。有学者认为:"'载营魄抱一'可能是道教修炼传统的基本原则的最早表述。道家道教以'守一'的概念引申和演变'载营魄抱一'的理论。"[1]《太平经》说"守一者,真真合为一也"(卷一百五十三)"圣人教其守一,……念而不体,精神自来,莫不相应,百病自除。此即长生久视之符也"(卷一百三十七)。而守一即表现为意志的力量,"一者,心也,意也,志也,念此一身中之神也"(卷九十二)。可以注意到道教有一种不同于道家的价位取向,即对人的力量的确信:生死并非预定于命,它最终取决于人的努力,这种努力又与人的意志专一相联系。[2]

"能无离乎"即不离开道,自我超越意识的分化形态,避免情感情绪的入主或支配,保持心灵的淡定和宁静,保持内在的统一性,具体的修炼过程涉及"专气致柔"之法。

(二)"柔""和"

对"专气致柔",《老子河上公章句》释之为,"专守精气使不乱,则形

---

① 刘笑敢:《老子古今:五种对勘与析评引论》(上卷),中国社会科学出版社 2006年版,第 164 页。

② 杨国荣:《自由及其限制:魏晋玄学与人的自由》,《学习与探索》1993 年第 3 期。

体能应之而柔顺。"老子的柔与生命、与道联系在一起,明确道就是柔的观点,甚至认为柔就是个体力量的源泉①:

> 人之生也柔弱,其死也坚强。万物草木之生也柔脆,其死也枯槁。故坚强者死之徒,柔弱者生之徒。(《老子·76章》)

按老子理解,及道家特别推崇婴儿之柔,时常论述骨与筋、精与气,认为这些都是"柔"的表现,第55章表述"骨弱筋柔而握固","心当专一和柔而神气实内,故形柔",婴儿身体"柔"体现出身心之"和"的状态:作为婴儿美德的"精之至"的"精"及"和之至"的"和",象征旺盛的生命力和身心的高度和谐。在老子看来,最有生命力的事物,是最柔弱最和谐的事物。②老子赞美的"纯朴""朴实""不争""甘居下流"的美德,与"柔弱""至精""至和"统一,与"淡泊""单纯"的美德也是一致的。"精"体现着精力的旺盛和精神的专注,"和"所表征的统一体,被视为积极意义上精神世界的生成,"和"不同于单纯的同一,它既肯定了精神现象的多样性,又确认了多种因素间并非彼此相斥、杂而无序;在"和"的形态中自我的精神世界的丰富性与秩序性彼此融合为一。

在老子看来,作为本真生活的隐喻,婴儿既是修道抟气、身体柔顺的典范,又是精神世界健全有序的象征,亦是属性合乎本然规定的载体,更是人之起源和理想存在的形态,作为理想人格的赤子婴儿,此处取其价值义,而非事实义。③在理想的层面,老子试图以婴儿将个体精神的有序性与统一性联系起来。④

"复归于婴儿",按老子理解,回归理想的本然形态体现出广义的"复",就是回到类似婴儿的混沌无知的状态,后者表现为前知识的精神

① Robin R. Wang: Rouzhi(柔知)"the Supple Way of Knowing": Cognitive Traps and Embodied Intellectual Virtues, *Journal of Chinese Philosophy*, 49(2022)。
② 王中江:《早期道家的"德性论"和"人情论":从老子到庄子和黄老》,《江南大学学报》(人文社会科学版)2012年第4期。
③ 王邦雄:《老子的哲学》,台北:东大图书公司1983年版。
④ 李晓英:《"婴儿":早期道家关于本真生活的隐喻》,《中州学刊》2021年第5期。

境界。从把握道的角度看,"复"意味着人并不能一蹴而就地达到对道的整体认识,把握道是一个逐渐深入持久的过程。

"复归于婴儿"的过程贯穿着个体自我"抱一""专气致柔"的修炼方式,在守道的前提下,摆脱外来干扰,保持心灵的和谐适度,以精神的统一、心灵的平和展开为一个统一的过程,指向健全的精神世界。"专气致柔"由凸现意志品格高扬主体的自主性,并将意志的力量具体化于养生过程,在价值的选择与生命的存养两个层面表现了对自由的乐观信念。

> 曲则全,枉则直,洼则盈,敝则新,少则得,多则惑。是以圣人抱一为天下式。(《老子·22 章》)

"曲"与"全"、"枉"与"直"等既彼此区分,又相互转化。双方转化的可能在于所包含的统一形态,"抱一"即以统一的确认为前提超越分化和分野、超越对峙和割裂。从终极的层面看,"一"为道,"抱一"就是守住统一之道,即人得道后的精神境界的呈现,体现为身心的兼备和完整。"见素抱朴","抱朴""抱一"即纯素之道,"素""朴"即人精神和心灵的纯朴、无所杂多的状态。圣人的"抱一",既是掌握"一"的根本原则,又是坚持道的统一治理,还是修炼"专一"的精神。在精神修炼中,"一"意味着人精神层面的无亏欠、无纷乱的身心和谐的状态。

相反,与精神世界的统一整合相反的是相对的分裂形态,是老子批判的对象:

> 不见可欲,使民心不乱。(《老子·3 章》)
> 驰骋畋猎令人心发狂。(《老子·12 章》)
> 心使气曰强。(《老子·55 章》)

情感若不合理定位将引发精神世界的不健全,并进一步对社会生活产生负面的作用。"心乱""心发狂""心使气曰强"等喜怒失位,即情感的偏失或无序化，意味着个体精神世界的混乱无序。贪欲的驱使和精神的分化，各种差异、对峙、紧张随之形成，分化的精神呈现为消解的意义，"物壮则老，是谓不道"是对"心发狂""心使气曰强"的进一步解说，"强"就是"物壮"，结局便是"老"，这个结局在老子看来即"不道"，偏离或者丧失道，则是负面评价。

老子还谈到"得一"：

> 昔之得一者，天得一以清，地得一以宁，神得一以灵，谷得一以盈，万物得一以生，侯王得一以为天下贞。（《老子·39章》）

"一"指道，"得一"指个体得道，老子从"道"和"一"中为万物的存在和活动寻找根据，"一"解释天、地、神、谷和侯王何以是清、宁、灵、生和正。在老子看来，万物得到道，能够保持其本然之性，成为它自己最好的状态，意味着它对自己的成就和实现。"侯王得一为天下正"，老子把"道""一"看成是"圣人"和"侯王"要掌握的政治原理，反过来要把"侯王"变成"一"的化身。[①]侯王所得的"一"，指的是彼此一致的一些观念，如"无为""清静""无欲""希言""无事"等，侯王以此治理天下，便可为天下的楷模。在"得一"的侯王身上，包含着对自身与世界的统一性和自身内部的精神世界整体性即"一"的关注，侯王在无为而治时，其精神状态必定健康健全——"贞（正）"（回复精神之序），必定没有类似第12章所批判的"狂"（精神的失序）。

因此，"得一"和"抱一"一样，既有权衡和协调之意，也有统一、综合之意，使内在之情有节有度，进而精神的自然之和或自然之序更合乎道。

七、结　语

要而言之，与自然状态的理想化相应，老子将自我的认同提到突出

---

① 王中江：《〈凡物流形〉"一"的思想构造及其位置》，《学术月刊》2013年第10期。

的地位,其价值关怀指向作为主体的自我。"身(私、独)"等概念以否定的方式确认自我的确立,重构自我在世方式和价值;以"自知(胜)""知足"强调主体性认知和自主自律问题;以"长生(保)""久(寿)""无死地"等观念诉诸自我的永恒存在。同时老子将自我置于一种关系性视域,作为整体中的个体,自我具有关系性和对象性的旨趣,"不自生(见、贵)"等意味着自我的解构和否定;"吾(我)"或作为无为而治的主体,或作为被评判的施政者,尽显权力主体的弱化和隐藏,具有强烈的对象性特征。关系性和对象性的思考赋予老子自我概念的独特性,支撑起自我的价值性关怀和主体性存持。其主体性和对象性又是如何贯穿浑融的?"抱(得)一""和""柔"等概念将身、心固有的整体意义发掘出来,老子以身心兼备、心志专一的精神状态,揭示自我的完整和同一。

第六章　道言与体知：从庄子
在《庄子》中的形象来看

一、问题的提出

　　学界对于庄子其人其事的评说，有看重庄子之隐的①，有批评庄子出世的②，有论说庄子狂狷的③，有断定庄子消极的④，也有说中国的皇权专制主义与老庄思想有关⑤。在对庄子这些多样的评价中似乎暗隐

---

　　① 陈鼓应认为庄子作为士阶层中的隐士一系，与儒家"学而优则仕"的文士明显不同。刘笑敢：《庄子哲学及其演变》中陈鼓应之序言三，中国人民大学出版社2010年版，第Ⅴ页；王中江认为庄子是隐士。王中江：《庄子自由理性的特质及其影响：以"游"为中心而论》，《中国青年政治学院学报》2001年第6期；王博认为庄子本身与政治权利绝缘。王博：《庄子哲学》（第2版），北京大学出版社2004年版，第246页。

　　② 胡适说庄子哲学是出世主义，并认为庄子虽在人世，却和不在人世一样，眼光见地处处都要超出"形骸之外"，庄子的名学和人生哲学，却只要人知道"万物皆一"四个大字。胡适：《中国哲学史大纲》卷上，姜义华：《胡适学术文集·中国哲学史》，中华书局1991年版，第189—191页。

　　③ 章太炎从佛教为中国传统所接受的角度，说老庄"又太无礼法规则"。章太炎：《国学概论》讲稿，曹聚仁整理，中华书局2009年版，第42页。王中江认为王充、嵇康、李贽、谭嗣同都是挑战儒家意识形态和正统价值观念的"狂圣"，并认为这种意识的最初来源来自老庄。王中江：《从价值重估到价值认同：郭象与庄子哲学的一个比较》，《中州学刊》1993年第6期。王博认为庄子的狂是在尺度之外的，认为狂人的称号适合庄子。王博：《庄子哲学》，北京大学出版社2004年版，第21、168页。

　　④ 刘笑敢：《庄子哲学及其演变》对此批判。中国人民大学出版社2010年版，第158页。

　　⑤ 王学泰：《文化传统与传统文化：怀念李慎之先生》，《南方周末》往事版，2008年4月24日。

一种这样的观点:庄子的思想观点和个人选择在整体上是消极性的和负面性的。

　　庄子的思想果真如此消极狂狷？消极的庄子为什么留下一部《庄子》？难道庄子消极的思想竟无任何积极意义？近期学界作出与此评价相反的努力,注重开掘道家、庄子所谓消极思想的积极层面,提出对庄子重建和重诂的看法①,对庄子研究进入全面客观的分析。

　　笔者赞同对庄子哲学进行价值重估和规则重建的意义,力主澄清所谓消极的庄子观点所隐含的积极意义。笔者选取一个特殊的视角即从《庄子》中的庄子的故事、寓言入手,通过对《庄子》中庄子形象、事迹、言论、行为的解析,揭示庄子其人生平、经历和庄子哲学观点之间的关系。由于学界还未建立判定庄子故事真实或虚构的明确标准,笔者不能断定《庄子》故事寓言中的庄子形象即是历史上的庄子形象。但笔者可以依据《庄子》一书中所涉及的寓言故事,从这些寓言故事中的庄子言行来分析庄子的思想倾向特点,揭示庄子其人的理想、性格和追求,探讨《庄子》中的庄子形象。对于历史上的庄子形象暂不讨论。

---

① 刘笑敢认为庄子思想是消极和积极的合体,悲观和乐观是庄子人生态度的一体两面。刘笑敢:《庄子哲学体系:一种模拟性重构》,《跨文化对话》第32辑,生活·读书·新知三联书店2014年版,第179—209页。在政治意义层面,张岱年认为道家(包括庄子)的政治思想,极力反对干涉,反对专制,反对分等级。在君主专制时代,如能实行道家的政治学说,人民确可得到一些好处。张岱年:《中国哲学史大纲》,江苏教育出版社2006年版,第285页。刘笑敢提出不干涉、不控制、不限制的道家式责任感。刘笑敢:《诠释与定向》,商务印书馆2009年版,第341—345页。王博提出庄子本人与现实政治的隔绝。王博:《庄子哲学》,北京大学出版社2013年版,第53页。在存在和价值方面,王中江谈到庄子对儒家价值系统进行全面的批判和重估,从政治观念和操作方式到人们的价值追求,从人格理想到道德坐标都在被检讨的范围。王中江:《从价值重估到价值认同:郭象与庄子哲学的一个比较》,《中州学刊》1993年第6期。杨国荣认为庄子人性化的存在,以同于"天"为其实质内涵,庄子走向人性化存在的途径,表现为循乎天道而回归自然。杨国荣:《天人之变:庄子哲学再诠释》(上下),分别刊于《学术月刊》2005年第12期和2006年第1期。也有学者注重对庄子心灵体验的研究,如蒙文通看到"儒家心性之论,亦是兼取道家而益精",蒙文通:《蒙文通文集》第1卷,巴蜀书社1987年版,第256页。郑开和罗安宪则直接提出道家心性论的说法,郑开:《道家心性论及其现代意义》,《哲学研究》2003年第8期。罗安宪:《虚静与逍遥:道家新论研究》,人民出版社2005年版。爱莲心则把庄子的心灵转化与更高水平的心态和更高认识论意义上的结构联系起来,爱莲心:《向往心灵转化的庄子:内篇分析》,周炽成译,江苏人民出版社2004年版。

和中国其他哲学派别相比，庄子哲学虽有单纯的抽象玄理式的集中论述，但更多是在日常行动上对真理的揭示和践履。在《庄子》一书中的庄子理论是庄子生活的解说，庄子生活则是庄子理论的表现。庄子的理论建立在对庄子生存图景描述的基础之上，艰危生存激发庄子发出振聋发聩、超越时代的呼喊。庄子不少观点附在一个个或经历、或听闻、或创构的故事之后，在这些故事的对话中，《庄子》析练出庄子独特的生存智慧和深远的哲学玄理。庄子哲学观点的形成、表达具有深彻的境遇性和在场性特征。无论是从《庄子》文本的表述中，还是从中国传统哲学的特点看，乱世的艰危经历都是锤炼庄子理论形成的大熔炉。①庄子的行动又是庄子思想的践履。《庄子》一书中庄子坚信自己的理论观点，以行动奏出自身观点的合拍和协奏。从庄子其人的境遇和故事揭示庄子观点的形成，再从庄子本人对自身哲学观点的践履和坚持，分析下述判断——《庄子》中庄子其人和庄子思想消极的合理性和真实性，成为接近庄子思想的可行方式。

为此，笔者借用学界体知（Emhodied Knowing）的说法②，阐释庄子对自身哲学观点的体味、体会、体验和体认。体知的特点在本质上"是生活性的、伦常性的和社会性的。这些知识的播撒与传递，同样也离不开日常生活的场景和个体生命的'亲在'性，具有强烈的在场感和'寓理于事'的特点"③。体知一词，不仅为儒家哲学所仅有，它也体现在中国古代哲学的其他流派中，庄子哲学亦深具此性。《庄子》中庄子在自己的人生旅程中证明他对生命中尊严、精神、自由的切身体悟和追求。艰危的人生际遇、动荡的时代场景，锻造出庄子高远的精神境界。这其中的失衡冲击，庄子是如何把握和驾驭的？与庄子同处乱世的人很多，但与庄子学术比肩者则无，其中的传奇、偶遇和必然我们又该如何把握？

---

① 侯外庐判断庄子时说"他似乎是一个感受亡国命运的没落小贵族"。池田知久认为这个结论基本稳妥。［日］池田知久：《道家思想的新研究：以〈庄子〉为中心》（上），王启发、曹峰译，中州古籍出版社2009年版，第130页。

② 杜维明：《体知儒学：儒学当代价值的九次对话》，浙江大学出版社2012年版。

③ 景海峰：《中国哲学"体知"的意义：从西方诠释学的观点看》，《学术月刊》2007年第5期。

庄子如何度过艰危时世,提升锻造出高远的精神追求?在一生的行程中他经历了什么,转化了什么,思考了什么,追求了什么?庄子的观点在别人看来似乎只有教导意义,但对庄子来说却具有生活、在场的重要性。《庄子》中的道言与体知密不可分,庄子的观点是对自己行为的概括,庄子的行为是对自身观点的验证和展示。如果说《庄子》中的庄子其人的经历为模本,那么其思想观点为印迹。

泰戈尔的"亲证"一词亦可帮助我们理解庄子"体知"的含义。泰戈尔看到自己的父亲在漫长的一生中一直保持着与神的密切交往,但没有忽略对世界应尽的责任,没有减少对世俗事务的强烈兴趣。泰戈尔认为印度的古代精神曾反映在他们的圣典中,仍然体现在他们的生活中。"源于伟大心灵的体验的有生命的语言,其意义永远不会被某一逻辑阐释体系详尽无遗地阐述清楚,只能通过个别生活的经历不断予以说明并在各自新的发现中增加它们的神秘。对我来说《奥义书》的诗篇和佛陀的教导永远是我的精神财富,因此它赋予我无限的生命力,我已经将它们贯彻到我自己的生活和我的言论中,它犹如天性对于我有独特含义;对于别人同样也期待着他们的证实。而我自己特殊的证明一定会有它的价值,因为它有个性。"①亲证意指个体通过其个别生活的经历不断予以说明自身所崇奉、所追求的精神世界,将这种精神追求贯穿到自身的生活和言论中,将其修炼为自己的天性,以自己特殊的经历证明它的价值。体知与亲证类似,亦蕴含着主体对自身道言的体验、体会、体认和体证。探讨庄子的体知,亦是探讨庄子对自己哲学观点的体证和验证。因此,根据《庄子》一书中对庄子记载的材料探讨庄子的思想和他的行动之间的关系是一个可行的方式。

对于这项工作,前人也有涉猎。②对庄子其人的形象问题,对庄子

① [印]罗宾德拉纳特·泰戈尔:《人生的亲证》,宫静译,商务印书馆 2010 年版,作者序言。

② 崔大华认为庄子对人生的思考发端于个人生存中的困境,超脱人生困境,构成了庄子人生哲学的基本理论内容。崔大华:《庄学研究》,人民出版社 1992 年版,第 142—149 页。张松辉:《论庄子的无情理论和多情性格》,《湖南大学学报》2015 年第 1 期。于泽:《庄子文本中庄子形象分析》,《吉林广播电视大学学报》2014 年第 10 期。张松辉:《论庄子的无情理论和多情性格》,《湖南大学学报》2015 年第 1 期。

其人对其哲学观点的践履问题，对追求精神独立的庄子哲学所内含的积极面向，学界有待于深入解析。因此，重新感受艰危时世对庄子其人的拷问，条分缕析庄子对艰危生存的多重面向和复杂态度，重新检视生命对庄子而言的独特的精神追求的含义，讨论庄子哲学本有的精神体验和修炼功夫就成为笔者着力解决的问题。

本章拟根据《庄子》一书中对庄子记载的材料探讨庄子的思想和他的行动之间的关系，揭示《庄子》中的庄子自身证明的一种精神追求和精神体验。在动荡艰危的一生中，《庄子》中的庄子亲自证明他的思想观点和主张即是他生活经历的总结。《庄子》中根据庄子生活的经历不断说明庄子所崇奉、所追求的精神世界，将这种精神追求贯穿到庄子自身的生活和言论中，将其修炼为庄子自己的天性，以自己特殊的经历证明它的价值。庄子把自己的思想言论贯彻到自己的生活中，庄子的思想言论犹如天性一般对于庄子有独特含义。

乱世中的庄子绝非苟且偷生，他以安贫的态度高扬生命的尊严，尊严成为他体证生命的发端；庄子以向死、甘于无用之境的超脱追求生命的欢愉，欢愉为庄子开辟生活的道路；庄子以重"质"、除"自是"的理性体证生命的丰富、公正与平等，践履其对道存于万物的设想。庄子对生命的尊严、欢愉和丰富与平等的体证，源于其对精神独立的追求。精神独立贯穿于庄子的生命始终，渗透于庄子哲学观点内外。①从精神独立出发，《庄子》中的庄子对艰危现实表现出或批判或远离或安顺或超越的多重面向和复杂态度。对精神独立的追求使庄子与艰危现实共表里又改变着现实，与时代的脉搏相呼应并引领开创着时代。

庄子在《庄子》中出现30次，内篇4次，外篇12次，杂篇14次。我们对30则故事进行分类②，第一类是场景性、故事性的庄子形象的出

---

①　张岱年认为，神秘的精神生活是庄子人生之最高境界，张岱年：《中国哲学史大纲》，江苏教育出版社2006年版，第276页。刘笑敢认为庄子哲学的主要特色在于追求精神自由。刘笑敢：《庄子哲学及其演变》，中国人民出版社2010年版，第386页。

②　有关庄子本人出现的30则材料中，《齐物论》梦蝶的主角是庄周，其他均为庄子，《山木》篇中庄子对弟子说自己时也说"周将处于材与不材之间"。《山木》中称庄子为庄子、庄周、夫子。

现,这类材料较多;第二类是语录体式的庄子观点的直接论述,没有场景性伴随和情景人物的激发,如《外物》和《天道》篇中庄子有直接的论说等等;第三类是后学对庄子为人为学的仰慕,如《天下》篇对庄子学术的高度评价,《秋水》中以庄子的视野主旨批判公孙龙对辩的热衷;第四类是庄子作为其他派别代表人物出现的,如《说剑》篇庄子作为寓言式代表人物,似乎距离庄子真实的形象更远①,但有助我们理解庄子广阔的生活阅历和生存背景,揭示了庄子思想的丰富内容和多重来源。

因此,从《庄子》中对庄子记载的材料出发,揭示庄子哲学产生的生活基础,阐释庄子观点取向的背景原因,探知庄子其人的更大魅力,揭示庄子哲学的积极面向和深刻价值,是一个可行而有益的尝试。

二、庄子以安贫的态度体证生命的尊严

乱世中的庄子深陷于生存两难。物质的极度匮乏和入世"昏上乱相"的惨局之间的巨大矛盾,驱迫着庄子向往精神独立。对生命尊严的需求保持着压倒一切的力量,是庄子体证生命的发端,并促使庄子以安贫乐道的态度避世。

穷愁度日中,庄子轻蔑地唾弃寄生于王侯权贵以获取高官显位的生存方式。《列御寇》篇中宋人曹商被设计为"破痈溃痤"和"舐痔"的典型而遭痛批,所治愈下,得车愈多。"子岂治其痔邪?何得车之多也?子行矣!"即使穷愁度日庄子亦不能够。庄子失其"常与""无所处",在向监河侯借贷遭拒后,庄子以鲋鱼自比忿然作色曰:"吾失我常与,我无所处。我得斗升之水然活耳,君乃言此,曾不如早索我于枯鱼之肆!"

<hr/>

① 陈鼓应认为《说剑》篇绝非庄子学派作品,并说一般学者怀疑是纵横家所作。陈鼓应:《庄子今注今译》(下),中华书局2009年版,第805页。刘笑敢考察《说剑》后认为与庄子确实毫无联系,研究庄子或庄子哲学不必考察它。刘笑敢:《庄子哲学及其演变》,中国人民大学出版社2010年版,第94页。但从庄子拒绝太子悝千金聘礼而不受,并以"天子剑""诸侯剑""庶人剑"的三剑说"逆王意思""绝王之喜好"等情节而言,也有庄子之风。故不可将之完全视为虚构。崔大华推断此篇为战国末期策士托庄周之口而作,或庄子后学模拟策士之文。崔大华:《庄学研究》,人民出版社1992年版,第97页。

(《庄子·外物》)《庄子》中有两句佚文，"函牛之鼎沸，蚁不得措一足焉"①。偌大天下，竟容不下庄子一个人。

在"吾失我常与，我无所处"的困境下，庄子为什么不去试试仕途呢？"非遭时"的窘迫困住庄子，"处势不便，未足以逞其能也。今处昏上乱相之间，而欲无惫，奚可得邪？此比干之见剖心征也夫"(《庄子·山木》)。有道则现、无道则隐是晚周士人的明智选择。庄子作为早期道家的重要一员，"正是那些被'是'、'可'等正面价值所抛弃的人。就是说，他们不可能是那些在激荡的社会中能巧妙地生存下来，可以把握财富和权力并得意非凡的人，正相反，是那些到哪里都找不到安身之处的自由士大夫"②。乱世生存对庄子来说异常艰难，无论是政治地位，还是经济利益，庄子都遭到疏远，最终连自己的生死也把握不了。现实对庄子的多重面向，庄子对现实的复杂态度，都源于庄子对生存艰危的体会。

> 人有见宋王者，锡车十乘。以其十乘骄稚庄子。庄子曰："河上有家贫恃纬萧而食者，其子没于渊，得千金之珠。其父谓其子曰：'取石来锻之！夫千金之珠，必在九重之渊而骊龙颔下，子能得珠者，必遭其睡也。使骊龙而寤，子尚奚微之有哉！'今宋国之深，非直九重之渊也；宋王之猛，非直骊龙也；子能得车者，必遭其睡也。使宋王而寤，子为齑粉夫。"(《庄子·列御寇》)

"宋国之深"和"宋王之猛"是庄子艰危生存的象征。庄子表现出异于今人所期待的积极人生取向，亦源于极端困境的逼迫。我们不能质疑庄子"存在的勇气"，亦不能苛求庄子改变现实。庄子的呼声不是对社会担当的逃避，而是对社会摧残个体生命的深度忧患。简单批判庄子流于思辨、抽象的满足，而看不到庄子面临的现实忧患，是非历史、非

---

① 《后汉书》卷八十《边让列传》李贤注引，中华书局 2000 年版，第 1786 页。

② ［日］池田知久：《道家思想的新研究：以〈庄子〉为中心》(上)，王启发、曹峰译，中州古籍出版社 2009 年版，第 129 页。

理性的观点。

庄子参与世界的方式只有精神自救和精神独立。

> 或聘于庄子。庄子应其使曰:"子见夫牺牛乎? 衣以文绣,食以刍菽,及其牵而入于大庙,虽欲为孤犊,其可得乎!"(《庄子·列御寇》)

在一个信仰失落、价值坍塌的时代,贫穷、不幸和挫折击倒同时代许多缺乏内在精神的人。唯有在拥有精神追求的庄子身上,苦难才能进一步激发此种活力,从而带来精神上的收获。庄子宁愿以孤犊身份独自面对他自己的世界,以避世不仕获得精神独立。

庄子渴望全生贵身,安贫乐道。那些贪图利益之人沦陷于物欲横流之中,成为庄子质疑嘲讽的对象。看到螳螂捕蝉异雀在后的场景后,庄子对弟子说:

> 吾守形而忘身,观于浊水而迷于清渊。且吾闻诸夫子曰:"入其俗,从其令。"今吾游于雕陵而忘吾身,异鹊感吾颡,游于栗林而忘真。(《庄子·山木》)

"守形而忘身,观于浊水而迷于清渊",俗人被利益驱赶,跌进欲望的波涛不顾生命尊严。这在庄子看来促人思考,令人不安。

庄子将生命的尊严与清贫的生活、洁净的心灵和精神的高贵紧紧联系在一起。在鹓鶵的自比中,庄子表达了高洁的志向。与惠施溺于世俗权位而不能自拔不同,庄子恪守精神的纯洁方正,设想梧桐、练实、醴泉作为理想的象征:

> 非梧桐不止,非练实不食,非醴泉不饮。(《庄子·秋水》)

166　　庄子宁愿相信鹓鶵的存在,坚信梧桐、练实、醴泉的净化作用,坚守清贫生活的尊严价值。为此，庄子彻底地否定、隔绝世俗世界。

在庄子看来，世俗的逐利生活遁天、离性、灭情、亡神，其"卤莽其性、欲恶之孽"的特征，造成"并溃漏发，不择所出，漂疽疥痈，内热溲膏"的恶果。世俗摧残精神、践踏尊严、腐蚀天性，这为重视治形理心、精神修炼的庄子断然拒绝。

> 庄子闻之曰："今人之治其形，理其心，多有似封人之所谓，遁其天，离其性，灭其情，亡其神，以众为。故卤莽其性者，欲恶之孽，为性萑苇蒹葭，始萌以扶吾形，寻擢吾性；并溃漏发，不择所出，漂疽疥痈，内热溲膏是也。"（《庄子·则阳》）

世俗生活摧残精神，儒家标榜的孝悌仁义也在腐蚀着人之真情本性。庄子强调对儒家亲亲之仁的忘记、对爵位名利的摒弃，是人们进入大道的必需途径。

> 商大宰荡问仁于庄子。……庄子曰："至仁无亲。"大宰曰："荡闻之，无亲则不爱，不爱则不孝。谓至仁不孝，可乎？"
> 庄子曰："不然。夫至仁尚矣。……故曰：以敬孝易，以爱孝难；以爱孝易，以忘亲难；忘亲易，使亲忘我难；使亲忘我易，兼忘天下难；兼忘天下易，使天下兼忘我难。夫德遗尧舜而不为也，利泽施于万世，天下莫知也，岂直太息而言仁孝乎哉！夫孝悌仁义，忠信贞廉，此皆自勉以役其德者也，不足多也。故曰：至贵，国爵并焉；至富，国财并焉；至显，名誉并焉，是以道不渝。"（《庄子·天运》）

无亲、忘天下、忘我这是庄子对仁的真切理解。"孝悌仁义，忠信贞廉"一方面体现行为者具有德性；另一方面，表明行为者尚需要努力即"自勉以役其德者"。庄子看到，努力去做的行为具有强制强迫或勉强之意，无论从哪方面来说，都是禁锢精神、腐蚀本性的工具。只有"我兼忘天下"，"使天下兼忘我"（即《大宗师》中的"相忘于江湖"），超越儒家根

167

深蒂固的孝悌仁义和忠信贞廉,与一切破损本性的国爵、国财、名誉的图谋说教划清界限,才能达致"至仁""至贵""至富""至显"的状态,进入"以道不渝"的境界。

三、庄子向死、甘无用之境以体证生命的欢愉

在世的艰危将人们局促在狭隘的境内之累和人间之劳中。避免陷入这种累和劳,从置身于避仕之中获取快乐,成为庄子体证生命的推进力。在钓于濮水的生活中,庄子不愿"境内累矣"(《庄子·秋水》)。经过现实的重重压迫,"生而曳尾于涂中"的信念能轻而易举地裹挟走各种杂念,引领庄子返向自然。面对它的辉光,一切不同于它的行为都成为被舍弃的所在。朱熹说庄子"他只在僻处自说"①。"僻处"指庄子远离世俗、排除扰攘和息心静志的快乐,这种快乐来源于生活平静而来的心灵安宁。对庄子来说,"境内之累"是最可怕的。

> 庄子之楚,见空髑髅,髐然有形。……夜半,髑髅见梦曰:"子之谈者似辨士。视子所言,皆生人之累也,死则无此矣。子欲闻死之说乎?"庄子曰:"然。"髑髅曰:"死,无君于上,无臣于下;亦无四时之事,徒然以天地为春秋,虽南面王乐,不能过也。"庄子不信,曰:"吾使司命复生子形,为子骨肉肌肤,反子父母、妻子、闾里、知识,子欲之乎?"髑髅深曧蹙頞曰:"吾安能弃南面王乐而复为人间之劳乎!"(《庄子·至乐》)

庄子借髑髅道出了"人间之劳"的悲苦。被"父母、妻子、闾里、知识"包围的生活状态为无尽的忧虑和辛劳——君臣的不对等关系和四时之事所烦扰,这些都是值得吗? 如果生存就是在日益艰辛的道路上追求着与最低等的有机物同样的目的,如果这种生存根本没有带来任

---

① 黎靖德编:《朱子语类》(8册),25卷,中华书局 1994 年版,第 2988 页。

何自由和反思，与其说是进步不如说是倒退，整个人类历史连同其所创造的财富更与庄子的精神自由和精神独立背道而驰，至于那些以仁义君臣面对生命的行为更是一种可悲的迷误。

在解答惠子的疑问中，庄子赋予"无情"以一种积极的思想状态。

> 庄子曰："是非吾所谓情也。吾所谓无情者，言人之不以好恶内伤其身，常因自然而不益生也。"惠子曰："不益生，何以有其身？"庄子曰："道与之貌，天与之形，无以好恶内伤其身。今子外乎子之神，劳乎子之精，倚树而吟，据梧而瞑。天选子之形，子以坚白鸣。"（《庄子·德充符》）

从对境内之累的摆脱到对心灵之累的驱遣，庄子对生命意义的解决建立在"无情"的基础之上。"无情"既是一种自然的积极的思想状态，也是达致这种状态的过程和方法。人们内在的心灵独立于我们的外在生活，不能用我们的外在生活来解释。"不以好恶内伤其身，常因自然而不益生"，人们从内心排除无法度量的外在世界，化"好恶"为"无情"，变"益生"为"自然"，化解内外对立，使自身成为宁静的和谐体。如果人们能完全沉入心灵安宁，不再分担威胁生活的动荡贫困，人们也许能宽心地面对外在世界的变化。庄子此处用一种人自身先天具备的"自然"批驳了时人的纯功利生活。

在《秋水》篇"安知鱼之乐"的辩论中，惠施和庄子形成强烈的反差。惠施更加注重凸显人和外界之对立，而庄子则超越这种对立；惠施尽一切努力将生活集中在唯一的一点，庄子则赋予生活以宽度和广度；惠施将逻辑观念放在首位（"安知鱼之乐"），庄子则倡导一种强有力的创造："我知之濠上也"，以自己之乐体证鱼儿之乐。庄子将自身与宇宙万物连在一起，凭借想象的勇敢腾跃，实现对生活和生命的肯定。有鱼之乐、知鱼之乐，在庄子这里获得了极其辉煌的发展，并作为一股独立的洪流传承下来，在以后的哲学文化中一再得到发展。

庄子这种向往精神独立的避世行为，被时人和好友讥讽为无用。

惠子谓庄子曰："……剖之（大瓠）以为瓢，则瓠落无所容，非不呺然大也，吾为其无用而掊之。"庄子曰："夫子固拙于用大矣。……则夫子犹有蓬之心也夫。"

惠子谓庄子曰："吾有大树，人谓之樗，其大本臃肿而不中绳墨，其小枝卷曲而不中规矩，立之涂，匠者不顾。今子之言，大而无用，众所同去也。"庄子曰："……今子有大树，患其无用，何不树之于无何有之乡，广漠之野，彷徨乎无为其侧，逍遥乎寝卧其下。不夭斤斧，物无害者，无所可用，安所困苦哉！"（《庄子·逍遥游》）

在日常生活中无用的大葫芦和大树，正像高远的精神追求一样在世俗世界中是无法理解的。庄子多次表现对无用的赞赏，批评惠施对巨大和无用妙处的毫无所知。大葫芦和大树作为庄子理想之大、之远、之超越的一个符号标志，赋予庄子身为独特者、独立者、无可匹敌者的欢悦——"不夭斤斧""安所困苦"。这种欢悦渗入生活，使生活得到普遍提升，又让生活得到满足。

惠子谓庄子曰："子言无用。"庄子曰："知无用而始可与言用矣。天地非不广且大也。人之所用容足耳，然则厕足而垫之致黄泉，人尚有用乎？"惠子曰："无用。"庄子曰："然则无用之为用也亦明矣。"（《庄子·外物》）

从现实角度看，人所需要的只是脚下那一小块土地，但挖去小块土地旁边的所有土地，则会使人们寸步难行，甚至毁灭自身。无用支撑着有用，塑造着生活的整体。庄子看到，无用并非是一种惬意的享受。面对世俗的种种琐碎力量，无用先要艰难地赢得独立，并且不断地巩固这种独立。无用具有丰富内涵和深远意义，不仅需要充满生机的新目标，而且还能够调节障碍和阻力。

庄子不仅执著于无用，还坚信有用与无用、材与不材的讨论没有任何实际意义。在《山木》篇庄子很好地解答了弟子如何自处乱世的困惑。

> 庄子笑曰:"周将处乎材与不材之间。材与不材之间,似之而非也,故未免乎累。若夫乘道德而浮游则不然。无誉无訾,一龙一蛇,与时俱化,而无肯专为;一上一下,以和为量,浮游乎万物之祖;物物而不物于物,则胡可得而累邪! 此神农黄帝之法则也。若夫万物之情,人伦之传,则不然。合则离,成则毁;廉则挫,尊则议,有为则亏,贤则谋,不肖则欺,胡可得而必乎哉! 悲夫! 弟子志之,其唯道德之乡乎!"(《庄子·山木》)

表面看庄子似乎劝诫弟子应该在材与不材的评价中转化,其实庄子的真实意图是要求人与时俱化,不肯专为,超越材与不材的现实评价体系。险恶的生存环境中使得个体的材与不材没有什么区别,与其苦心劳力地变换材与不材的被评价的状态,不如主动地跳出这种被评价的危险状态,"乘道德而浮游","物物而不物于物","胡可得而累邪?"缺失精神超越的个体生活会陷入完全虚无的深渊,失去价值和意义。从"乘道德而浮游"的视野分析,庄子认为不仅材不材、有用与无用没有区别,即使生死亦无区别。

《至乐》中庄子在妻子死后鼓盆而歌的故事引发出很多争论。笔者无法考证这则史料的真实性,也不能肯定面对妻子的死亡,庄子是否真的无动于衷。对于这则材料在历史上遭到的误解及纠正,张松辉曾作出分析。张先生认为庄子鼓盆而歌并非放达,而是未能忘情,歌以自遣的表现。[①]庄子对死的思考在哲学上作了过滤。"庄子以审美的态度对待这个世界,所以对这个世界保持肯定的态度,各种事物全都是雄伟景观的一部分:不管它们是自然的持久样式,丰富多彩的物相变幻……还是那些似乎被我们大多数只有少许理解能力的人看成是代表了大自然丑陋而痛苦方面的事物……'道'的创造性有各种不同的呈现,这些表

---

① 张松辉:《论庄子的无情理论和多情性格》,《湖南大学学报》2015年第1期。

现被认为代表了目的自身,没有必要把它们说成是其他目的的工具,以便为它们寻找辩护的理由。"①结合《庄子》其他篇章中有关人物吊唁时背离世俗的言论,庄子对自己死后薄葬的安排,我们可以感受到庄子的生存观和生死观是与其生活实践密切相关的。庄子的行动是对自身思想和观点的体验和体证。

对生命欢愉的体证,使得庄子不仅认为生死一如,甚至感慨生不如死。髑髅那段话与其说是对死之向往,不如说是对生之控诉。死与生各自成体,乐与劳有异,失去欢愉生存不值得留恋,死则是理想化选择。从消极和负面规定生的意义,庄子以死的完美终结现实的非理想性,以独特方式为"此生"提供价值引导。

从此出发,我们似乎可以理解庄子的薄葬。

> 庄子将死,弟子欲厚葬之。庄子曰:"吾以天地为棺椁,以日月为连璧,星辰为珠玑,万物为赍送。吾葬具岂不备邪? 何以加此!"弟子曰:"吾恐乌鸢之食夫子也。"庄子曰:"在上为乌鸢食,在下为蝼蚁食,夺彼与此,何其偏也!"(《庄子·列御寇》)

儒家影响下的中国文化向来注重厚葬久丧,并将其上升到慎终追远的高度。庄子执著薄葬,批判儒家将人封闭在陈规俗框之中,使人陷入到一种狭隘和卑微之中,令人无法到达本性的极深处。于此出发,我们可以理解《庄子》其他篇章弃绝悲泣、超越仁义的吊唁言论。

四、庄子以重"质"、破"自是"的理性
体证生命的丰富与平等

从道遍存于万物、万物一齐平等的观点出发,庄子认为应当超越万

---

① [美]史华兹:《古代中国的思想世界》,程钢译,江苏人民出版社 2004 年版,第322—323页。

物之不同和对立,破除囿于成见之"自是",体证生命的丰富多元和公正平等。百家争鸣的各派彼此都应该给予对方一定的生存空间,追求包容各方的"公是",不能囿于自以为是。从此出发,庄子视孔子和惠施为磨砺自己的"质",并对"质"作出高度评价。

庄子强调道遍存于万物、万物皆受道的覆载之观点。

> 东郭子问于庄子曰:"所谓道,恶乎在?"庄子曰:"无所不在。"东郭子曰:"期而后可。"庄子曰:"在蝼蚁。"曰:"何其下邪?"曰:"在稊稗。"曰:"何其愈下邪?"曰:"在瓦甓。"曰:"何其愈甚邪?"曰:"在屎溺。"东郭子不应。庄子曰:"夫子之问也,固不及质。正获之问于监市履狶也,每下愈况。汝唯莫必,无乎逃物。至道若是,大言亦然。周遍咸三者,异名同实,其指一也。"(《庄子·知北游》)

"周""遍""咸"说的都是道周遍于万物的特性。万物皆受道覆载,庄子提出齐万物的观点,坚持万物平等的地位。庄子临死前与弟子的讨论中说道:

> 庄子曰:"在上为乌鸢食,在下为蝼蚁食,夺彼与此,何其偏也!"以不平平,其平也不平;以不征征,其征也不征。(《庄子·列御寇》)

庄子认为来源于道的万物都是平等的。仅仅平等,庄子以为未足。"是非之心存焉",尚是不平等。必须去是非之心,才是平等。"以不平平,其平也不平;以不征征,其征也不征。"以不平等的方式来平等,这种平等也是不平等,用没有验证的东西来作验证,这种验证也不能算作验证。

万物平等一齐,各有其存世的价值和空间。庄子反对"自是"——任何一种自以为是、不见他物的思想和主张。"自是"在争鸣的百家中几成通病。在讲述完儒者缓和其弟墨辩争后自杀的故事后,庄子说:

　　夫造物者之报人也，不报其人而报其人之天，彼故使彼。夫人以己为有以异于人以贱其亲，齐人之井饮者相捽也。故曰：今之世皆缓也。自是，有德者以不知也，而况有道者乎！古者谓之遁天之刑。圣人安其所安，不安其所不安；众人安其所不安，不安其所安。庄子曰："知道易，勿言难。知而不言，所以之天也；知而言之，所以之人也；古之至人，天而不人。"（《庄子·列御寇》）

　　"自是"，学界多释为自以为是。[①]"自是"意味着自大与自封。庄子看到争鸣的各方自以为是、各执一词造成了人类对世界认识的分裂。儒士郑缓自认为优于别人而轻侮自己的父亲，正如齐人掘井饮水而互相扭打一样，各执一词和自以为是，加剧人们相互理解的困难。百家过于好辩，巧饰文辞，"喜怒相疑，愚知相欺，善否相非，诞信相讥"（《庄子·在宥》）。"相"指出了当时陷入是非争执圈子里的实况。当时参与学术活动的人，无不囿于学派的"自是"，造成封闭的心灵。"暖姝者，学一先生之言，则暖暖姝姝而私自说也，自以为足矣，而未知未始有物也，是以谓暖姝者也。"（《庄子·徐无鬼》）"夫随其成心而师之，谁独且无师乎？奚必知我而心自取者有之？愚者与有焉。"（《庄子·齐物论》）"天下多得一察焉以自好。……天下之人，各为其所欲焉以自为方。悲夫，百家往而不返，必不合矣。后世之学者，不幸不见天地之纯、古人之大体。道术将为天下裂。"（《庄子·天下》）"以自为方""自好"造成学术从整体、统一走向分裂对峙，"自以为足""心自取"，因此遭到《庄子》的多次批评。

　　"遁天之刑"，成玄英疏"自以为是者不知物性自尔，矜为己功者，逃遁天然之理也。既乖造化，故刑戮及之"。宣颖云："如（郑）缓之忿忿，

　　① 俞樾释"自是"二字绝句。以读为已。"若（郑）缓之自美其儒，是自是也。有德者已不知有此。有道者更无论矣。"王叔岷：《庄子校诠》（下），中华书局2013年版，第1260页。陈鼓应释"自是"为自以为是。见《庄子今注今译》，中华书局1983年版，第836页。阮敏崧认为"以读为已。如缓之以己为有，即自是其有德也。凡若此者，人已笑其不智，何况以其有道者自是者乎！"崔大华：《庄子歧解》，中华书局2012年版，第808页。

即其刑也。""天"即自然而然之意，"天之刑"亦即天对人生施加的必然性的决定力量，"遁天之刑"即逃避自然，忘记所受于自然之必然。自以为是的遁天之刑，令人不安，众人却安然于此。知道而不言不辨，是安顺自然拒绝人为的表现。

为了进一步避免辩争各方的"各是其所是"，庄子提出"公是"的说法。

> 庄子曰："射者非前期而中，谓之善射，天下皆羿也，可乎？"惠子曰："可。"庄子曰："天下非有公是也，而各是其所是，天下皆尧也，可乎？"惠子曰："可。"庄子曰："然则儒墨杨秉四，与夫子为五，果孰是邪？"……惠子曰："今乎儒墨杨秉，且方与我以辩，相拂以辞，相镇以声，而未始吾非也，则奚若矣？"庄子曰："齐国人蹢子于宋者，其命闉也不以完，其求钘钟也以束缚，其求唐子也而未始出域，有遗类矣！夫楚人寄而谪闉者，夜半于无人之时而与舟人斗，未始离于岑而足以造于怨也。"（《庄子·徐无鬼》）

当时学界的求知活动，沉溺在诸多成见的争论中。儒墨杨秉惠从各自经验和立场出发，"相拂以辞，相镇以声"，"各是其所是"，造成了对世界认识的分裂。庄子认为一定要有"公是"，才能避免天下皆尧的情况。对于"公是"，陈鼓应释为共同的认可[1]，方勇释为公理。按照他们的解释，庄子似乎不赞成"公是"。有力的证据还表现《齐物论》中的相关表述中，比如"辩无胜"，以及啮缺王倪关于"同是"的辩论。[2]有学者从庄子反对"同是"的角度出发，认为庄子反对"公是"。这种观点是否能够立得住呢？

"公是"严格说不能算一个概念，它在《庄子》中只出现一处。但"公是"这个说法确实能概括庄子超越各派自以为是、"各是其所是"纷乱状态的豁达胸襟。①"公是"即对立的各方共同存在之意，而非公理或共同认可。本文也正是站在批判争鸣的各派"各是其所是""心自取""自以为足"的层面使用"公是"这一概念的。"同是"和"公是"看似结构相似，但各自的语境和上下文不同。在《齐物论》啮缺王倪的争论中，庄子确定认识的相对性，反对建立关于世界的普遍标准。在这种前提下，庄子看到"同是"的不存在。在《徐无鬼》这段文字中，庄子批评当时天下无"公是"——各自为是的状态，批判士人缺乏包容对方的狭隘心态。庄子的真实意图是呼唤天下之"公是"，包容各不相同的对立方。故王叔岷说庄子"实以为有公是"②。庄子强调每一种思想主张的相对性和局限性，其真实目的并非为了说明每种思想的相对性和局限性，而是为了强调超越这种局限性和相对性的必要性。

"公是"表明庄子对争辩的各个派别的超越和包容。缺失"公是"的眼界格局，造成了天下纷乱不已。"公是"不同于公理或共同认可。后者强调同，而前者强调异。"不同同之谓大，行不崖异之谓宽，有万不同之谓富"（《庄子·天地》）。对不同和对抗的包容，使庄子追求建立在超越各派之上的包容性观点——"公是"。对齐人、唐子、楚人和夜半与舟人斗者的批评也使庄子的"公是"跨越了对立和辩论、争斗和仇怨。庄子倡言"公是"，是为对立各方提供共存的空间。从整体看，"公是"使得各对立方的共存空间丰富、和谐和多元；从个体看，"公是"则保障了每一方的公正、公平和平等。

> 且夫知不知是非之竟，而犹欲观于庄子之言，是犹使蚊负山，商蚷驰河也，必不胜任矣。且夫知不知论极妙之言而自適一时之

---

① 《庄子·则阳》："天地者，形之大者；阴阳者，气之大者；道者为之公。"道公正公平地对待每一物，万物皆有存在的必然和必要。这也是我们理解"公是"的前提。

② 王叔岷：《庄子校诠》（下），中华书局 2013 年版，第 940 页。

利者，是非垳井之蛙与？且彼方蹜黄泉而登大皇，无南无北，奭然四解，沦于不测；无东无西，始于玄冥，反于大通。子乃规规然而求之以察，索之以辨，是直用管窥天，用锥指地也，不亦小乎？（《庄子·秋水》）

自执一词的公孙龙坚持"规规然而求之以察，索之以辨"的思维方式，导致"用管窥天，用锥指地"的局限效果，其"曲士不可语于道者，束于教也"（《庄子·秋水》）的特性，根本不能体会庄子"道通为一"的观点，亦不能够"奭然四解""反于大通"。

从超越每派思想认识局限性的追求出发，庄子推崇"质"，强调对立和对手存在的意义。《徐无鬼》中庄子过惠子墓地时，曾发出感叹："自夫子之死也，吾无以为质矣，吾无与言之矣！"如果说"公是"提供了各自相异的思想流派共存的空间，从整体上强调了各种观点俱存的必要性；那么庄子对"质"的推崇揭示相异观点存在的前提：对立方的质疑辩难。一方面庄子在《齐物论》《秋水》篇中认为从道的高度看待世界万物的差别都是相对的；另一方面，庄子在《徐无鬼》中坚持对立的人、物之"质"之意义。中国古代汉语词典释"质"有对质和验证之意。① 如《礼记·曲礼》云"虽质君之前，臣不讳也"。郑玄注"质，犹对也"。质有箭靶之意。《荀子·劝学》"是故质的张而弓矢至焉"，《后汉书·马融传》"流矢雨坠，各指所质"。"质"引申为目标和对象之意。《韩非子·存韩》"均如贵臣之计，则秦必为天下兵质矣"。对质和箭靶作为"质"的两种含义，含有对立对抗之意。《庄子·徐无鬼》这段中，成玄英释"质"为"对"也。王啓释"质"亦对也，犹"质成"之质。"质"即对立面、对手之意。《庄子》中庄子与惠施对话共9处，庄子哲学思想的成就大大得益于惠施的对抗。矛盾对立面的相互依存，学术的进步，思想的推进，是依靠争辩而来的。对立方的反对声越激烈，收效方越增大。在对立的过程中，一方消亡，另一方也停止了。从庄子对儒门的评价我们亦可看出庄子对

---

① 《王力古汉语字典》，中华书局 2000 年版，第 1334 页。

"质"之看重。

> （庄子与鲁哀公争论鲁国儒多儒少的问题）庄子曰："周闻之，儒者冠圜冠者，知天时；履句屦者，知地形；缓佩玦者，事至而断。君子有其道者，未必为其服也；为其服者，未必知其道也。公固以为不然，何不号于国中曰：'无此道而为此服者，其罪死！'"于是哀公号之五日，而鲁国无敢儒服者。独有一丈夫，儒服而立乎公门。公即召而问以国事，千转万变而不穷。庄子曰："以鲁国而儒者一人耳，可谓多乎？"（《庄子·田子方》）

上段中儒服具有正面意义，是庄子心中理想儒士的象征。"知天时""知地形""事至而断"，这是庄子对真儒的评价。尽管屡批儒门和孔子，庄子深知儒家经典的巨大作用，亦敬仰孔门的高风亮节。《庄子》中谈儒和孔门者比比皆是，篇篇都有。孔子出场达 130 次，子路 23 次，子贡 17 次，颜回 15 次，曾参 12 次，冉求 3 次。从中我们既可察觉庄子对现实的关注①，也可看出庄子与儒家的错综关系和复杂态度②。

> 庄子谓惠子曰："孔子行年六十而六十化，始时所是，卒而非之，未知今之所谓是之非五十九非也。"惠子曰："孔子勤志服知也。"庄子曰："孔子谢之矣，而其未之尝言。孔子云：'夫受才乎大本，复灵以生。鸣而当律，言而当法。利义陈乎前，而好恶是非直服人之口而已矣。'使人乃以心服，而不敢蘁立，定天下之定。'已乎，已乎！吾且不得及彼乎。"（《庄子·寓言》）

---

① 王先谦评价庄子："甘曳尾之辱，却为牺之聘，可谓尘埃富贵者也。然而贷粟有请，内交于监河，系履而行，通谒于梁魏，说剑赵王之殿，意犹存乎救世。遭惠施三日大索，其心迹不能见谅于同声之友，况余子乎？吾是以知庄生非果能回避以全其道者也。"《庄子集释》，商务印书馆 1936 年版；上海书店 1987 年 3 月影印本。梁启超也说庄子实具一副救世热肠。见梁启超：《饮冰室合集·专集》之四十，中华书局 1989 年版，第 18 页。

② 杨儒宾：《儒门内的庄子》，《中国哲学与文化》第四辑，广西师范大学出版社 2009 年 1 月版。

"行年六十而六十化"，足以证明孔子从不自认为已经完成目标，他不停地学习、教书，积极参与社会事务，一生都在修正、补充自己的理论。有学者据此提出庄子对孔子的推崇，并认为庄子晚年有悔意。①这样推论有失偏颇。对孔子的推崇不能作为庄子晚年悔意的凭证。庄子对孔子的多重评价不在于年龄增加和阅历增多，而在于孔门思想的多方面影响和诉求，是孔子自身的人格魅力所致。能说庄子年轻时期就对孔子完全没有好评吗？② 如何从对孔子评价中看出庄子不同的经历时期呢？再说同样的评价还出现在蘧伯玉身上，"蘧伯玉行年六十而六十化，未尝不始于是之而卒诎之以非也，未知今之所谓是之非五十九非也"（《庄子·则阳》）。

庄子将"化"与行为的不偏颇联系起来，强调与时俱化，以和为量。在《寓言》中庄子对惠施盛赞孔子"行年六十而六十化"。《山木》中庄子告诫弟子"无誉无訾，一龙一蛇，与时俱化，而无肯专为"。《天地》中有"行不崖异之谓宽"的表述。庄子反对偏激、固执孤异的行为。

> 庄子曰："人有能遊，且得不游乎？人而不能游，且得游乎？夫流遁之志，决绝之行，噫，其非至知厚德之任与！覆坠而不反，火驰而不顾，虽相与为君臣，时也，易世而无以相贱。故曰：至人不留行焉。夫尊古而卑今，学者之流也。且以狶韦氏之流观今之世，夫孰能不波，唯至人乃能游于世而不僻，顺人而不失己。彼教不学，承意不彼。"（《庄子·外物》）

何时能游，何时不能游，这是至人将自己的生活建立在思考基础之上决定的产物，体现了灵活游刃的处事方法。与此相反的两种教条主

---

① 林岗：《庄子晚年悔意》，《中山大学学报》2007 年第 1 期。
② 《庄子·齐物论》："六合之外，圣人存而不论；六合之内，圣人论而不议，《春秋》经世先王之志，圣人议而不辩。"杨伯峻认为："只有庄子懂得孔子……庄子所说的圣人无疑是孔子，由下文《春秋》经世先王之志，圣人议而不辩，可以肯定。"杨伯峻：《论语译注》，中华书局 1982 年版，第 9 页。

义行为——"流遁之志"和"决绝之行",其"覆坠而不反,火驰而不顾"的特点,表现为执著"相相与君臣"的一时之争,或者迂阔的尊古卑今之声。二者均违背了至人"游于世而不僻,顺人而不失己"的真义。

庄子超越现实万物各派的对抗交锋,以重"质"、破"自是"和求"公是"的要求亲证生命的丰富、公正与平等,践履其对道存于万物的设想和追求。

五、结　语

庄子在《庄子》中现身 30 次。本文借助庄子对艰危现实或批判、或远离、或安顺、或超越的多重面向和复杂态度,迫近庄子体悟生命的态度和追求。乱世中的庄子以安贫的态度高扬生命的尊严,尊严成为他体证生命的发端;庄子以向死、甘于无用之境的超脱追求生命的欢愉,欢愉为庄子开辟了生活道路;庄子以重"质"、除"自是"的理性体证生命的丰富、公正与平等,践履其对道存于万物的设想。检视庄子在《庄子》中的现身,探讨庄子对自身哲学观点的践履,澄清生命对庄子而言的独特的精神含义,阐明庄子历经乱世、展衍成风的精神境界,不仅是对《庄子》中庄子其人形象的描述,更是对庄子精神记录的揭示。

第七章　试论老子之"善"

一、问题的提出

在《老子》文本中，"善"出现于 18 个章节，共 52 处①，涉及五分之一的篇目。"善"如此高频率出现，让人想到它是理解老子思想的重要途径。但学界并未将"善"作为《老子》文本的重要概念来解释。"善"在《老子》文本中有何意义？老子和先秦其他文献的价值判断之区别在哪里？老子对"善"的直接界定是什么呢？隐含的意义是什么？学界对此没有分析。王志宏曾撰文讨论老子"善"，认为"善"主要修饰动词，作善于讲，并认为"学界普遍地从伦理学角度解释老子之善妨害了对老子的认识"②。该文价值在于较详细地论述老子之"善"，使人思考"善"在《老子》文本的重要性，但随之产生的问题尚待解决：除了"善于"之外，老子"善"是否还有更重要、更恰切的解读？老子提出"善"的主旨究竟在于"善"一词的本身，还是"善于"背后的对象内容？学界普遍从伦理学的角度解读"善"怎么妨害了对老子的认识？对这些问题王文则语焉不详。王顺撰文提出，老子"善"是指向道的，具有终极目标的追求。③

---

① 其中通行本 15 章、20 章、30 章、41 章、50 章、58 章、65 章、66 章各 1 处、54 章、79 章、81 章各 2 处，2 章 3 处，62 章 3 处，73 章 3 处，68 章 4 处，49 章 5 处，8 章 9 处，27 章 11 处。
② 王志宏：《也论老子的善》，《南昌大学学报》(人文社会科学版)2002 年第 1 期。
③ 王顺：《老子之"善"考辨》，《广西社会主义学院学报》2012 年第 4 期。

指出善的终极追求是该文的意义所在,但老子"善"与"道"究竟有什么关联呢? 每处"善"究竟意指如何? 不同的含义有何关联? 这些问题没有在王顺文章中解决。因此,对老子"善"论仍有发掘解析的必要。老子之"善"与其他文献之"善"的区别在哪? "善"在《老子》文本中能否作为一个哲学概念? "善"究竟有哪些确切的含义? 这些含义的关联如何? "善"与"道""德""自然""无为"等概念有什么关系? 循着这些思路,笔者试图论述老子"善"的含义。

二、先秦其他文献中"善"的含义

"善"在先秦时期其他文献中比较常见,具有伦理价值判断意味。

(一)"善"作形容词

"善"作形容词讲时,具有以下含义。第一,伦理层面好的意思。《论语·八佾》:"子谓《韶》尽美矣,又尽善也;谓《武》尽美矣,未尽善也。"第二,由好引申为善良、和善之意。《管子·心术下》:"善气迎人,亲如弟兄;恶气迎人,害于戈兵。""善气"有和善、良善、温良之意,在与人交往时体现的是对他人由内而外的尊重和关照。

(二)"善"作动词

"善"作动词讲时,具有以下含义。第一,认为好之意。《左传·襄公三十一年》:"其所善者,吾则行之;其所恶者,吾则改之。"第二,动词友好、亲善之意。《左传·隐公六年》:"亲仁善邻,国之宝也。"第三,做好,处理好。《论语·卫灵公》:"工欲善其事,必先利其器。"第四,珍惜,爱惜。《荀子·强国》:"故善日者王,善时者霸。"杨倞注:"善,谓爱惜不怠弃也。"第五,多次、频繁、经常、好(四声,音号)。《左传·襄公二十八年》:"庆氏之马善惊,士皆释甲束马。"孔颖达疏:"善惊,谓数惊也。"①

(三)"善"作副词

"善"作副词讲时,具有以下含义。第一,善于、擅长的意思,修饰动词。《礼记·学记》:"善歌者使人继其声,善教者使人继其志。"第二,副词,妥当地、好好地。《论语·雍也》:"闵子骞曰:'善为我辞焉!如有复我者,则吾必在汶上矣。'"

从以上材料可知,"善"作形容词讲时,具有伦理上的好的意思;"善"作动词讲时,具有善待、处理好、珍惜、好(音号)之意;"善"可作副词讲时,有善于、妥善地之意。"善"分别具有好、认为好和做得好的意思,能直接或间接地表达主体价值判断和追求,具有伦理价值意味。但这些"善"的内容较为庞杂,具体什么是伦理层面的好,善于做什么,并无明确指陈和专门归类。老子之"善"亦是这种情况吗?

三、"善"在《老子》文本中的含义

"善"在《老子》文本中具有以下含义。

(一)"善"作形容词:好的

"善"具有伦理层面的好的意思,本为形容词,如第 49 章的"德善",第 81 章"辩者不善";在表达伦理层面的好的意思时,"善"亦可单独作名词,如第 2 章"(天下)皆知善之为善,斯不善矣"(第一处和第二处"善")。第 8 章"上善若水"。第 20 章"善之与恶,相去若何?"第 49 章"德善",第 58 章"正复为奇,善复为妖",第 79 章"安可以为善";"善"亦

---

① 左丘明传,杜预注,孔颖达正义,浦卫忠、龚抗云等整理,杨向奎审定:《春秋左传正义》,李学勤主编:《十三经注疏》本,北京大学出版社 2000 年版,第 1241—1242 页。

与"者"连用构成名词"善者",如第 30 章"善者果而已矣"。第 49 章"善者,吾善之,不善者,吾亦善之,德善"。

以上材料中,作名词讲的有第 2 章中的第一处和第二处"善",第 20 章中的"善",第 30 章中的"善者",第 49 章中的"善者""不善者"和"德善"中的"善",第 58 章的"善",第 79 章的"善",第 81 章"善者不辩"中的"善者"。它们或直接界定"善"之内涵,如第 8 章的"上善若水",第 30 章的"善者果而已",第 49 章的"德善",第 81 章的"善者不辩";或间接表达"善"之内容,如第 20 章"善之与恶,相去若何?"第 58 章"正复为奇,善复为妖"。通过下文分析可知名词"善"("善者")和形容词"善"聚焦于利物不争、果而不强、不辩等行为。它们最直接体现了老子的价值观,是"善"可作为《老子》文本概念的重要例证。

(二)"善"作形容词:工巧、高妙、高明

"善"具有形容词工巧高明之意,修饰后面的名词。如第 27 章的"善行无辙迹。善言无瑕谪。善数不用筹策。善闭无关键而不可开,善结无绳约而不可解"。第 54 章"善建者不拔,善抱者不脱"。第 65 章"古之善为道者,非以明民,将以愚之"。第 68 章"善为士者不武,善战者不怒,善胜敌者不与,善用人者为之下"①。以上"善"意为工巧高明,修饰后面名词如行、言、闭、关、为道者、为士者、战者、胜敌者、用人者等。通过分析可知这些名词如行、言等被称为高明的原因在于它们能超越辙迹制度,为道者之高明在于他们与民不争,进而使民不争。

(三)"善"作形容词:幽玄神秘

从工巧、高明引申出来,"善"具有幽玄之意,修饰天道和体道者,隐含其幽玄神秘之境界。如第 15 章"古之善为士者,微妙玄通,深不可

　　① 　学界一般对此类"善"解释为善于和擅长之意,笔者认为不妥。详见下文分析。

识"。第 50 章"盖闻善摄生者,陆行不遇兕虎,入军不被甲兵"。第 73
章"天之道,不争而善胜,不言而善应,不召而自来,绰然而善谋"。天道
幽玄在于疏而不漏,体道者幽玄在于不与万物对峙。

(四)"善"作动词:以之为善、以之为好

"善"可作动词,属于意动用法,以之为善、以之为好的意思。第 49
章"善者吾善之,不善者吾亦善之"。吾不仅以"善者"为善(好),同时也
以"不善者"为善。即对人、物不作价值等第的区分,摒弃了世俗的伦理
价值。

(五)"善"作动词:推崇、追求

"善"作动词讲,具有推崇、追求的意思。如第 8 章"居善地,心善
渊,与善仁,言善信,正善治,事善能,动善时"。7 处"善"均有动词推
崇、崇尚之意,体现出老子价值观。

(六)"善"作副词:善于

"善"作副词讲,具有善于、擅长之意,修饰动词。如第 8 章"水善利
万物而不争"。第 27 章"是以圣人常善救人,故无弃人;常善救物,故无
弃物,是谓袭明"。第 41 章"夫唯道善贷且成"。第 66 章"江海所以能
为百谷王者,以其善下之,故能为百谷王"。善于、擅长和工巧高明意思
近似,但有区别。前者是副词修饰动词,后者是形容词修饰名词。

老子之"善"和先秦其他文献之"善"都有伦理层面的好的意思;亦
都有以之为善、看重之意,并且都有善于之意。区别在于二者价值取向
不同,老子所认为的好与先秦其他文献所认为的好不同;老子的"善"所
针对的对象与其他文献不同;先秦其他文献的"善"不具有工巧高明和
幽玄神秘之意。老子"善"的价值取向不同于其他文献之"善"。我们在

185

分析这个问题之前,还有个更紧迫的问题需要解决,"善"在《老子》文本中是否是一个哲学概念?

四、老子之"善"是一个可以分析的概念

刘笑敢先生曾经对词或词组作为哲学概念的问题提出如下标准。第一,具有普遍意义。第二,具有固定的语言形式。第三,具有名词的属性。第四,被用作判断的主词和宾词。①刘先生强调,一个概念能否作为判断的主词或宾词,是该概念作为哲学概念来使用的重要标准。由于学界对哲学概念的标准问题还没有专门讨论,我们暂时依据上述四个标准来考察老子的"善"是否具备哲学概念的意义。"善"是单音词,无需强调其固定的语言形式。只需看"善"是否符合另外三个条件即可。

(一)"善"可以作为判断的主词和宾词

在文本中,"善"作为名词,可以用作判断的主词和宾词。先看下面的例子:

> 上善若水。(《老子·8章》)
>
> 唯之与阿,相去几何? 善之与恶,相去若何? 人之所畏,不可不畏。(《老子·20章》)
>
> 善者果而已矣。(《老子·20章》王弼本"善有果而已")
>
> 善者,吾善之;不善者,吾亦善之,德善。(《老子·49章》)
>
> 正复为奇,善复为妖。人之迷,其日固久。(《老子·58章》)
>
> 和大怨,必有余怨,安可以为善? 是以圣人执左契,而不责于

---

① 刘笑敢:《庄子哲学及其演变》(修订本),中国人民大学出版社2010年版,第138页。

人。(《老子·79章》)

善者不辩,辩者不善。(《老子·81章》)

在以上7个章节中,具有伦理层面好之意的材料有第8章、20章、30章、49章、58章、79章、81章。在第8章、30章、49章、81章中老子对"善"进行了明确界定和直接判断。第8章老子将"善"界定为像水一样利物不争之属性,第30章将"善者"界定为以道佐人主者对敌对方的"果而已",第49章将"善"界定为不分疏善者和不善者之"德",第81章将"善者"界定为"不辨"。我们只要将"果而已""不辨"解释清楚,结合利物不争和不分疏善者与不善者之观点,就能聚焦老子"善"之根本观点,论证"善"可用作价值判断的名词。至于在第20章、58章、79章中,老子指出什么是伦理层面的不好,也间接论证了何为善的问题。

第8章中"上善"是主语,"若水"是谓语。"善"指的是像水一样的利物不争的属性,这种属性接近于"道"。"上善"具有价值判断意味,林希逸认为上善为至善,吴澄认为上善为第一等级之善。①上善"几于道",老子把作为宇宙本体的道看作"善"的最高原则和基本根源,为"善"寻得形而上的价值基础。

第30章将"果而已"界定为"善者"。"善者"体现以道佐人主者对敌对方果而不强、不骄、不恃的行事方法。王弼注:"果,犹济也。言善用师者,趣以济难而已矣,不以兵力取强于天下也。"②体现了以道佐人主者不穷追敌对方的治理原则。

第49章"德善"中的"善"作为判断的宾语,是对吾之"德"价值评定。老子将"吾"善待善者、亦善待不善者这种"德"定为"善","善"指的是圣人不分疏万物民众之德。结合第62章"人之不善,何弃之有",第27章"是以圣人常善救人,故无弃人;常善救物,故无弃物"的理解,被

① 林希逸:《老子鬳斋口义》,华东师范大学出版社2010年版,第10页。吴澄:《道德真经吴澄注》,黄曙光点校,华东师范大学出版社2010年版,第10页。另外蒋锡昌认为上善有圣人的意思,蒋锡昌:《老子校诂》,成都古籍出版社1988年版,第45页。
② 楼宇烈:《老子道德经注》,中华书局2011年版,第80页。

判定为善的"德"即是以"不善"为善,不弃"不善"之德。老子认为对万物不加分疏的德性才具备伦理层面的好。

第81章将"善者"界定为"不辩"。"辩"有三层含义:言;别;名。首先"辩"具有言之意。河上公注:"辩者,谓巧言也。不善者,舌致患也。……辩口多言,亡其身。"①李荣认为"大辩若讷,无劳词费,善者不辩也。偏词过当,多言数穷,辩者不善也"②。陈景元注"善于心者贵能行,不辩者本其素朴。辩于口者贵能说,不善者滞于是非"③。辩字面含义为巧辩、辩争。其次,"辩"具有分疏分别的意思。如成疏:"辩,别也。善体至道之人,指马天地,故无可分别也。儒墨是非,坚执分别者,良由未证善道故也。"④再次,"辩"具有依形名而治之意。严遵注"不善之人,分道别德,散朴浇醇,变化文辞,依义讬仁,……辩也。……(圣人)去辩去知,去文去言。……辞巧让福,归于无名,为而不恃,与道俱行"⑤。"辩"牵涉春秋时期激烈的名实论争。老子既与孔子的正名对立,也反对邓析在辩说上的名言是非。⑥名辩造成僵化的社会秩序,导致君民、民众之间的失信相争。老子提出超越形名制度。此即"善者不辩"。

以上四章老子直接对"善"进行价值界定和明确判断。老子认为伦理层面的好指的是具备像水一样利物不争的属性,具体表现为圣人对万物民众的不加分疏,"果而已"地对待敌对方及超越形名。具备像水一样利物不争的属性既使老子的"善"具有普遍性,又具有独特性。善"几于道",道是老子"善"的最高准则和基本根源,是老子"善"的形而上的价值基础。这是老子"善"可以用判断的主词和宾词的最直接最充分的证据。

---

① 王卡:《老子道德经河上公章句》,中华书局1993年版,第307页。
② 蒙文通:《道书辑校十种》,巴蜀书社2001年版,第666页。
③ 蒙文通:《道书辑校十种》,巴蜀书社2001年版,第875页。
④ 蒙文通:《道书辑校十种》,巴蜀书社2001年版,第534页。
⑤ 王德有:《老子指归译注》,商务印书馆2004年版,第359—361页。
⑥ 汪奠基:《老子朴素辩证的逻辑思想:无名论》,湖北人民出版社1958年版,第20页。

（二）"善"具有普遍性意义

在以上章节中，老子还明确指出何为"恶""妖"等不善的问题，对"善"进行反向论证。

第20章"善之与恶，相去若何？人之所畏，不可不畏"。有学者认为本章善恶相去无几①，息斋和释德清持相反观点②，认为善恶不同。笔者认为本章善与"人之所畏"之"畏"相关，"人之所畏"之"畏"即指治理者的不施政令，与"希言自然""善者不辩""其政闷闷"相通。

第58章王弼注"正复为奇，善复为妖"为"以正治国，则便复以奇用兵矣。……立善以和万物，则便复有妖之患也"③。王弼认为"其政察察"是世俗认为的"善"，但这种善却产生了"其民缺缺"即民众相争的后果。可谓正变为奇，善变为妖。老子之"善"是伴随"其政闷闷"产生的"其民淳淳"，是治理者的不施政令所带来的民众无争。

第79章"和大怨，必有余怨，安可以为善？"指出结怨为不善，论证"善"是不结怨，而非产生大怨后再去和解。无怨之主体包括君民，也指民众。"不善"是君民之间和民众之间的相争。

第2章明确指出"不善"是"（天下）皆知善之为善"。对此有三种解释，除了美与恶、善与不善的对立和共生关系外，还有另外一层含义，大家皆以一种善的形式为善，这种风气恰恰是不善。④本章"不善"指的是天下民众趋名奔利，"善"隐含的则是民众不争和世风淳朴。

以上间接论证了何为"善"（伦理层面的好的）问题。"善"是天下民众不争；"善"是"人之所畏"之畏；"善"是"其政闷闷"带来的"其民淳

---

① 王卡：《老子道德经河上公章句》，中华书局1993年版，第79页。楼宇烈：《老子道德经注》，中华书局2011年版，第52页。蒋锡昌：《老子校诂》，成都古籍出版社1988年版，第124页。

② 焦竑：《老子翼》，黄曙光点校，华东师范大学出版社2011年版，第51—52页。释德清：《道德经解》，黄曙光点校，华东师范大学出版社2009年版，第61—62页。

③ 楼宇烈：《老子道德经注》，中华书局2011年版，第156页。

④ 刘笑敢：《老子古今：五种对勘与析评引论》（修订版）上卷，中国社会科学出版社2006年版，第140页。

淳";"善"是君民和民众之间无怨无争。这四章"善"仍指向君民不争和民众不争。

以上章节也谈到了避免"善"转化为"恶"的方法:第2章"圣人处无为之事,行不言之教"。第20章"人之所畏,不可不畏"。第58章"圣人方而不割,廉而不刿,直而不肆,光而不耀"。圣人的无为不言、恰切有分寸的行为和人之所畏之畏是这三章"善"所讨论的内容。

第27章、49章、62章、79章中"善人"("善者")的含义,详见下文解析。

通过以上分析可知,虽然老子之"善"和其他文献"善"都具有价值判断意义,但价值取向不同。老子伦理层面的好指的是接近于道的、像水一样的利物不争的特性,具体表现为"不辩"(不施政令),圣人对万物的不加分疏,治理者对敌对方"果而已"。含有以下内容:人之所畏之畏、治理者为政闷闷和其民淳淳。接近于道、像水一样利物不争的属性不仅使老子之"善"具有普遍性,而且具有独特性。因此,"善"可用作判断的主词和宾词,直接体现老子的价值观。

"善"符合刘先生所提出的有关哲学概念的标准。我们可以尝试将"善"视为《老子》文本的概念进行论证。"善""几于道","善"在老子价值谱系中占据非常重要的地位。

有问,"善"在《老子》文本中作名词的例子少,是否还能找到一些旁证呢?答曰,我们可以借助形容词"善"之工巧高明、动词"善"之以之为善和推崇及副词"善"之善于的意涵来丰富名词"善"。通过下文分析可知,这些作为形容词、动词和副词的"善"与名词"善"的内涵一致,都聚焦于利物不争、对万物不予分疏、超越形名等行为。它们为名词"善"增添了丰富内容,深化了价值意味。利物不争、不分疏万物、超越形名等行为不仅在伦理层面是好的,亦具有工巧高明的特征,体现了主体神秘幽玄之意味。作为难以企及的境界,获得了老子多重颂赞和长久追求。

五、老子"善"的丰富意涵

学者将《老子》文本中不少"善"解释为副词善于、擅长,修饰动词如言、行、战、应、谋、为等等。①这种解释不能说不对,但不够精准。究竟哪些"善"具有善于的意思,那些不能作善于讲的"善"具有什么含义。这些问题都需要仔细分析。

老子中作"善于"讲的有第 8 章"水善利万物而不争"。水善于利物而不争。②第 27 章"圣人常善救人,故无弃人。常善救物,故无弃物"。圣人善于救人救物的表现是无弃人无弃物,不对万物作价值等第的分疏。第 41 章"夫唯道善贷且成"。道对万物善贷且成的表现即生而不有和为而不恃。第 66 章"江海所以能为百谷王者,以其善下之,故能为百谷王。……以其不争,故天下莫能与之争"。老子"善于"的对象指向对万物的利而不争。先秦文献中"善"作善于、擅长解释的很多,但这些"善"后面所跟的动词皆为一般性动词,泛指各种行为,并不特指某一方面的行为。③与老子将利物不争视为善于之对象不同。

在《老子》文本中误作"善于"讲的材料中,"善"可作形容词,具有工巧高明之意和幽玄神秘的含义;同时也可作动词讲,具有追求、推崇的意思。现详细解之。

(一)"善"具有工巧、高明之意

善行无辙迹。善言无瑕谪。善数不用筹策。善闭无关楗而不可开。善结无绳约而不可解。(《老子·27 章》)

---

① 这种解释在学界较为普遍。如陈鼓应:《老子注译及评介》,中华书局 2009 年版。许抗生:《帛书老子注译与研究》,浙江人民出版社 1985 年版。还有本文开头提及的王志宏和王顺的文章。

② 蒋锡昌释此善为"好"(音号)之意,似乎不妥。蒋锡昌:《老子校诂》,成都古籍出版社 1988 年版,第 45 页。蒋把"利万物而不争"看作一个整体的名词结构,当作宾语,这是出于现代汉语的语法分析,古代并未见此语法现象。而且老子其他篇章中也没有类似的用法。

③ 《礼记·学记》:"善歌者使人继其声,善教者使人继其志。"《孙子·军争》:"善用兵者,避其锐气,击其惰归。"《论语·公冶长》:"晏平仲善与人交,久而敬之。"《孟子·离娄上》:"吾闻西伯善养老者。"《荀子·仲尼》:"故善用之,则百里之国足以独立矣;不善用之,则楚六千里而为仇人役。"《庄子·天下篇》:"(惠施)散于万物而不厌,卒以善辩为名。"

"善行""善言""善数""善闭""善结"之善为形容词,意为工巧、高明。①河上公将 27 章题目定为"巧用",突出善的工巧、高超和巧妙之意。②老子最早赋予"善"工巧、高明的含义,这种用法亦出现在《淮南子·说林》和《论衡·逢遇》中。筹策、关楗、绳约作为工具的象征,在铺出规则的同时,带来各种局限约束。老子强调超越形名,对此进行无的处理。不可开,不可解和无瑕谪是超越形名的好的效果,它们证明了超越形名的工巧高明。李贽的解释更具体,"自谓有法可以救人,是弃人也。圣人无救,是以善救"③。

> 善者果而已,不敢以取强。果而勿矜,果而勿伐,果而勿骄,果而不得已,果而勿强。(《老子·30 章》)

除王弼注"善有果而已",其他版本则都是"善者果而已"。王弼注"言善用师者,趣以济难而已矣,不以兵力取强于天下也"④。高明的用兵者用兵是济难,并不逞强特能,其分寸仍属于利物不争的范围。这里"物"之范围扩大到敌对方,是以道佐人主者对敌对方的不争。其济难之行为比穷追敌寇的行为显得高明,因此亦具有伦理价值判断意味。

> 善建者不拔,善抱者不脱,子孙以祭祀不辍。(《老子·54 章》)

高明的建树者和抱持者懂得运用高明的方法和高妙的途径,使行为的对象不愿意拔除和脱离,其行为具有对象性特点而非主体性特点。朱谦之将"善建者不拔"释为"建之无形也"⑤。如何建之无形呢?严遵注"故,以己知立,则知夺之;以己巧立,则巧伐之;以己力主,则力威之;

---

① 徐中舒:《汉语大字典》第二卷,四川辞书出版社 2010 年版,第 660 页。
② 王卡:《老子道德经河上公章句》,中华书局 1993 年版,第 108 页。
③ 魏源:《老子本义》,中华书局 1955 年版,第 29 页。
④ 楼宇烈:《老子道德经注》,中华书局 2011 年版,第 80 页。

⑤ 朱谦之:《老子校释》,中华书局 1984 年版,第 215 页。

唯无所为,莫能败之。……是以,圣人去力、去巧、去知、去贤;建道抱德,摄精畜神,……传嗣子孙"①。去力、去巧、去知、去贤即是建之无形的关键,是超越形名的关键。

> 古之善为道者,非以明民,将以愚之。民之难治,以其智多。故以智治国,国之贼,不以智治国,国之福。(《老子·65章》)

"善为道者"即高明的为道者。河上公注"说古之善以道治身及治国者,不以道教民明智巧诈也,将以道德教民,使质朴不诈伪"②。王弼注"民之难治,以其多智也。……而以智术动民,邪心既动,复以巧术防民之伪,民知其术,(随防)而避之。思惟密巧,奸伪益滋,故曰'以智治国,国之贼'也"③。愚在于"其政闷闷"产生的"其民淳淳",在于与民无争而来的使民无争。

> 善为士者不武,善战者不怒,善胜敌者不与,善用人者为之下。是谓不争之德,是谓用人之力,是谓配天,古之极也。(《老子·68章》)

为士者等被称为高明在于不争之德,具体表现是不武、不怒、不与和为之下,这仍是从行为对象的感受而论。朱谦之"案《尔雅·释诂》'极,至也'。……成疏'配,合也'"④。那些为士不武、为战不怒、胜敌不与、用人为之下的人具有不争之德,可以合天。工巧高明的行为可谓至善,形容词"善"和名词"善"的含义在此对接。

以上材料的"善"具有工巧高明之意,修饰后面的名词如言、行、数、闭、关和战者、为道者等等。其具体表现为超越形名、对待敌对方果而

---

① 王德有:《老子指归译注》,巴蜀书社1992年版,第151页。
② 王卡:《老子道德经河上公章句》,中华书局1993年版,第254页。
③ 楼宇烈:《老子道德经注》,中华书局2011年版,第173页。
④ 朱谦之:《老子校释》,中华书局1984年版,第276页。

不强、不争、治民求愚而非明,体现了治理者不与民争、不使民争的行为原则。从行为的对象性特点论述工巧高明最能体现老子"善"理论的独特性。

(二)"善"隐含着幽玄神秘的境界

《老子》文本中某些"善"隐含主语玄远幽深,神秘神奇的境界。如

> 古之善为士者,微妙玄通,深不可识。夫唯不可识,故强为之容:豫兮若冬涉川。犹兮若畏四邻。俨兮其若客。涣兮若冰之将释。敦兮其若朴。旷兮其若谷。混兮其若浊。(《老子·15章》)

何为"善"? 概言之微妙玄通,深不可识。《老子想尔注校证》说"玄,天也;古之仙士,能守信微妙,与天相通,人行道奉诚,微气归之,为气测之深也,故不可识也。"微妙玄通,即与天相通。① 范应元说"善为士者,谓善能体道之人也。惟其善能体道,故其心微妙而与物冥通,渊深而不可测也"②。"善为士者"具有通达天、地、神、人的神秘神奇,故而深不可识。

> 盖闻善摄生者,陆行不遇兕虎,入军不被甲兵。兕无所投其角,虎无所措其爪,兵无所容其刃。夫何故? 以其无死地。(《老子·50章》)

《韩非子·解老》描述了本章"善摄生者"可用理性说明的神秘境界:"圣人之游世也,无害人之心;无害人之心,则必无人害;无人害,则不备人。故曰:'陆行不遇兕、虎',入山不恃备以救害,故曰:'入军不被

---

① 饶宗颐:《老子想尔注校证》,上海古籍出版社出版1991年版,第18页。

② 范应元:《老子道德经古本集注》,黄曙光点校,华东师范大学出版社2010年版,第24页。

甲兵'。远诸害,故曰:'兕无所投其角,虎无所措其爪,兵无所容其刃。'不设备而必无害,天地之道理也。"①以其无害人之因故而无人害之果说明善摄生者的神秘。王弼将善摄生者比于赤子,"善摄生者,无以生为生,故无死地也。……斯诚不以欲累其身者也,何死地之有乎!……赤子之可则而贵,信矣"。王弼注 55 章"含德之厚,比于赤子","赤子,无求无欲,……不犯于物,故无物以损其全也"②。善摄生者像婴儿一样无欲无求,处于无犯于物故无物损其全的状态。善摄生者自认不会受到伤害,无需防备别人,故而真的不会受到伤害。"无人害"为其神秘之原因。

> 勇于敢则杀,勇于不敢则活。此两者,或利或害。天之所恶,孰知其故?是以圣人犹难之。天之道,不争而善胜,不言而善应,不召而自来,繟然而善谋。天网恢恢,疏而不漏。(《老子·73 章》)

与世俗昭昭察察的行为不同,天道并非简单体现刑诛之应然,而是以其幽玄神秘预示着人君的无为而治。魏源案"……然天意深远矣,孰知其果为天所恶之人乎。是以虽奉天讨之圣人,而于刑诛之际,犹兢兢然不敢轻易之。何者?盖天之生万物,犹父母之生众子,生之而不欲杀之者,其本心。及其自趋于死,虽欲宥之而不可得,则亦倾者覆之。此所以恢恢疏阔而自无漏网之人也。……所谓刑一人而天下惩,诛四罪而天下服。盖我不敢者,人亦不敢之也。苟其不然,天以恢恢之网,而吾以察察之网乘之;法网愈密,挂网愈众,而人之不畏死者愈甚,何则?我敢者人亦敢之也。奉天者听命,而代天者专权。敢与不敢,或利或害,可不慎乎?"③天道之幽玄在于疏而不漏。人道亦应该勇于不敢,"为政闷闷",如此才可"其民淳淳"。

通过以上分析可知,形容词"善"作工巧高明讲时,修饰名词如言、

---

① 张觉:《韩非子校疏》(上),上海古籍出版社 2010 年版,第 398 页。
② 楼宇烈:《老子道德经注》,中华书局 1993 年版,第 139、149 页。
③ 魏源:《老子本义》,黄曙辉注解,华东师范大学出版社 2010 年版,第 87 页。

行等行为。这些行为具有对象性特点,显得工巧高明。"善"作幽玄神秘讲时修饰天道和体道者,指出天道利物不争、疏而不漏的特性,体道者不与万物对峙的状态。

(三)"善"具有推崇、追求的意思

> 居善地,心善渊,与善仁,言善信,正善治,事善能,动善时。夫唯不争,故无尤。(《老子·8 章》)

"居善地"等 7 处善本为形容词,这里作动词讲,意为推崇、追求。居住看重"地"(奚侗曰:《荀子·礼论篇》"地者下之极也",《荀子·儒效篇》"至下谓之地"①"善地"与第 66 章"善下"意思相同),老子看重所处居住环境的合乎自然的氛围;在心灵修养方面推崇渊默包容、宏阔豁达的心胸;对待持有异议者以仁(老子所理解的"仁"内在含义是合乎自然原则)为交往原则;在推行政令制度方面推崇信用信任,以信与诚体现了真实性原则;正与政相通,为政需要良好的治理即治民,在这方面老子推崇和谐;做事求处无为,一任民众自作自息②,无为而治是老子眼中的"善治";"事善能"之"能"涉及人之不同的能力,做事情需要各自发挥所长;"动善时"之"时"指的是时间条件,意味做事要善于把握时机。7 处"善"的主语是圣人,其为政治民,超越形名利而不争,不与民争亦不使民争。

上述所列是对老子"善"的误解,通过分析可知,这些善并非如一般理解的那样作修饰动词的副词善于讲,而是有各种具体的含义。

另外,老子"善"具有以之为善的意思,属于意动用法。如

> 善者,吾善之;不善者,吾亦善之,德善。信者,吾信之;不信

---

① 蒋锡昌:《老子校诂》,成都古籍出版社 1988 年版,第 46 页。
② 蒋锡昌:《老子校诂》,成都古籍出版社 1988 年版,第 48—49 页。

者,吾亦信之,德信。(《老子·49章》)

"吾善之"和"吾亦善之"中的"善"作动词讲,属于意动用法,有以之为善的意思。圣人不仅认为善者善,而且还认为不善者善,亦即对善者不善者不加区分,平等对待善者和不善者。结合第5章"天地不仁""圣人不仁",意即天地圣人不对万物民众作价值等第的划分,不对所谓的善者和信者宠溺庇护,也不对所谓的不善者和不信者排斥打击。本章"善"是老子对于万物的基本态度①,即平等对待万物的态度。

《老子》文本中出现了善者和不善者,除第49章外,还有其他材料涉及"善人(者)"和"不善人(者)"。

> 故善人者,不善人之师;不善人者,善人之资。(《老子·27章》)
> 道者万物之奥,善人之宝,不善人之所保。……人之不善,何弃之有?(《老子·62章》)
> 天道无亲,常与善人。(《老子·79章》)

先看第27章。结合本章语境,善人和不善人之别在于是否能够善于救人救物,是否有善言、善行、善数。范应元注"善人者,继道之人,先觉者也,非强行善,乃循本然之善也。不善人,未觉者也,非本不善,未明乎善也。师者,人之模范,故先觉者是未觉者之模范也。资,质也,未觉者亦有先觉者之资质也。人皆可以为善人,特其未觉,而藉先觉者觉之耳"②。善人、不善人不是道德的差异,而是境界、能力之别。是否意识到形名的局限,是否能超越辙迹是善人和不善人的区别所在。

对于第49章中"善者"和"不善者",河上公、严遵和释德清的注解

---

① 曹峰:《〈老子〉永远不老:〈老子〉研究新解》,中国人民大学出版社2018年版,第166—169页。
② 范应元:《老子道德经古本集注》,黄曙辉注,华东师范大学出版社2010年版,第50页。

认为善具有伦理判断意味。①这个伦理判断乃是从百姓个体小圈子的立场出发，而非从全体百姓的利益出发。尽管百姓评价中的善者、不善者和信者、不信者确实存在，但圣人极力消弭这种分疏。不以"善""不善"和"信""不信"区分百姓，隐含众生天然平等并值得被同样尊重的思想。

对于第 62 章"人之不善何弃之有？"河上公、王弼、吴澄和朱谦之等认为尽管善者、不善者具有伦理阶差，但仍凸显老子立足天下的视域，对万物不加分疏的思想。②

第 79 章"天道无亲，常与善人"。结合本章语境，"善人"指的是像圣人一样"执左契而不责于人"的人，即施恩不求回报、没有功利和机心之人。老子充分肯定利物不争具有正面价值判断意义。

善者和不善者究竟是显示伦理道德的分野，还是仅指境界能力之别，在《老子》文本中并不重要。无论哪种区别，老子都主张极力消弭，从而超越世俗对万物作价值等第的分疏。

通过以上分析，我们可看出老子"善"的意涵："善"不论是作名词指伦理层面的好，还是作形容词工巧高明、神秘幽玄之意，抑或作动词推崇追求或以之为善，或是作副词善于，都聚焦于不争、不分疏万物、对敌对方果而不强、超越形名等行为。"善"是对这些行为及其结果利物的价值判断。

六、"善"与"道""德""无为"的关系

"善"是对道或接近于道的属性的解说判定，而非对现实人性之解

① 王卡：《老子道德经河上公章句》，中华书局 1993 年版，第 188—189 页。王德有：《老子指归译注》，巴蜀书社 1992 年版，第 115 页。释德清：《道德经解》，华东师范大学出版社 2009 年版，第 103 页。

② 王卡：《老子道德经河上公章句》，中华书局 1993 年版，第 241—242 页。楼宇烈：《老子道德经注》，中华书局 2011 年版，第 166 页。吴澄：《道德真经吴澄注》，华东师范大学出版社 2010 年版，第 90 页。朱谦之：《老子校释》，中华书局 1984 年版，第 254 页。

说。在《老子》文本中具备利物不争之属性的载体是水(第8章)、江海(第66章)、天道(第73章)、道(第8章和第41章),能够体现利物不争属性的主体则是圣人(第27章和第81章)、为道者(第65章和第68章)、为士者(第15章)和善人(第79章)。这些载体并非现实世界中的人,而是接近于道的人或物。他们超越形名、对敌对方果而不强、不分疏万物的治理原则对现实治理者具有感召作用。当"善"作价值伦理判断时,"善"和"道"的关系是属性和实体、显现和根据、从属和主导的关系。当"善"作工巧高明、幽玄神秘讲时,"善"不仅是对道之解说,更是对体道者如何体道的说明,"善"是针对道的践履而言。当"善"作动词以之为善时,其主体是道和接近道的圣人。当"善"作副词善于,修饰后面的行为—利物不争时,主体是道或圣人。"善"是对"道"的解释和规定,亦是对圣人等理想人格体道的概括,"道"赋予"善"形而上的价值基础。

"善"和"德"的关系较为复杂,学界认为道家之"德"是万物对道的分有,同于"性"。"德"指的是万物之性①,不具有价值评判。从这层含义讲,"德"的范围比"善"要广泛些,一物有"德",但未必称"善"。"善"是对"不善者吾亦善之"这种德的判定,"善"在《老子》文本中与广德、玄德、建德、上德的内涵一致,"善"是对玄德、建德之判定。另外,王中江先生认为"德"还担负着替道抚育万物的功效,角色类似为保姆。②如果此说成立的话,那么"善"和"道"之间的关系也适应于"善"和德的关系,"善"亦可说是"德"之性,"德"亦具有玄德、建德和广德的特性。"善"亦是对德之解释和判定。

《老子》文本中的"善"和自然、无为没有直接关系。善和无为都与不争、不分疏万物、超越形名等关联。当"善"作名词伦理层面的"好",作形容词工巧高明和幽玄神秘,作动词追求推崇时,"善"聚焦的是不

---

① 张岱年:《中国哲学大纲》,中国社会科学出版社2008年版,第24页。刘笑敢:《老子:年代新考和思想新诠》,台北:台湾东大图书有限公司1997年版,第210页。

② 王中江:《早期道家的"德性论"和"人情论":从〈老子〉到〈庄子〉和黄老》,《江南大学学报》(人文社会科学版)2012年第4期。

争、超越形名、不分疏万物、对敌对方果而不强等行为及其结果。以上作为无为的具体内容①，能产生利物的效果，因而是善的。"善"是对不争、不分疏万物、超越形名等等具体行为及其结果的判断。无为作为原则性方法而非具体方法，并没有产生具体效果。老子对无为没有赋予直接的价值判断，无为与"善"无直接关联。

七、结　语

作为一个概念，老子之"善"具有价值判断意义。老子的"善"是对利物不争、不分疏万物、超越形名等行为及其结果的判断。利物不争、不分疏万物、超越形名等行为既接近于道，具有伦理层面的好的判断；又因行为的对象性特点而使行为具有工巧高明和幽玄神秘之意。老子看重利物不争、无弃人（物）等行为，推崇对形名制度的超越。"善"作为一个概念，是对道或接近道的圣人的利物不争等行为及结果的价值判断，亦是对德之一即玄德的颂赞，这体现了老子的价值观。

---

① 刘笑敢认为老子的无为不是清晰概念，而是包括代表系列与通常观念不同的处世方法和态度，无为是原则性方法，不是具体方法。刘笑敢：《老子：年代新考和思想新诠》，台北：台湾东大图书有限公司1997年版，第112页。

第八章　超然:《庄子》至人观研究

一、问题的提出

"圣人"(或至人等)是中国传统思想文化中的理想人格,在传统思想文化中占据重要地位。诸子依据自己的理想人格塑造各自不同的圣人形象。①笔者认为至人②是《庄子》的重要载体,解析至人的内涵特征,对于解释《庄子》思想的全面复杂,探讨《庄子》哲学的演变具有重大意义。学界专论道家或庄子圣人观的文章不多,冯友兰认为道家圣人的境界是"天地境界";张岱年从全生保身的角度论证庄子至人的神秘精神生活体验③,他们提出庄子至人的某方面特征;陈鼓应、刘笑敢、崔大华、杨国荣间接论及庄子理想人格的超脱的精神追求和安宁的心灵状态。④也

---

①　王文亮:《中国圣人论》,中国社会科学出版社 1993 年版。

②　至人不是《庄子》原文中的唯一代表或最高代表。《庄子》中理想人格的称呼有很多,通常的有真人、神人、圣人等超凡脱俗的异人。也有从人格力量和处世能力方面论述的大圣、君子、贤人、天人、大丈夫和独有之人,还有侧重治理天下角度的明王、古之王天下者、善治天下者等,以及从体道的角度发展出来的"睹道之人"。这些称呼从整体或局部、从现实到飘幻都体现了庄子思想和理论的独特。但这些称呼含义驳杂不一,对解释庄子思想带来了困难。为了行文方便,笔者借用至人作为庄子超凡人物的统称和理想人格的代称,以此解析《庄子》思想。

③　冯友兰:《三松堂全集》第 4 卷,河南人民出版社 1986 年版,第 496 页。张岱年:《中国哲学大纲》,中国社会科学出版社 2008 年版,第 280 页。

④　陈鼓应:《老庄新论》,商务印书馆 2008 年版;刘笑敢:《庄子哲学及其演变》,中国人民大学出版社 2010 年版;崔大华:《庄学研究》,人民出版社 1992 年版;杨国荣:《庄子的思想世界》,北京大学出版社 2006 年版。

有学者以儒家为参照,将庄子至人和其他各派圣人一并讨论。①青年学人也有关注庄子的圣人,论及庄子圣人涵括的精神和现实生活层面的特征,他们或将庄子与先秦其他派别对比,以儒家的圣人观比附庄子②;或将庄子的逍遥与后代的注庄者对比。③以上学者尽管对庄子至人研究各有所成,但至人的复杂性和全面性仍有待深入分析。庄子至人的特点如何? 如何从整体的和总体的高度来审视至人的全貌,如何萃取庄子的至人观? 至人与《庄子》中的其他概念有什么样的关系? 这些问题都有待解答。

基于上述问题,本文试图用"超然"这个词汇来解释庄子至人观之概括,分析至人在野、边缘化的社会地位,安宁和悦的心境,严肃豁达、认真超脱的人生态度和精神追求,以及为求超脱对天下理想秩序的设想,这些共同构成了至人超然的特征。这不仅有助于我们理解庄子理论的独特独到,还有益于人们远离俗世喧嚣、薄信浮躁和人际纷争,从而确立出世入世并存的理想人生,建立各求大道、彼此无扰的天下秩序。

超然,本来指人的精神境界和心灵状态,指人对现实世界、现实利益、世俗生活的超脱和超越,本是和精神领域相联系的现象。本文借用这个词汇,将其从至人的心灵和精神状态前后扩充,向前追溯至人的生存状态和社会地位方面,以至人对边缘化、非主流的社会层级地位的主动选择,说明至人对自身客观状态的主动选择和主观追求;向后分析至人超然精神的主观原因、社会影响和客观效果,说明至人隐约的对天下理想秩序的设计。"超然"不仅是一个"精神性"的概念,而且具有实践的意味。④"超然"作为精神境界和精神追求,凝聚了至人的全部生活,

---

① (日)窪田忍:《中国先秦儒家圣人观探讨》,北京大学博士论文,1989 年;魏仕庆:《中国先秦圣人观研究》,南京大学博士论文,2003 年。

② 陈盈慧:《庄子圣人观之研究》,台湾师范大学博士论文,2009 年;林瑞龙:《庄子真人管及其理想社会之研究》,台湾师范大学博士论文,2009 年。

③ 邓联合:《"逍遥游"释论:庄子的哲学精神及其多元流变》,北京大学出版社 2010 年版。

④ 此处实践采用张岱年先生的说法,指中国传统哲学中的个人日常活动,与辩证唯物论所谓的社会实践不是一个意义。张岱年:《中国哲学大纲》,中国社会科学出版社 2008 年版,第 8 页。

是至人的整个实践过程中达到的个体整合和统一,不仅隐含了至人对世界的理解,也凝结着对自身存在价值的确认,寄托着至人的在世理想。本文中的"超然"不仅指代了至人虚淡的心灵和缥缈的精神追求,而且还包括至人社会地位的边缘化,超脱出世的行为方式和价值观念。更重要的,由此暗示出至人对宇宙社会的冷冽评述、深刻的体察和热切的憧憬,折射出至人在入世功业中的出世精神,映衬出他们严肃而豁达、认真而超脱的理想人生,隐含着至人对彼此无扰的整体秩序的设计和向往。超然,是从《庄子》文本出发,对庄子至人全貌的描摹和特征的萃取,本文试从三方面具体论证。

二、至人边缘化的社会地位和存在方式

(一) 至人的虚幻性

在《庄子》整篇中,至人的社会地位可以从社会层级方面可以分为三种:人君;人臣;在野士人。人君多为"真实"的人物或历史人物,即儒家等其他派别也熟知的,如黄帝、尧舜禹、汤、文王、武王、齐桓公、魏侯等等。庄子对他们的评价不同于其他派别。甚至在《庄子》不同的篇章中对同一人物评价也不同,尧舜等人君在不同的篇章中、不同的故事中随缘立说、因事辩理,满足了《庄子》以不同故事表达不同观点的需要。人臣或在野士人多为庄子自创的虚幻人物,或其他派别都不引用或熟知的人物。《庄子》和其他诸子最为明显的不同,是利用故事、寓言、神话的行事,借助虚幻自创的人物来联想模拟,表达其独特的理论。这些虚幻的人物要么是寓言、神话、传说中的人物,如肩吾、连叔(《逍遥游》)、狂接舆(《人间世》)、意而子(《大宗师》)、天根、无名人(《应帝王》)、门无鬼(《天地》)、鸿蒙、云将(《天地》)、伯昏无人、温伯雪子(《田子方》)、狂屈、无为谓(《知北游》)等;要么是社会下层代表庖丁(《养生主》)、种树的荆氏(《人间世》)、为人缝隙衣服或簸米筛糠的支离疏(《人间世》)、为圃者(《天地》)、技术高超的车夫、善于粘蝉的驼背人(《达生》)、相马狗之徒（《徐无鬼》）等；要么是自创的人物如子来、子舆、子祀，或者残疾人物如无趾、申屠嘉、哀骀它（《德充符》）等；要么是拟古的超常之人："古之隐身者""古之行身者""古之得志者""古之治道者"（《缮性》）、"古之人"（《天道》）、"古之真人"（《田子方》）；要么是被改造过的不同于儒家或其他派别的人物，如孔子在不少篇章中被庄子批判，有时孔子及其弟子也说出符合庄子思想的观点。

在三者的价值序列中，在野士人高于人臣，人臣的最好归宿不是服务人君和朝廷，而是修德就闲，逍遥游于无何有之乡，加入到在野士人的行列；人臣高于人君，人臣可以远离人君、虚置君命（《人间世》）。在野士人能够指点人臣和人君的国政治理，如许由指点尧（《逍遥游》），哀骀它指点鲁哀公（《德充符》）、伯成子高指点禹的治理（《天地》）等等。在《庄子》中"真实"人物低于虚幻人物，上层人物低于底层人物。虚幻人物比真实人物更有真实性，边缘人物比主流人物的作用和影响更大。

（二）至人的边缘化

《庄子》中至人多处在第三者的客观地位，他们是在冷冽地对现实世界进行描述，而不是直接激情地投入。[①]如《逍遥游》中许由对尧之治天下的看法和指点；《人间世》中孔子对颜回身为人臣处境的指点；《应帝王》中无名人对天根请教治天下之鄙视和漠然；《天地》中伯成子高对自己仕于尧而不仕于舜和禹的解答；《在宥》中广成子对黄帝治天下的批判和指点等等。这些例子可以看出至人愿意更多地和现实世界保持距离，远离权力和世俗。至人的三种身份不同，但在世方式都是在野的、虚位的、边缘化的。人君是虚位的，边缘化的。内篇中对天下治权的归属和拥有并不关注，人君多表现出"宿然丧天下""无所用天下""捐天下"的超然状态，没有实际的治理天下的方案，只是对"天下大治"表

---

① 王博认为，庄子和政治权力有一个界线，庄子自己的生活就是很好的注脚。王博：《庄子哲学》，北京大学出版社 2013 年版，第 246 页。

现出向往和想象，对实际治理天下并没有预想设定。外杂篇中无君派①强烈抨击历代君主的治理天下；黄老派则以有为之臣来强化、衬托无为之人君。

在《庄子》中，人君是虚位的，将人君的权力置于至人逍遥之下；人臣也是虚位的，对人臣来说，全生保身、存身避害是其生存最高原则；在野士人是虚位的，对社会舆论和世俗评价保持距离，个体精神的自由、内心的平衡是其关注点。

人君、人臣、士人的共同特点是都能够与现实生活保持一定距离，他们随时可退入在野士人的行列中，"天下有道，圣人成焉；天下无道，圣人生焉"(《人间世》)。"尧治天下，伯成子高立为诸侯。尧授舜，舜授禹，伯成子高辞为诸侯而耕。"(《天地》)进是人君人臣，退是在野士人，这是庄子至人的超然自由状态。无论哪一种角色，至人都具有指点社会症结解决国政的能力，都体现出对边缘化社会地位的主观性选择。表现在人君身上，着重于对天下治权的漠不关心；表现在人臣身上，着重于远离人君和朝廷；表现在士人身上，则有远离世俗价值的胸襟气魄。

至人更像是精神领袖和寄托理想的人物，而非拥有实际权力和实际地位甚至个体的位置。至人身上的功利现实色彩很淡，好似空虚缥缈之人。"大人者不失赤子之心"，庄子及其后学本身的生活经历、受业背景、求学积累、性格追求，庄子长期的底层生活经历，决定了他在表达自己的哲学观点时，与孔子不同，与老子不同。《庄子》有《庄子》的独特性，不仅要以概念来表达观点，更要以故事、寓言来表达。不仅以历史人物、"真实"人物来透视社会，以黄帝、尧舜禹等人君对社会治理展开探讨，还要以玄虚人物、飘幻人物来设计憧憬社会，虚幻人物的神奇、缥缈虚幻表现了他们对现实世俗社会的远离和超越，对理想天下秩序的设计和想象。本来是玄虚的世界，却被庄子当作真实的世界。庄子在

---

① 本章对至人问题在《庄子》中内篇和后学有所区分，这里的无君派、黄老派是借用刘笑敢对庄子后学区分的说法，刘笑敢：《庄子哲学及其演变》第七、八、九章，中国人民大学出版社 2010 年版。

飘幻的故事中郑重其事,在神奇人物身上寄予了现实社会的应有秩序。至人的设计尽管虚渺,不食五谷,水火不濡,但其设计目的仍然合理:"使物不疵疠而年谷熟"。庄子神秘玄虚的人物背后,既是对天下秩序的向往,也是对天下秩序的另一种神奇的"大有迳庭不近人情"的展示。①

至人甘于边缘化的社会存在,不愿意逃避这种边缘化的社会地位,这种边缘化的社会地位和存在方式使得他们能够跳出世俗的生活洪流而不被淹没,避开世俗的搅扰,能够清醒地认识世界,追求高远的境界,保持超脱的态度。

三、至人超然、超脱的精神追求

至人借助于社会地位的边缘化,能够保持心灵境界的虚淡缥缈和精神世界的逍遥自由,体现出强大的精神超越力量。至人能够以出世的精神看待入世的事业,具有与天地万物为一的逍遥境界和精神空间,由此形成了至人严肃豁达、认真超脱的人生态度。这包括两个层面的内容:豁达、超脱的出世的态度;以严肃、认真的态度看待入世的功业。两方面的结合形成了至人心境的安宁平静,而非常人所理解的消极颓废或滑头主义。

(一)出世:从现实到玄想

庄子经常将至人的思维从现实世界拉到玄想世界,至人神秘的精

---

① 陈鼓应、刘笑敢、王中江等学者对庄子"游"的解释,庄子之"游"都是在精神、想象、虚拟空间世界中的畅游。神秘人物的神秘体验如"见独""坐忘""心斋""葆光""玄同""天府"都体现了对内心和外在世界秩序的向往和展示。但对"游"的方式、主体和空间如何揭示《庄子》对天下秩序的向往和神奇展示,似乎还没有予以讨论。《庄子》中虚幻人物遍布各个阶层和领域,从人君到人臣、士人,这些虚幻人物在逍遥和游的过程中,无不对天下应有秩序作了想象,对理想的人君、理想人臣和理想民众生活状态都作出设计和描摹。

神体验是对玄想世界的展示。神秘体验使至人深感孤独,驰骋于深邃宽广的精神空间,在虚无缥缈的世界中,陶醉于幻想的美好意境中。与天地万物为一体,死生、祸福、荣辱等不足以动心。精神的超脱和心灵的虚淡完成了至人对现实的超越性审视,摆脱现实利害关系的牵绊,把人之行为从极其反复的社会信仰、价值观念和利害关系的圈套中解脱出来。

《庄子》中出现很多以"无"为组成的系列否定词:无为、无用、无己、无功、无名、无用、无事、无知、无涯、无常、无极、无穷等等。这些否定簇反映了至人从现实到玄想的超越和超脱。庄子中的"逍遥"和"游"的用法也表达了庄子对精神自由的憧憬,尘世之外、无何有之乡、无极之野,从这些逍遥的处所可以看出至人对现实的玄想和超脱。

至人作为人君,在面临现实世界时,常常玄想无"用"于天下。内篇反复出现"无事治天下","窅然丧天下"和"让天下"的观点。在《逍遥游》中尧和许由"让天下"的故事中,可以看出尧和许由对"治天下"这个现实问题的玄想,尧让天下于许由,许由坚辞不受。天下治理是个现实问题,但达到"天下治"需要"无所用天下为"的方法:世俗的治理方法如不息之烛火和烦扰之浸灌,是扰攘不休和流弊丛生的。执着于"以天下为事""以物为事"的世俗治理的方式,就会如尘垢秕糠一般流毒社会、伤人伤己。《逍遥游》中"尧治天下之民,平海内之政"的方式和结果有别于其他君主的杀戮和战争。"往见四子藐姑射之山,汾水之阳,窅然丧其天下焉。"在至人看来,天下不是人君索取私利的囊库;天下不是人间随意主宰、干涉的对象;天下不是人君烦扰民众的所在;天下不是人君刻意显示才能、能力和智慧的舞台(如对越俎代庖的反对)。以"丧天下""无事""无所用天下"的形式参与、完成对天下的治理,这确实是至人作为人君的超脱。

《应帝王》中天根请教无名人如何"为天下"时,无名人答以"方将与造物者为人,厌,则又乘夫莽眇之鸟,以出六极之外,而游无何有之乡,以处圹埌之野","如游心于淡,合气于漠,顺物自然而无容私焉,而天下治矣"。明王之治就是"功盖天下而似不自己,化贷万物而民弗恃;有莫举名,使物自喜。立乎不测,而游于无有者也"。人君常常玄想远离"天下",甚至远离臣民,远离"为事"。《在宥》中黄帝"治天下"受到广成子的批判后,"捐天下,筑特室,席白茅,闲居三月,往复邀之"。人君作为至人,须对治理天下保留足够的超脱,须与权力的归属保持足够的距离。这在庄子看来,保持心灵的虚淡和精神的缥缈是其必要前提。

人生活于这个世界,总是同时面临伦理、政治的关系,后者包括政治领域的君臣关系与具有伦理性质的父子之伦。对以上这一类社会人伦应该如何应对? 关于这一问题,庄子作了如下阐释。

> 天下有大戒二:其一,命也;其一,义也。子之爱亲,命也,不可解于心;臣之事君,义也,无适而非君也,无所逃于天地之间。(《庄子·人间世》)

一般认为庄子此处思想与儒家观点接近,都强调了君臣父子伦理的必然。但不同的是庄子将孝和忠置于"德之至"的框架中,与儒家拉开了距离。庄子真正要表达的是安命思想。只有在安命的基础上,爱亲和事君才有其意义。①庄子提出大戒的主旨既说明了它们的必然性,也证明它们适用的条件性和服从性。与无法摆脱伦理、政治的关系相应,人也承担着不同的伦理和政治义务,"爱亲"和"事君"属于此类义务,庄子将其视为必然的社会的法则(即"大戒")。人生在世,难免要和人打交道,不可能完全游离于社会之外,深入其间的责任和义务,便难以摆脱。这种看法可以理解为前面所谓"与人为徒"的引申,它成为后来宋代理学的先声,程颢认为:"父子君臣,天下之定理,无所逃于天地之间。"②二者所强调的,都是道德义务的普遍性与必然性。但是,对庄

---

① 安命并非如学界一般所认为的那样,是纯然被动的生活方式,而是隐含了对现实的正视,"不遣是非,以与世俗处",螳臂当车与庄子保身的原则相悖。全生保身是庄子对险恶政治现实的正视而非逃避。

② 程颢、程颐:《河南程氏遗书》卷五,王孝鱼点校,《二程集》,中华书局 2004 年版,第 77 页。

子而言,"与人为徒"主要强调"外曲",与之相对,还有"与天为徒"意义上的"内直",后者关涉的是自然原则。"与人为徒"之域的"事亲""事君",以充分或完美地履行相应的伦理政治义务为指向,从"与天为徒"或"内直"这一层面来说,则应做到不动心、不动情,所谓"自事其心",也就是注重于内在意识的自我调节,如此,则可"哀乐不易施乎前"。在庄子看来,在无可奈何的既定境遇中,不能必然要求所有人都去当烈士,君命和父命作为治理天下的准则和规则,只有在人臣能够安命的前提下才有意义。

在全生保身的基础上,人臣可以顺导改变人君。同样强调保持人臣的独立性,同样对现实政治的远离。在求道的前提下,庄子与孟子不尽相同:庄子更看重个体的全生保身,主张远离暴君和时俗民众,孟子则凸显舍身求道,强调对抗暴君和时俗民众,存身与舍身成为庄孟的区别。内篇认为,对于人臣来说,全生保身重于不辱君命,灵活应对现实,去除政治幻想重于理想的实现。全生保身是庄子从至人个体生命的角度对天下秩序和政治生态的最低要求,是庄子对现实的直面和直视(《人间世》)。

(二) 无用:从外界到自身

生存于世,人同时涉及"用"的问题。按庄子之见,广义之"用"可以区分为两类:对他物之"用"与对自身之"用"。对他物或他人无用,对自我则可能有大用。庄子以大树为例,对此作了阐释:

> 匠石之齐,至于曲辕,见栎社树。其大蔽数千牛,絜之百围,其高临山十仞而后有枝,其可以为舟者旁十数。观者如市,匠伯不顾,遂行不辍。弟子厌观之,走及匠石,曰:"自吾执斧斤以随夫子,未尝见材如此其美也。先生不肯视,行不辍,何邪?"曰:"已矣,勿言之矣!散木也,以为舟则沈,以为棺椁则速腐,以为器则速毁,以为门户则液樠,以为柱则蠹。是不材之木也,无所可用,故能若是

209

之寿。"(《庄子·人间世》)

社神的大树可供数千头牛遮阴,树干之围超百尺,树干高数十丈,上有树枝,用来造船的树枝有十余条,然而,匠人却无视它。为什么?因为材质欠佳:以此造船则沉;以此制器则毁。对大匠而言,此树虽大,但却无用。正由于它无用于外界,可以避免砍伐,获得长寿。大树无用于他人,却能保全自身。

有用体现出价值。从哲学的层面看,对他人或他物之用,展现了外在或工具意义上的价值(对他人有用),对自己之用,则表现为内在的价值。就大树而言,能被制器,是外在或工具意义上的价值,自身生命长久,则是其内在价值。对无用于外物而有用于自身的肯定,同时表现为对事物内在价值的确认。庄子以树喻人,将无用于他人和社会,看作人的内在价值的实现的前提,无疑有其消极的一面,但对内在价值的肯定,则无疑又从实质的方面体现了对人的关切。前面主要借匠石对大树的评论,阐发相关看法。以此为背景,庄子继续以寓言的形式,借树喻人,对人生之用作了进一步考察:

> 匠石归,栎社见梦曰:"女将恶乎比予哉?若将比予于文木邪?夫柤梨橘柚,果蓏之属,实熟则剥,剥则辱;大枝折,小枝泄。此以其能苦其生者也,故不终其天年而中道夭,自掊击于世俗者也。物莫不若是。且予求无所可用久矣,几死,乃今得之,为予大用。使予也而有用,且得有此大也邪?且也若与予也皆物也,奈何哉其相物也?而几死之散人,又恶知散木!"(《庄子·人间世》)

树若为果树,果实成熟,各种摘取,伤害枝干,甚至夭折,这是"有用"产生的后果。一般事物无不如此。为避免归宿,大树久求无用,历尽劫难,九死一生,终于达到了对他人的"无用",但奠定自己的"大用"("为予大用")如果它呈现为有用之材,便不可能有今日之大。大匠蔑称大树栎社为"散木",栎社则以匠石为几死之"散人",反唇相讥:"几死之散人,又恶知散木?"从逻辑上说,既求无用,为何还要充当社神之树?匠石之徒即提出此疑问。根据匠石的理解,社树仅仅是外在的寄托,是其忍辱负重的体现,此树会为不了解其意向者所诟病。而从实际效果看,通过充当社树,它免遭砍伐,这也可以看作是"为予大用"的一个层面。

如庄子所言,栎社之树的自保确实与众不同。这里涉及人的存在意义与外在名利、外在价值与内在价值的关系。名利对人而言是身外之物,无助于维护人的生命存在,会对人的生存产生消极影响。如此,以超越名利的方式维护人的生命存在,就构成了自然选择。在以"无用"为"大用"的背后,是对生命和存在价值的肯定。"用"呈现为广义的价值或"利",在庄子看来,能为他物所用,仅仅只是外在之利,唯有能够维护个体生存,才是内在价值或内在之利。通过"求无所可用"使自身生存于世,意味着超越外在之利而实现内在价值。这一看法体现了对人的生命存在的肯定,但却忽视了人的能力和人的创造性所具有的价值意义:依照"无用"与"大用"的以上逻辑,人的能力和创造性均属外在之用,这种观点对人的存在相应呈现负面的意义。对"用"与"无用"关系的如上看法,无疑包含消极的一面。

庄子进一步引出如下结论:"人皆知有用之用,而莫知无用之用也。"值得注意的是其中"无用之用"的论点,这一观念既包含确认"用"的相对性:虽"无用"于彼,却可"有用"于此;也强调了"用"的内在意义体现于人的存在:"无用"之"大用",即表现为对人的存在的肯定。庄子对"用"的考察,主要指向人的内在存在价值。

"无用"现之于人臣时,表现为人臣无"用"于人君和天下。人臣的所在体现为身体的整全和生命的存在。君命不是人臣成就自我的所在,朝廷政治不是成就人臣的所在。人臣不强求为人君所用,不强求为现实政治所用。以人君之无用(不干涉不搅扰)来成就人臣之无用(能够离世远君),同时也是人臣之存己(个体的全生保身)。

当无用现于在野的士人时,外在行为即是"无用"于世俗和世人。除了全生保身之外,还要求远离世俗评价和世俗生活。《德充符》中系列残疾者都是身残智高之人,他们都能够指点江山解决国政,但在解决现实的政治难题后又远离当朝国君、辞退世俗职务,其洒脱和超然使得他们具有极大的魅力,可谓是"功盖天下而似不自己,化贷万物而民弗恃"(《应帝王》)。

无论是人君、人臣还是在野士人,至人都能与现实拉开距离,都能对现实问题远距离的审视和解析。这使得他们能以出世、超脱的心态看待人世的功业、利益的纷扰和权力的归属,能以豁达、超脱的态度立于人世间、行于人世间,"常和人而已矣""丈夫与之处者,思而不能去也","(妇人)宁为夫子妾者,十数而未止也"(《德充符》),"古之真人,不逆寡,不雄成"(《大宗师》)。豁达与超脱成为至人区别于其他诸子理想人格的典型性特征,也是后人浸于庄子思想的根本原因。然而庄子至人的豁达与超脱是奠基于内心的独立和心灵的安宁之上的,是以严肃和认真的人生态度为基础的,不是随便和随性的表现。庄子至人不是简单的逃避现实,而是以超越现实来纠正现实。

(三)入世:以玄想世界来超越现实世界

《人间世》说"内直而外曲",至人的豁达和超脱并非随便和随意,并非放弃认真、严肃的态度。"内直者,与天为徒,……外曲者,与人为徒也",内直即顺从天性,超然于世。外曲即随人而行。《知北游》提出了"外化而内不化的观点":

> 古之人,外化而内不化;今之人,内化而外不化。与物化者,一不化者也。(《庄子·知北游》)

"外化"就是"与物化",就是随顺环境,就是豁达。"内不化"就是与道同体,就是坚持把自己托付给大道,在想象中与道一样崇高,在万物纷纭中保持自己内心的宁静与安然。类似的还有"守其宗",

> 死生亦大矣,而不得与之变,虽天地覆坠,亦将不与之遗。审
> 乎无假而不与物迁,命物之化而守其宗也。(《庄子·德充符》)

无论外界如何纷扰,至人永远保持内心之宁静安然,保持严肃、认真态度。至人反对随从时俗和流俗,致力于生命的和谐和天性的圆满,不让外界的人事、尘芥阻碍至人对大道的回归:

> 夫天下也者,万物之所一也。得其所一而同焉,则四肢百体将
> 为尘垢,而死生终始将为昼夜而莫之能滑,而况得丧祸福之所介
> 乎!(《庄子·田子方》)

《庄子》中反复出现至人不热不溺的特点,在幻想缥缈的背后,暗示至人整全的人格,凸显其完满的生命。《德充符》中出现身残德高的至人,所以能获得天下人的亲附和追随,原因即在于其严肃认真的人生态度和未言而信、无功而亲的内在功力。尽管是理想化的象征,但他们呕心沥血地完成自己的生命行程、不愿苟且偷生的严肃和严格还是成为后人士人的楷模,

> 为不善乎显明之中者,人得而诛之;为不善乎幽闲之中者,鬼
> 得而诛之。明乎人,明乎鬼,然后能独行。(《庄子·庚桑楚》)

至人评定人事的标准,以能否承顺大道,能否圆满天性,能否纳入其和谐的整体生命为标准。至人看重世俗所轻视的与大道的合一,与万物的合一,在看到螳螂捕蝉异雀在后的场景后,庄子说"物固相累,二类相召也"(《山木》);至人也能超脱于俗人所看重的功名、智巧、仁义,"而今也以天下惑,予虽有祈向,不可得也。不亦悲乎""而今也以天下惑,予虽有祈向,其庸可得邪!"(《天地》)至人对自己所看重之事,如与道的合一,体现出执着的态度,如"哀乐不能入""不以好恶内伤其身""哀乐不易施乎前"等等。至人对自己所看轻之事,如权势功名、仁义智

213

巧,则能够批判摆脱,"孰能去功名而还于众人,道流而不明居,居得行而不名处;纯纯常常,乃比于狂;削迹捐势,不为功名;是故无责于人,人亦无责矣。至人不闻,子何喜哉"(《山木》)。至人不但认真,而且能摆脱,不但豁达,而且还能够严肃,认真显示出至人的严肃,摆脱隐含了至人的豁达,"圣人安其所安,不安其所不安;众人安其所不安,不安其所安"(《列御寇》),至人根本不同于世俗的颓废和滑头。

至人的认真体现在他们也不忽视对人世间的关怀,不排斥对天下秩序和社会民生的关注。庄子后学、郭象、成玄英对庄子的评价均如此,不少学者否认庄子有避世和非世倾向。《庄子》复杂的思想和理论要结合全篇才能理解。内篇强调人君之"无用""逍遥"带来"天下大治"的客观效果,

> 汝游心于淡,合气于漠,顺物自然而无容私焉,而天下治矣。(《庄子·应帝王》)

"天下治"不是庄子的主要关心。在庄子看来,天下治仅仅是人君逍遥的客观效果和附属产物,不是人君主动的追求;人臣之"无用"带来全生保身的结果;在野士人的无用则带来天下人的亲附追随。

无君派反对一切君主统治,抨击君主圣者之乱天下,要求去除君主圣哲之存在,保留民心之纯净,实现天下"任其性命之情"的淳朴至德之世,扭转天下之乱局。无君派反复强调对民众本性的关注和关切。黄老派直接反对隐士,多处论及"治天下""畜天下",对至人的治世作出具体的方案设计,对"世"很看重。他们坚持以人君无为无用保障臣下有为和百姓之安定,

> 夫虚静恬淡无为者,万物之本也。明此以南乡,尧之为君也;明此以北面,舜之为臣也;以此处上,帝王天子之德也;以此处下,玄圣素王之道也。以此退居而闲游江海,山林之士服;以此进为而抚世,则功大名显而天下一也。(《庄子·天道》)

至人主动选择边缘化的社会地位,保持超脱的出世态度,执着逍遥的精神追求,看重心灵的安适宁静,可说是开出了浊世中的一股清流,杂器中的缕缕清音。至人为何要坚持此种处世行世的态度呢?这种处世态度又能产生哪些客观的结果呢?至人对所处的外在社会有哪些预想和设计呢?这种超脱逍遥的态度和追求能否能实现其对天下秩序的设想呢?

四、至人超然境界中的现代启示

如果说商周时期思想史的革命性突破体现在人能变革世界而将人从天的权威下解放出来,东周思想史的革命性思考聚焦于人为什么能变革世界的问题,那么早期道家哲学(包括《老子》《庄子》和稷下道家)则以精神体验的突破和心灵世界的转化为切入,对人是否能够改变世界、是否应该变革世界和如何变革世界进行深微反思,从而构成轴心时代的标识内容之一。

庄子超然超脱的至人观不是一个消极的态度,不是醉生梦死,恰是一种清醒的、有觉悟的态度,是展示人生另一种意义的态度。庄子的至人观思想是正视现实、接受现实,寻求可能的最好的结果,不是逃避现实。

人出生于世,进入这个世界,要立功、立言、立德,在世界建立功勋,人由此得名得利。但名利皆有度——名之度为仁,利之度为义。圣人在世,行仁义之道,这是很积极的儒家思想。但庄子说人终究会死的,会离开这个世界的,会不在这个世界中的。

庄子至人观认识到人不是永生的,人是会死的。从物质的、生物的角度来看,人的生、死,不过是物质的一种转化形态,无论什么埋葬方式,都改变不了人是世界的一个组成部分。无论人如何积极进取,都不能永远掌握努力、变革奋斗的最终结局。我们要承认很多境遇是人类无法改变的。认识到人之作用的有限性,避免对个人或群体能力的过高期望。我们要承认和接受很多困境不是任何外在一直有目的的加在我们个人身上的，而是我们无法控制和改变的外在现实，与其无谓地沉陷其中，不如让自己从困境中解脱出来，让心灵得到安静，进入豁达、超然的状态。这样才能更有效地继续生活。

承认人类的有限性，有限的生命、有限的精力和有限的认知能力，人类自身并不能最终决定谁能够充分证明什么是真相，谁能够最终代表真理。我们不应该、不必要过分执着于自己所认为正确的真理，从而减少社会的纷争争执，有利于在冲突斗争中保持心理的适当平衡。我们没有足够的理由相信自己能够完全代表真理，也无法让别人完全接受自己的认识和观点。在这种情况下，正视现实，尊重现实，不把自己所认为的正确的观点当作大家可以普遍接受的原则，耐心地等待别人思想的提高转变，耐心地等待事实的发展变化，防止全球化、普遍化所带来的所谓的普遍真理对其他文明和文化的强权压迫，避免自我中心的狭隘心态，另一方面也有利于文明比较客观、平静地面对主流社会、强势价值给边缘人群带来的压迫感。

承认人类的有限性，才能正视和接受无奈的现实，才能达到心灵宁静。我们个人的焦虑往往是从个人的处境出发，因而是狭隘的，有限的。只有承认人之有限性，才能突破这种有限性，不断追求对世界更深更广的了解和体悟，不至于在个人的小天地中痛苦茫然。

人类是有限的、人生是有限的，但是人的精神境界却可以无限提升。个体的精神境界无论在哪个层次上，都可以无限提升。庄子至人观之逍遥可能是多数人无法实现、无法追求的，但追求超脱本身就是有启示意义的。虽然逍遥境界不是一般人可以实现的，但在追求过程中，无论你身处哪个层次，都可以在不同程度上改变自己不幸痛苦茫然的心境，得到不同程度的超然的享受，从而提升我们的胸襟、拓展我们的视野，陶冶我们的人格的过程，帮助我们从不同角度、从更高的层面观察、认识世界，极大提升扩展我们的精神境界。即使我们还不能实现庄子的逍遥，但至少我们应该看到我们可以有一种超然的、精神的、个体的自我满足和怡悦的体验。这种精神的宁静和怡悦主要取决于我们自己的态度、方法和追求，而这是每个人都可以尝试接近和实现的。人一旦进入这个过程,就会看到过程的无限性,可以有自己对人生、社会、宇宙的终极关切,可以追求自己在生活中的情趣和乐趣,在独与天地万物相往来的体验中,达到心灵的转化和精神的高峰体验。

五、结　语

超然是从《庄子》文本出发,对至人形象的描摹和至人特征的萃取。超然既概括了《庄子》至人的特点和特征,反映了至人的主观心态和理想追求,也能解释至人如此选择和追求的原因及其产生的客观结果。超然既是庄子本人一生的写照,更是对中国士人长期的生存状态、精神状态和生活方式的描摹,也是对中国士人精神独立和人格完满的昭示和呼唤。以此出发研究庄子的至人观,不仅有助于理解庄子理论和中国文化的特征,还有重要启示和教育意义,有助于当今人们的安身立命和立身处世。

第九章　功名天下何为重：
从《列子·杨朱》中的对比项来看

一、问题的提出

作为先秦诸子中的重要一派，杨朱的思想独特而又唯一。杨朱受学于老子，其学术思想在战国中期已为显学，"杨子取为我，拔一毛而利天下不为也"（《孟子·尽心上》）、"阳生贵己"（《吕氏春秋·审分览不二》）或"全性保真，不以物累形"（《淮南子·氾论训》）其"为我""贵生"的思想与黄老学派既有联系，又有区别。杨朱继承了老子哲学中的"治身"或养生的一面，扬弃了其中"治国""治天下"的部分。①杨朱的养生学之前有老子弟子庚桑楚及再传弟子南荣趎，之后发展为"纵性情"和"忍性情"两派。孟子辟杨朱的观点被历代儒者奉为圣旨，杨朱作为反面材料被"重视"。孟子着眼于君臣大义对杨朱提出的道德伦理批评，并没有顾及杨朱以养生为目的的学术宗旨。杨朱的养生和为我学说，对于当今我们如何处理生命自身和物欲的关系，仍有重要的启示意义。

民国时期顾颉刚等人的疑古运动催发了学界对杨朱的深入研究，出现了如贝琪的《列子杨朱篇新解》、顾实的《杨朱哲学》、陈此生的《杨

---

① 杨朱"为我"或"贵己"的养生学，以保养自己的形体为归的，无关治天下国家；如果说持此学说的养生者客观上实现了治国平天下的效果，只能说是"无心插柳柳成荫"，与杨朱学说的立论目的宗旨无关。高华平：《论先秦道家的养生学派：杨朱"为我"学说述论》，《河南师范大学学报》报（哲学社会科学版）2018 年第 1 期。

朱》,孙道升的《杨朱的著作及其学派考》等代表性著作。这些学者不局限于列子杨朱,而是独辟蹊径,扩大了杨朱研究的范围,彻底打开了杨朱研究的局面。①日本汉学家高赖武次郎在《杨墨哲学》中以儒家思想为背景,对杨朱和墨子进行批评。蒋竹庄在编著高赖这部书时,纠正了高赖对杨朱的偏见。

对杨朱其人和杨朱思想及学派的探讨从民国贯穿于至今,杨朱思想成为学界研究的重心。学界普遍认为杨朱的拔一毛利天下而不为的思想,并非全是自私自利,而是在特定社会背景下自我意识的体现。近人根据《列子·杨朱》中的记载,认为杨朱的"贵己""为我"或"全性保真,不以物累形",并不能被简单视为自私自利,它实际还包含着"悉天下奉一身,不以取也;人人不损一毫,人人不利天下,天下治矣"之"甚深微妙"之理,即其中有他的由养生而推及的治平之道。所谓纵欲和享乐主义,实不过是将"为我""贵生"或"全性保真"之说"推其极"的"末流之失"也。②可以说,肯定了杨朱重视为我和贵生观点中的个体论价值。吴泽、孙开太、王海明等将杨朱与西方哲学家的个体思想作了比较研究,拓展了杨朱研究的理论视域和空间。③学界讨论杨朱为我思想的文章更是不胜枚举,如高华平一再提出杨朱的养生和为我思想,认为杨朱秉承了老子的养生思想。④汉学家葛瑞汉和戴卡琳提出杨朱对利害关系的思考侧重点,对个体来说身体的活力和健康才是真正的利益。⑤马作武、叶杨将杨朱的"为我"思想引进了法律领域,认为杨朱的为我思想

①　刘佩德:《〈列子〉学史》,学苑出版社 2015 年版,第 414 页。
②　吕思勉:《先秦学术概论》,中国人民大学出版社 2011 年版,第 46—47 页。
③　吴泽:《杨朱思想的演化与学派问题》,《学术月刊》1957 年第 8 期;孙开太的《杨朱思想初探》,《思想展现》1978 年第 4 期;王海明的《个人主义辨析:杨朱、庄子、尼采、海德格尔、萨特伦理观之比较》,《北京师范大学学报》1990 年第 1 期。
④　高华平:《论先秦道家的养生学派:杨朱"为我"学说述论》,河南师范大学学报(哲学社会科学版)2018 年第 1 期。高华平:《由詹何看先秦道家思想的发展演变》,《哲学研究》2013 年第 9 期。高华平:《先秦儒家对诸子学派的学术批评》,《哲学研究》2019 年第 4 期。
⑤　[英]葛瑞汉:《后期墨家思想的逻辑、伦理和科学》,香港:香港中文大学出版社 1978 年版,第 282 页;[比]戴卡琳:《"墨子和杨朱的血液在儒家的筋肉里":〈唐虞之道〉的"中道观"》,《中华文史论丛》第 84 辑,中华书局 2006 年版,第 328 页。

对我国的人权法制建设具有多重意义。①此外，还有不少学者继续阐释杨朱为我思想的积极意义，他们视贵己和为我、全性保真作为杨朱的主体思想，不仅是杨朱政治学说和养生论的思想基础，更开拓了杨朱价值观的潜在研究空间。②也有学者认识到杨朱的"为我"或"贵己"之学并非利己主义学说，而是一种"人人不损一毫，人人不利天下，则天下治也"的主张。将杨朱的"为我"或"贵己"之学，视为一种治国平天下的政治哲学。③杨朱的"为我"或"贵己"不能等同于《列子·杨朱》篇中的纵欲主义和享乐主义，更不能被简单视为自私自利。它也不是一种由养生而推及的治平天下的学说。迄今为止的学者虽大都不将杨朱的"为我"或"贵己"看成纵欲或享乐主义，但在无意间把它当成了一种由养生而推及的治平天下的学说，以至于有很多学者还将杨朱与黄老等同起来，以为杨朱之学与列子有渊源关系："列子先于杨朱，则杨氏之学，源于列御寇，而下开黄老。"恐怕是对杨朱学说和思想的另一种误解。

以上学者对杨朱一系贵生和为我思想的阐释，多是从生死观、人生哲学、名实观、人性论方面展开对杨朱"为我"思想的讨论，而且材料拘于《列子·杨朱》篇，没有将杨朱的思想置于更为广阔的背景材料之下。笔者试以《列子·杨朱》篇为主，兼及《吕氏春秋》中的《本生》《重己》《贵生》《情欲》《审为》等篇，《庄子》中的《让王》《盗跖》《说剑》《渔夫》等篇作为寻找论据的范本，在从中所列对比项如生死、名实、公私等观念的对比中，阐释杨朱一系对个体价值的凸显和自我意识的体现，其中贯穿着

① 柯卫、马作武：《杨朱思想的法学解读》，《法学评论》2009年第5期；马作武、沈玮玮：《杨朱思想之法律观辨析：以"一毛"与"天下"之辨为切入》，《政法月刊》2008年8月25卷第4期；叶杨：《论杨朱学派与当代中国人权建设》，《山西政法管理干部学院学报》2005年第2期。
② 朱海雷：《杨朱哲学初探》，岳麓书院2010年版；徐华：《逆风而行：杨朱"为我"思想心论》，《安徽大学学报》2006年第6期；李季林：《庄子"无己"与杨朱"贵己"的比较》，《贵州社会科学》1996年1期；李伯聪：《杨朱学派：两千年绝学及新诠释》，《寻根》1998年第3期；张俊相：《杨朱的"一毛"与"天下"辨》，《华夏文化》2001年第2期；于霞：《杨朱"为我"思想新探》，《唐都学刊》2004年第20卷第1期；奚亚丽：《〈庄子〉与〈列子·杨朱〉篇人生理论再认识》，《松辽学刊》（人文社会版）2002年第1期。
③ 高华平：《先秦道家的养生学派：杨朱"为我"学说述论》，《河南师范大学学报》（哲学社会科学）2018年第1期。

对忧苦和逸乐的取舍及对功名天下的疏离批判。杨朱之学属先秦道家学派，与老子之学存在渊源关系。诚然老子之学中有通过"无身""无私"和"无欲"等方法达致的养生或"长生"之学，但此养生或"长生"之学实只是"图难于其易，为大于其细"的方法或路径。故老子曰：圣人"非以其无私邪？故能成其私"（《老子·7章》）；"是以圣人终不为大，故能成其大"（《老子·63章》）；"故贵以身为天下，若可以寄天下；爱以身为天下，若可以托天下"（《老子·13章》）。但杨朱"为我"或"贵己"的养生学说，则是存养形体为归宿，和治天下、治国家关涉不大；如果说持此学说的养生者客观上实现了治国平天下的效果，那也只能说是"无心插柳柳成荫"，与杨朱学说的立论目的和宗旨无关。

在文本中为了阐释思想的需要，杨朱常列举出表示对比、对抗、对立和相反意思的词汇，涉及人物对比、年龄对比、情绪情感对比、空间对比和价值对比等等，具体如大小之辨、公私之说、名实之辨（伪实对比）、生死对比、怜捐对比、苦乐之辨（身交苦与性交逸、忧苦与逸乐、趣、娱与苦对比）、一毛与天下（己与天下）、欲与清对比、情与贞对比、生死对比、亲疏对比、内外对比、有亡对比、贤愚对比、贵贱比较、荣辱之说、尊卑之说、身与物对比、犯性与顺性、古今、亲疏、哀乐、善恶或圣恶对比、治乱对比、孩抱与昏老、尧舜与桀纣（或尧舜与伯夷叔齐、尧舜与许由善卷、管仲与田氏、子产与公孙朝对比、子产与公孙穆）对比、内外对比、雍恣对比、淤养对比、夜眠与昼觉对比、公私对比、是非对比、戚戚然与熙熙然对比、存物为贵与侵物为贱对比、郑国之治偶耳与子之功对比等等。可以说以对比项的内容来提炼观点是杨朱哲学的一大特点。在这些对比中有人物对比、有一般描述对比、有价值评判对比。后两项对比贯穿在人物对比中。《杨朱》在对人物的评判中，不仅表达了对禁欲、纵欲思想的反对，还主张摒弃一切虚名，注重内在实质的观点，体现了对功名天下的疏离和批判。功名作为政治地位和社会地位的集结，意味着对个体身心的戕害和损伤，在杨朱这里得到集中的批判。这种贵身重己轻功名天下的观点使得杨朱思想在百家争鸣中独树一帜，具有辨明的辨识度。

二、人物对比

杨朱一派多进行的人物对比有尧舜与桀纣（舜、大禹、周公孔子与桀纣对比，或尧舜与伯夷叔齐、管仲与田氏、子产与公孙朝对比、子产与公孙穆对比），亦有端木叔被称为狂人和达人的对比，有公孙朝好酒公孙穆淫乱与真人对比，更有老聃关尹与大禹墨子的对比。

在管仲与田氏的对比中，管仲为了实行自己的治国之策，追随国君淫奢，不惜自污，终成霸业。但管仲死后，其后代则一无所有。田氏相齐，则"君盈则己降，君敛则己施"，终于"民皆归之，因有齐国；子孙享之，至今不绝"。杨朱认为管仲辅助齐桓公成就春秋首霸，并无私心，实实在在的名声却换得后世的贫穷。沽名钓誉的田氏，却在死后获取子孙享祀不绝。实名致贫而伪名获富的残酷现状在杨朱看来是理想和现实之间极大的不公正和不对等。在管仲和田氏的对比中，一方面杨朱感慨管仲为霸业之牺牲，另一方面批判田氏以虚名搏权势之伪诈。杨朱的"实无名，名无实"的观点，是对深受孔子正名思想的影响，竞虚名而不求实际社会风气的纠正。

在尧舜和伯夷、叔齐谦让权力的对比中，杨朱认为尧舜虚伪地要禅让天下给许由、善卷，实际并没有失去天下，而是享祚百年。伯夷、叔齐谦让孤竹国，最终失去了邦国，饿死在首阳山上。在这对人物的对比中，杨朱清晰地评判了实伪之辨，批判了尧舜以天下为虚名蛊惑人心之漏，惋惜于伯夷叔齐执着名声之悲剧。杨朱认为标榜救世济生、建功立业的豪杰都是为虚名而行违背自然之事，甚至还"诱动千万无知的人陪他牺牲"[1]，为害最大。

在杨朱看来这些可作对比的人物中，多是具有等同或等价性质，两个对比项并无伯仲之分或天壤之别。伯夷过于爱惜自己清白的名声——"矜清之邮"，以至于饥寒致死。展季过于爱惜自己正直的名

[1]　陈此生：《杨朱》，转引自刘佩德：《〈列子〉学史》，学苑出版社 2015 年版，第 404 页。

声——"矜贞之邸",自己家族的人丁越来越少。杨朱认为他们二人的错误是追求过分的清白与正直,"清贞之误善之若此"。杨朱对二人的修养洁癖进行了批判。清贞作为虚名,是杨朱一贯批判的靶子。

在原宪与子贡的对比中,杨朱指出原宪之漏在损生,子贡之漏在累身,"窭亦不可,殖亦不可"。原宪和子贡二人之"漏"在于都没有找到一个"乐生""逸身"的结合点,都为杨朱所批判。世俗总要比较二人之高下,但杨朱揭示出二人所为对"生损""累身"的实质。

在子产与公孙朝、公孙穆的对比中,杨朱将子产之治国与公孙朝、公孙穆好酒好色拿来对比。杨朱认为公孙朝和公孙穆好酒好色,而子产治郑国,"善者服其化,恶者畏其禁",结果却是"郑国之治偶耳"。如果说公孙朝和公孙穆之行是"名声之丑,性命之危"的丑陋,那子产之行则是"欲尊礼义以夸人""矫情性以招名"的欺诈。杨朱的重心是批儒之文饰反礼之虚诈,而不是鼓励纵欲。

在对卫端木叔的评价中,杨朱思想则较为独特。卫端木叔在六十岁之前和之后的表现看似迥然,实则有个价值线索贯穿其中。卫端木叔在六旬时抛弃万贯家产和家庭,将之施舍给别人。而自己的后事则为受过施舍的人处理。同样一个人,同样这件事,禽骨釐说端木叔是疯子,因为这样做辱没了祖先。段干生听了这件事,则认为端木叔是个达人,"德过其祖矣"。卫端木的所作所为"众意所惊,而诚理所取。"杨朱显然赞同端木叔的做法,批判"卫之君子多礼教自持,固未足以得此人之心也"。

针对杨朱对公孙朝、公孙穆和端木的评价,宋代程俱认为,杨朱是专门教人去除人身情累的。程俱赞赏杨朱中所论及的行为怪异的人:"杨朱一篇,大概所以祛情累也。故其言公孙朝之溺于色,公孙穆湛于酒,而邓析谓之真人。端木叔放意所好,无不为也,而段干生谓之达人。"①邓析、段木干并非真的欣赏公孙穆等人,而是看到了这些人的本质本性所在。

---

① 程俱:《列子论》,《四部丛刊》影宋抄本《北山小集》卷十三。

杨朱一派的传说大都集中在推辞不受的贤士身上，其中一些也还是会称赞英明的禅位者。在伯成子高和大禹的对比中，伯成子高"不以一毫利物，舍国而隐耕"，大禹"不以一身自利，一体偏枯"。杨朱借孟阳孙之口，批判了不知重生贵己的禽子。而禽子却以老聃关尹的贵清观点和大禹、墨子的为天下观点作了终结。杨朱把这两种人物、两种观点抛到读者面前，让读者进行评判，这本来就是两种对立趋势的价值观。杨朱以伯成子高与大禹为例，申明"损一毫利天下"与"悉天下奉一身"的行为都是不为的。杨朱的观点非常明晰：一是像伯成子高一样，不愿意用自己的生命，哪怕是一根毫毛去获得外物之利，不为物利而轻身；二是像大禹一样，不汲汲于利益自身，不以天下养己，或说不为己而谋利于天下。前者反对追逐外界之利，后者反对私藏自身之利。杨朱认为这两种求利都是本真生命与精神的消耗，只不过前者体现为逐物，自己之身被外物驱使，是外物对自我之吞噬；后者体现为自我的张扬，吸取天下之利附于己身，导致自我被外物所累。两者皆伤生，所造成的欠缺或者赘余都将成为修身的阻碍。所以，对于外物，杨朱主张既"不与"也"不取"；对于自我，则既不损一毫也不增一分。较之于单方面强调"不与""不损"的传统理解，两方面并举才完整地表达了杨朱的主张。此主张最终体现为两个否定："不损一毫"与"不利天下"。①

杨朱的"为我"，即韩非所谓"轻物重生"（《韩非子·显学》）。这是一种"贵己"或"贵生"观点。《管子》称之为"全生之说"和"私议自贵之说"。蒙文通认为，"全生之说"和"私议自贵之说"都是杨朱学派的观点。蒙氏根据《管子·立政九败解》的评论，把杨朱学派分之为二，"纵欲妄行，男女无别，反于禽兽"属"纵性情"一派，"退静隐伏，窟穴就山，非世间上，轻爵禄而贱有司"则为"忍性情"一派。②后者退隐山林，不慕爵禄荣利，固然是"轻物重生"的；前者把个人生命看得重于一切，也是"轻物重生"。

---

① 刘黛：《"取""与"皆弃的杨朱生命哲学：从文本、哲学到思想史》，《文史哲》2020年第6期。

② 蒙文通：《古学甄微》，巴蜀书社1987年版，第243—267页。

　　如果人人富足,个个没有贪欲知心,天下自然太平,不需要君主统治了。杨朱的为我实际是个体价值的最大体现。杨朱隐含着赞同伯成子高,批判大禹的思想,①杨朱一系的圣人常常是放弃王位的,"舍国而隐耕"的伯成子高正是典范,他不会为了拥有天下而危害自己的生活与健康。"夫天下至重也,而不以害其生,又况他物乎! 唯无以天下为者,可以托天下也。"(《庄子·让王》)甚至最好的治理者不愿意牺牲别人的幸福来满足自己拥有权力的贪婪,居邻的大王亶父,就"不以所用养害所养"(《庄子·让王》)

　　杨朱进行了四美和二凶的对比。四圣为舜、大禹、周公和孔子,四圣一生劳碌,"戚戚然以至于死",他们分别是"天人之穷毒者也""天人之忧苦者也""天人之危惧者也""天民之遑遽者也"。二凶分别为桀纣,他们享乐一生,"熙熙然以至于诛杀",分别是"天民之逸荡者也""天民之放纵者也"。世俗对四圣和二凶有善恶不同的评价。虽然苦乐不同,但同至于死。在死亡面前,善恶、苦乐对等。杨朱发出了"实者,固非名之所与也,虽毁之不知,虽称之弗知"的感叹。杨朱的本意并非抛却人伦规则,而是表明世俗汲汲功名的可悲。在杨朱看来,四圣的穷毒、忧苦、危惧、遑遽正是热衷功名的结果,四圣汲汲于功名与二恶放纵逸荡没有什么区别。杨朱一系认为最有资格做君主的是真正的放弃权位之人。

　　杨朱通过对以上这些人物的对比,将理想的圣人聚焦在放弃王位、功名和财富的层面。大多数圣人舍弃王位仅仅认识到"有天下"对人生的危害,从而予以回避(如《庄子·让王》"尧以天下让许由""尧让天下于子州支父"的故事)。还有些人则担心悲叹,甚至从禅位的统治力那里退出,"舜以天下让善卷""舜以天下让其友石户之农"的故事(《庄子·让王》),更有人因为被让位者打扰,非常不愉快,而导致自杀。这体现了杨朱一系的学者批判功名等具有鲜明道家特色的价值

---

　　①　类似的在《庄子·盗跖》篇中也有"尧舜为帝而雍(即拥),非仁天下也,不以美害生也……此皆就其利,辞其害,而天下称贤焉"。《管子·戒》云:"仁故不以天下为利,义故不以天下为名。仁故不代王,义故七十而致政。"

观,他们关注的不仅是生存,也包括他们的名誉或者说生活质量。(《庄子·让王》)

三、与人物对比相辅的对等对比

杨朱在"百年寿之大齐"的一节中,分析了在人从生到死的实践内,除却孩提、昏老、夜眠、昼觉之所遗、痛疾、哀苦、亡失、忧惧之外,所剩的只有短短十几年。在这短短的十几年中,人仍然被名利所束缚,不能参透人生的意义。人要想把欲望控制在不危害他人的范围内,实现自我的真正快乐,必须明白生死的本质。因此,民国学者陈此生将杨朱生死观总结为齐死论。①《列子·杨朱》中还出现了不少与人物对比相关联的美恶对比、贤愚对比、生死对比、苦乐对比;贵贱对比、尊卑对比、荣辱对比。《列子·杨朱》篇认为人类在死亡面前贤愚齐、贵贱齐、仁圣与凶愚齐。对于公私、贤愚、尊卑、荣辱、古今、亲疏、有亡、孩抱与昏老、夜眠与昼觉等对比,杨朱亦并无褒贬,仅仅是列出对比项。死亡把一切都拉平了,生为尧舜和生为桀纣的最终结果都是"死则腐骨"。《庄子·山木》中讲述一个得道之人对阳子的启发,"其美者自美,吾不知其美也;其恶者自恶,吾不知其恶也"。杨朱从此论述中幡然醒悟,得出"行贤而去自贤之行,安往而不爱哉"之结论。逆旅之人显然是先秦道家学派得道之人,逆旅之人对于世俗美、恶标准给予批判,认为美、恶标准对于不同个体有不同的标准。在善、恶标准未定的情况下,世俗的善恶对比就不具有价值评判意义了。

在"生相怜"和"死相捐"的对比中,杨朱将生死对等。捐有舍弃忘记之意。亲人在世时,关心爱护,亲人死后,就要忘记他。这是杨朱对人面对亲人死亡的态度,其厚养薄葬的观点与儒家厚葬久丧的观点不同。从人生经验的视角看,人之生具有很大区别,但人之死则是齐同

---

① 陈此生:《杨朱》。转引自刘佩德:《〈列子〉学史》,学苑出版社 2015 年版,第 404 页。

的。这点我们可以从《列子·杨朱》篇中看出。

> 万物所异者生也,所同者死也。生则有贤愚、贵贱,是所异也;死则有臭腐、消灭,是所同也……然而万物齐生齐死,齐贤齐愚,齐贵齐贱。十年亦死,百年亦死。仁圣亦死,凶愚亦死。生则尧舜,死则腐骨;生则桀纣,死则腐骨。腐骨一矣,孰知其异?且趣当生,奚遑死后?

《杨朱》篇的作者从人生经验的角度审视生死,看到的是生的不同,死的相同。生时,有贤愚、贵贱的差异,死时同为一把腐骨,是没有任何区别的。所谓"齐生齐死"就是以道家"齐"的思维方式对待生死,这种理论源自《庄子》,《庄子》与《杨朱》都强调生死的齐同,但两者的立足点与目的却存在很大的差异:《庄子》是从道的立场看待生死,将生与死视为一体,其目的在于以道的本根性说明人之生死的循环往复,以此消解常人的惧死情结;而《杨朱》则是以死亡的未知与不可经验性为基础,强调人生的复杂多样,人死的虚无与无差别,其目的在于否定死的意义与价值,彰显生的意义与价值,从而为其纵欲享乐的人生价值观提供理论支持。

《杨朱》在论及古代贤愚之人时说:"彼四圣虽美之所归,苦以至终,同归于死矣。彼二凶虽恶之所归,乐以至终,亦同归于死矣。"《杨朱》看到,无论生前是富贵至极,还是贫贱无靠,是纵欲逸荡、享尽一生荣华,还是为留得后世美名而贫苦忧患终生,结果都是一样的,都是同归于死。从"生异死同"的角度介入人生,与其一生忧苦贫寒,不如醉酒当歌,以尽余年。

《杨朱》以死为归,否定死的意义与价值,更无意于死后世界的臆想,故有薄葬略死之观念。在晏平仲和管夷吾有关养生送死的对比中,在论述"养生"之后,杨朱提倡"去废虐之主","熙熙然以俟死,一日、一月、一年、十年,吾所谓养",他强调"送死略矣","焚之亦可,沉之亦可,瘗之亦可,露之亦可,衣薪而弃诸沟壑亦可,衮衣绣裳而纳诸石椁亦可,唯所遇焉"。杨朱完全舍弃了世间名誉和物质利益,突破了生的束缚和死的约束。《杨朱》赞赏"生相怜,死相捐"的生死理念,释"死相捐"曰:"相捐之道,非不相哀也;不含珠玉,不服文锦,不陈牺牲,不设明器也。"林希逸曰:"'不含珠玉'等语,所以讥当时厚葬之人。"①

杨朱的乐生论、生死论、贵生论、人生安息论、定命论,都是养生送死论的阐发。以全性保真的自然论为理论基础,超越世间名实的困扰,主张顺其自然,不加人为修饰,这是杨朱对道家一贯传统的秉承。

在"以养伤身"和"以利累形"的对比中,杨朱一系对利作出否定的态度。杨朱认为,如果个体知道什么对自己有利,那他可以决定自己的生命比天子的地位或者全天下的财富更富贵。然而:

> 世之富贵者,其于声色滋味也多惑者,日夜求,幸而得之则遁焉。遁焉,性恶得不伤?(《吕氏春秋·孟春纪·本生》)

吸引人群的利在杨子这里得到否定。

> 世之走利,有似于此。危身伤生,刈头断颈以徇利,则亦不知所为也。(《吕氏春秋·论·开春论》)

杨子认定个人真正的利益不是对财富权力的庸俗推想,而是身体的活力和健康。杨朱既要保全自己的生命,更要保证自己的真实性情,自己的生命和生活质量。一旦违背人之真实性情,即使形体不灭不死,也非真正意义上的生命了。这一观点在杨朱后学詹何那里有更明确生动的表述和体现,《庄子·让王》《吕氏春秋·开春论·审为》《淮南子·道应训》诸篇皆载中山公子牟问詹瞻:

---

① 林希逸:《列子鬳斋口义》,张京华点校,华东师范大学出版社2016年版,第163页。

　　身在江海之上，心居乎魏阙之下。奈何？瞻子曰：重生，重生
则利轻。中山公子牟曰：虽知之，未能自胜也。瞻子曰：不能自胜
则从，神无恶乎？不能自胜而强不从者，此之谓重伤。重伤之人，
无寿类矣。（《庄子·让王》）

　　作为杨朱的后学，瞻子先是劝中山公子牟珍惜生命，克制性情，看
淡世俗的荣华富贵。而当牟知错而又不能克制的时候，瞻子转而叫他
随心所欲。瞻子此举从重生的角度考虑。放纵性情要伤身，极力克制
性情而又无法做到时为此忧心，是谓"重伤"。《吕氏春秋·执一》《淮南
子·道应训》皆以詹何为"明于治身"的"重生"论者。应该提出的是，詹
何的"重生"较老庄道家"重生"或"养生"的思想又有所发展，即他的"重
生"不仅是一般的借清静淡泊、少私寡欲实现养生的目的，而且认为应
通过"顺性""全性"而"养生"，即在"养生"时，面对利欲"不能自胜则从
（纵）"。故蒙文通曾以为《管子·立政九败解》《荀子·非十二子》中所
非难之"纵情性"的学说，其实就是詹何一派的思想主张。①《荀子·非
十二子》说："纵情性，安恣睢，禽兽行，不足以合文通治；然而其持之有
故，其言之成理，足以欺惑愚众：是它嚣、魏牟也。"把魏牟作为"纵性情"
派的代表人物，自然有其道理。
　　以上这些对比项在杨朱看来，是对等的，二者没有价值的高下之
分，仅仅是为了陈述问题的方便。同时这些对比项中，也没有承载思想
的空间。只是为了下面的价值对比作铺排。

四、价值的对比

　　杨朱通过上述人物的对比和相关的对等对比，最终要表达的是一
种价值观念的对比，其中包括毁誉与神形对比；名实对比（对名的批判，
尤其对借名来谋利的批判）；天下与一身对比（对天下、济天下的批判）；

---

①　蒙文通：《古史甄微》，巴蜀书社 1999 年版，第 245—248 页。

大小对比；犯性与顺性对比；戚戚然与熙熙然对比；苦乐对比；重囚与太古之人的对比；治外与治内的对比等等。这些对比项同样表达了杨朱之轻名、贵生、乐生、逸生、任死、爱身、全生、保真、轻物的独特思想。

在毁誉与神形对比中，杨朱反对人们过分看重毁誉（毁谤和赞誉），而使自己的精神和形体长期处在焦虑痛苦之中，"何生之乐哉？"毁誉和神形的对比最能代表杨朱贵生重身的独特性观点。

在名实对比中，杨朱反对名，《列子·杨朱》对"名"的否定就是对儒家"三不朽"的否定，为自身所宣扬的纵欲享乐主义生死观张本。首先，《杨朱》篇界定了名实的关系与内涵：

> 实无名，名无实。名者，伪而已矣。
> 名者，固非实之所取也。
> 实者，固非名之所与也。
> 忧苦，犯性者也；逸乐，顺性者也。斯实之所系矣。名胡可去？名胡可宾？但恶夫守名而累实。守名而累实，将恤危亡之不救，岂徒逸乐忧苦之间哉？

在这里，《杨朱》首先明确说明了名实之间相互分离的情况，并且将"名"置于脱离"实"的伪名之列。对于名实的内涵，《杨朱》认为"名"为累生忧苦之名，"实"为逸乐顺性之实。"名"指生前死后的名誉，"实"指感性享乐的实惠。其次，《杨朱》主张非名取实，名中求实。其言："从性而游，不逆万物所好；死后之名非所取也，故不为刑所及。""鬻子曰：'去名者无忧。'老子曰：'名者实之宾。'而悠悠者趋名不已。名固不可去，名固不可宾邪？"在非名取实的基础上，《杨朱》进一步指出要在"名"中求"实"。《杨朱》篇云"若实名贫，伪名富"。张湛注曰："为善不以为名，名自生者，实名也。为名以招利而世莫知者，伪名也。伪名则得利者也。"①《杨朱》篇虽然将"名"归于"伪名"，但并非完全排除"实名"的存

① 杨伯峻：《列子集释》，中华书局 2012 年版，第 207 页。

在,不过"实名"与"实"矛盾,只会带来利薄的结果;而"伪名"与"实"相符,是真正可以带来物质实惠的。为了说明这一道理,《杨朱》以管仲和田氏为例加以证明:管仲相齐,与君志同道合,虽取得"道行国霸"的美名,但却"死之后,管氏而已";田氏相齐,欺名盗世却可以"子孙享之,至今不绝"。由此,《杨朱》持有"名中求实",即在"伪名"之下追求感性享乐的实际利益。再次,《杨朱》篇否定"名"的不朽意义,从死亡超越的层面遮蔽了"死"之价值,从而高扬其"生"之享乐纵欲的人生目的论。

《杨朱》说:"凡彼四圣者,生无一日之欢,死有万世之名。名者,固非实之所取也。虽称之弗知,虽赏之不知,与株块无以异矣……彼二凶也,生有纵欲之欢,死被愚暴之名。实者,固非名之所与也,虽毁之不知,虽称之弗知,此与株块奚以异矣。"舜、禹、周、孔是儒家推崇的圣人,但在《杨朱》看来,他们一生贫苦,皆为"戚戚然以至于死";桀纣是历史上有名的暴君,但却一生荣华富贵,以达"熙熙然以至于诛"。圣人留得美名,暴君留得恶名,但这些美名、恶名对于早已死去的圣人、暴君本人没有任何实质性的意义,与朽木一般。

《杨朱》认为"名乃苦其身,燋其心""凡为名者必廉,廉斯贫;为名者必让,让斯贱。""起初人类设定名是为了自身之方便,但随着种种名目之增多,名、实不一致之现象不断加剧,人类逐渐体验到为名所累之苦。从逻辑上讲,实指具体的特殊的个别的事物,名之事物的共相"①。名实之辨是杨朱思想的一个最重要命题,代表了杨朱哲学的价值取向,是杨朱哲学中最有特色的观点之一。杨朱尤其抨击田氏以伪名致富贵权势,抨击尧舜以伪让天下应付民众;管仲为获实际的功名而屈从淫奢国君,导致自己后代一无所有。进而杨朱抛出"实无名,名无实"的名实对立,揭示"名者,伪而已"的黑暗现实。"名也者,相轧也;知也者,争之器也;二者凶器,非所以尽行也。"(《庄子·人间世》)如庄子一样,杨朱看到,"名"成了互相倾轧的权力工具。

在治外与治内的对比中,杨朱借公孙朝和公孙穆提出"夫善治外

---

① 公木、邵汉明:《道家哲学》,长春出版社 2007 年版,第 224 页。

者，物未必治，而身交苦；善治内者，物未必乱，而性交逸"的观点。虽然公孙朝和公孙穆认为自己好酒色的行为关涉"名声之丑，性命之危"，但他们将作为"治外"的子产和作为"治内"的自己行为对比，得出了"以若之治外，其法可暂行于一国，未合于人心；以我之治内，可推之于天下，君臣之道息矣"的结论。

一毛与天下的对比更是震撼人心。杨朱提出了"人人不损一毫，人人不利天下，天下治矣"的新型天下观，他以"一毛固一体万分中之一物，奈何轻之乎"的质疑，摧毁了儒家家国天下的梦呓，也颠覆了禹墨为天下牺牲自己的价值观念。"拔一毛利天下而不为"的观点，被梁启超视为全篇最精到之处："人人不损一毛，以为天下固已。又必人人无利天下之公物，然后能不损他人之一毛。杨朱之本意盖为此。此诚不失为一种哲学思想，近世欧洲之桥利主义，快乐主义，盖颇近之。凡一学说之成立，能传播，必在哲理上有所根据。杨朱之言能盈天下，盖以此。若仅如前文所说，专讲兽，何能与儒并行于当世耶？"[1]

在"戚戚然以至于死"和"熙熙然以至于诛"的对比中，杨朱既不赞同后者，也反对前者。杨朱看到，四圣虽然"死有万世之名"，但是"生无一日之欢"的苦闷与压抑，使得具体现实中的人变成了"株块"，已经不具备存在意义上的价值了。这里杨朱仍然持续地在批驳名，"名者，固非实之所取也"。难怪梁启超认为，杨朱思想有怀疑主义的倾向。[2]子华子作为杨朱的后学，更是从重视一毛的角度出发，高度看重人的个体生命。《庄子·让王》说："韩魏相与争地。子华子见昭僖侯……曰：'甚善！自是观之，两臂重于天下也，身亦重于两臂。韩之轻于天下亦远矣，今之所争者，其轻于韩又远。君固愁身伤生以忧戚不得也。'"子华子极其看重生命。故《吕氏春秋·仲春纪·贵生篇》叙子华子之论云："故所谓尊生者，全生之谓。所谓全生者，六欲皆得其宜也；所谓亏生

① 梁启超：《中国历史研究法》，上海古籍出版社 2011 年版。转引自刘佩德：《〈列子〉学史》，学苑出版社 2015 年版，第 300 页。

② 梁启超：《中国历史研究法》，转引自刘佩德：《〈列子〉学史》，学苑出版社 2015 年版，第 301 页。

者，六欲分得其宜也。……所谓死者，无有所以知，复其未生也。所谓迫生者，六欲莫得其宜也，皆获其所甚恶者，……故曰，迫生不若死。"

在大小之辨中，梁王从世俗出发，认为小事处理不好，大事也无从处理。梁王坚持从小通大的道理，坚持大和小二者之通，而没有看到二者之别。杨朱则洞悉大和小的不同，看到"吞舟之鱼不游枝流；鸿鹄高飞，不集污池"，提出"将治大者不治细，成大功者不成小"的观点。杨朱不认同世俗治大者必先治小的观点，结合《老子》第 54 章"故以身观身，以家观家，以乡观乡，以邦观邦，以天下观天下"，杨朱和老子一样并不认同一躯之身直接系与天下兴亡的关系，道家一系与儒家"天下兴亡，匹夫有责"的教义确实不同。

在遁人和顺民的对比中，杨朱批判了遁人的"四畏"——"畏鬼，畏人，畏威，畏刑"，设计出理想中的"顺民"——得出"不逆命，何羡寿？不矜贵，何羡名？不要势，何羡位？不贪富，何羡货"的结论。

在公私之辨中，"虽全生，不可有其身；虽不去物，不可有其物。有其物，有其身，是横私天下之身，横私天下之物。不横私天下之身，不横私天下之物者。其唯圣人乎！公天下之身，公天下之物，其唯至人矣！此之谓至至者也"。当"公"和"私"相对时，"公"主要意味着超越个体性，而"私"相对而言更多地涉及的是个体性。公私之分主要表现为超越个体和关注个体之分。杨朱颂赞圣人的"公天下之身""公天下之物"，这种"公"从价值观上来说，价值观意义上的"公"，更多地是与我们今天说的公共性相关，但不完全等同于公共性。这种公共性意味着超越个体性、超越私人性。"大道之行也，天下为公"（《礼记·礼运》），就是带有一种"公共的"含义。朱熹特别提道："惟公然后能正。公是个广大无私意。"（《朱子语类》卷二十六）"广大无私"，意味着具有一种公共的性质。杨朱虽然要保全生命，却不可以占有自己的身体；虽然不能抛弃外物，却不可以占有那些外物。占有那些外物和自己的身体，即是蛮横地把天下的身体占为己有，蛮横地把天下之物属于己有。不蛮横地把天下的身体属于己有，不蛮横地把天下之物属于己有的，大概只有圣人吧！把天下的身体归公共所有，把天下的外物归公共所有，大概只有至人吧！这就叫作最崇高最伟大的人。杨朱批判了"横私"之人，赞颂了把天下之身和天下之物归公的圣人和至人。

以上这些对比有些虽然是对客观事物或现象的描述，但杨朱也赋予一定价值判断。这些对比大多与人的行为和社会生活有关，杨朱用这些对比表达与世俗不同的价值取向。

五、对比之后的共性批判

在对人物、事件的对比中，杨朱对有些选项赞同，有些则是批判，如对管仲的赞颂和对田成子的批判。而在有些选项中，如四圣和二凶的对比，子产和公孙朝穆的批判，则一同作出批判。如杨朱将伯夷之矜清和展季之矜贞进行对比，认为他们执着于"清贞之误善"，所以有"饿死"和"寡宗"的结果。伯夷和展季为名所累，名一直以一种消极的色彩被杨朱所集中批判。对名的批判和对其他的批判一起成了杨朱批判其他派别的明证。在速亡和久生的讨论中，杨朱坚持"无不废，无不任"的洒脱态度，反对"何遽迟速于其间乎"。在舜、禹、周、孔四圣和夏桀商纣二凶的对比中，"彼四圣虽美之所归，苦以至终，同归于死矣。彼二凶虽恶之所归，乐以至终，亦同归于死矣"。对四圣和二凶作出批判。在有名和亡名的对比中，"今有名则尊荣，亡名则卑辱；尊荣则逸乐，卑辱则忧苦。忧苦，犯性者也；逸乐，顺性者也"，杨朱看似褒奖有名，而贬损亡名。但"守名而累实，将恤危亡之不救，岂徒逸乐忧苦之间哉"的灾难性后果，又使杨朱对有名和亡名一同作出批判，反思名和实的关联，批判世人过分看重名誉。杨朱的名实论实际上与人生相关联，在不违背自然本性的前提下，使个体自身得到一定程度的放松，享受自然赋予的生存权利。杨朱认为，人应当注重个体自身的价值，在不违背自然规律的前提下，积极利用自然所赋予的生存权利，不要为虚名而困苦不堪。这是杨朱一切思想的总纲。

在子产和公孙朝、公孙穆的对比中，杨朱将子产的治理国家和公孙朝、公孙穆的酗酒淫乱作对比。如果公孙朝和公孙穆的酗酒淫乱是败坏纲纪的话，子产的治国只是偶尔为之，缺乏持久生命力。实际上，史家称子产之政，是人存政存，人亡政息。的确，杨朱认为子产治国是暂时而偶然的，郑国没有从根本上治理好。将子产和公孙朝、公孙穆放在一起批判，一方面降低了儒家对子产治国理政的美化和抬高，另一方面也重新审视公孙朝、公孙穆酗酒对流俗的冲击，宋代程俱的评价具有合理之处：

> 且持域中之论，则捡身贤于纵欲；究域外之理，则有心于善，不如无心之不善也。吾无心矣，安知善不善之所在乎？滑欲于俗，世俗之情也；有心于德，贤者之情也，胶其迹而累于情，等耳。盖世俗之情以缮俗，固以汩其真矣。而存圣贤之情于胸次，其亦未得全其真也，唯庸圣之情俱尽，则亦循循常常，与途之人同耳。（《列子论》卷十三）①

公孙朝、公孙穆二人的行为，在儒家看来不可接受，但其对流俗期为圣贤、为物所累的冲击，还是有其意义，所以程俱说"虽然，论至于此，后之儒者有以斯言为罪者矣，若夫以余推列子之心而识余之意，则庶几乎无罪焉"②。

在对原宪和子贡的对比中，对"原宪窭于鲁，子贡殖于卫"的现象描述之后，杨朱批判了"原宪之窭损生，子贡之殖累身"的实质，认为"窭亦不可，殖亦不可"，二者皆损生累身，杨朱得出了"善乐生者不窭，善逸身者不殖"的结论。

在一毛和天下的对比中，杨朱认为"去一毛"和"济一世"这个问题缺乏现实可行性，不能作选择。因为"世固非一毛之所济"。济世不是杨朱集中思考的命题。杨子的弟子反而用杨子的术语阐释墨家的理论，反问墨家，是否应该放弃身体的一部分，来"获万金"或"得一国"。与墨子截然相反，"利天下"在杨子眼中是一种有潜在危害的拥有。葛

---

① ② 程俱：《列子论》卷十三，《四部丛刊》影宋抄本《北山小集》。

瑞汉指出当时"利天下"的两种含义：造福天下和从天下得利。①戴卡琳认为杨子学派以"利天下"的表述来论述"有天下"的危险，天下对人而言具有某种危险的诱惑和害处。②

六、结　语

《列子·杨朱》通过不同形式、不同项目之间的对比，如大小之辨、公私之说、名实之辨（伪实对比）、生死对比、怜捐对比、苦乐之辨、圣凶对比等等，集萃出为我贵己重身的思想。在《列子·杨朱》中，无论是人物对比，还是一般描述性的对比，或是直接的价值判断对比，杨朱都集中突出了对功名天下的疏离批判，对个体生命的顺任维护。和老庄淡泊名利、返璞归真的思想相比，杨朱更注重个体的生存意义和现实意义。

---

①　在其《列子》译本中，葛瑞汉两次将"利"翻译成从中牟利，修正了杨子观点被"曲解"之意。[英]葛瑞汉：《列子研究》，纽约：哥伦比亚大学出版社 1990 年版，第 149 页。注释中谈"利"的翻译的斜体部分。
②　[比]戴卡琳：《"墨子和杨朱的血液在儒家的筋肉里"：〈唐虞之道〉的"中道观"》，《中华文史论丛》第 84 辑，中华书局 2006 年版，第 331 页。

第十章 "以百姓心为心"：
试论老子的民意论

一、问题的提出

"民"是中国文化传统中非常重要的一个概念，广义之民包括民和君臣（即位前的君和任职前的臣都是民），狭义之民则专指民众，不包括臣。从古到今的政治治理中，"君民"都占据着极为重要的关键地位，探讨民情、顺应民心民意、调和君民关系、以更好的治理方式和方法建立和谐稳定的政治基础，形成了民本论和民意论的传统。《老子》在 81 个章节中讲到"天下"60 次，"万物"20 次，"民"35 次，将民置于天下的视域之下和万物的场景之中，老子关心的是从宏观天下的视角，对万物、百姓不加区别的慈爱、关照。不仅如此，老子还以其他的称呼表示"民"的含义：如"下""众人""俗人""天下""百姓"等等。

"民"在老子中是个重要的政治概念，关涉老子的政治治理哲学。学界的研究从以下开展：对老子民之情状的分析、对民众享有恩惠优待的关注、对民众拥有权力的分析、对民众自我发展完善的强调。具体如下。

对民之情状的分析，从道家心性论[①]介入民情民性研究、直抵伦理

---

① 匡钊：《先秦道家的心论和心术》，中国社会科学出版社 2021 年版。罗安宪：《虚静与逍遥：道家心性论研究》，人民出版社 2005 年版。郑开：《道家心性论及其现代意义》，《哲学研究》2003 年第 8 期。

和政治领域的治学路径形成学界的一股清新思潮,从"德性"和"人情"观念的演变①,通过民之先天的情感、好恶、不同的智慧、能力、与生俱来的正当欲望和"自为"的本能,展现道家对民情民性独特的构造和看法。②对民众所拥有的权力的分析,则以民本思想和民心论为代表,《老子》中不乏以民为本、反对干预民众的观点。③相比儒家民本思想,道家顺乎民意有不同含义,包含权力来源的正当性和继承传统政治原则的合法性两层意思④,以不干预民众为指向,将原初秩序建基于民众的天性之上。⑤

对民众所享有恩惠和优待的分析,则有"慈民""愚(寡、朴)民"、重民层面的研究。学者对老子治民思想歧见纷然⑥;但是老子对民之慈爱体恤却不容置疑⑦,对于"愚民"也有分歧,有从得道的角度理解⑧,有从君民同愚的角度理解⑨,有从使民厚朴角度讨论⑩,有从辅助民的

① 王中江:《早期道家的"德性论"和"人情论":从老子到庄子和黄老》,《江南大学学报》2012 年第 3 期;王中江、匡钊:《道家"心"观念的初期形态:老子中的"心"发微》,《天津社会科学》2012 年第 4 期。叶树勋:《老子德观念的改造和重建》,《哲学动态》2015 年第 9 期。

② 姚裕瑞:《作为黄老学人性论的"人情模式"及其秩序》,《中州学刊》2021 年第 6 期。

③ 吴根友:《"圣人无常心,以百姓心为心"的民本主义解读》,《现代哲学》2022 年第 1 期;王保国:《老庄民本思想发微》,《甘肃社会科学》2004 年第 4 期;张金岭:《老庄的民本思想》,《四川大学学报》(哲学社会科学版)1997 年第 4 期。

④ 杨国荣:《自然·道·浑沌之境:〈庄子·应帝王〉札记》,《中国哲学史》2020 年第 1 期。

⑤ 刘笑敢:《诠释与定向》,商务印书馆 2009 年版,第 343 页。

⑥ 班固将老子理解为"君人南面之术";韩非子从广义黄老学的实用角度出发,将老子的无为与法家的道法思想结合,以《解老》《喻老》阐释老子的治民思想;朱熹、王夫之把老子的"愚民"理解为阴谋诡计。

⑦ 许建良:《老子道家"慈"论》,《伦理学研究》2011 年第 1 期。许抗生:《老子论圣人之玄德》,方勇主编:《诸子学刊》第五辑,上海古籍出版社 2011 年版。许抗生:《老子哲学的现代价值》,《北京行政学院学报》2006 年第 5 期。谢阳举《老子慈爱思想辨析》,《中国哲学史》2012 年第 4 期。许春华:《〈老子〉之慈释义》,《哲学研究》2019 年第 2 期。

⑧ 王卡:《老子道德经河上公章句》,中华书局 1993 年版。张岱年:《道家在中国哲学史上的地位》,《道家文化研究》第 6 辑,上海古籍出版社 1995 年版。

⑨ 陈荣捷:《朱学论集》,台北:学术书局 1988 年版,第 105 页。

⑩ 刘笑敢:《老子古今:五种对勘与析评引论》,中国社会科学出版社 2006 年版,第 664 页。宋洪兵:《先秦诸子"愚民"论考辨》,《求是学刊》2008 年第 6 期。

角度理解。①对于"小国寡民",学界既有"小其国、寡其民"等无为而治式的理解②,也有理想国度或复古状态的理解③,还有假设论的解释④,更有对不合理社会现实的批判。⑤

对民众在君民治理中所处地位,学界也有分析,老子之民和君处于权力关系的两端⑥,民心向背凸显老子重民思想。⑦老子无为之治即是"圣贤之治可使民独立干事""民主之政(说)"⑧,"道家式"的提出(马斯洛)⑨启迪我们将治理的思考重点转向作为对象的民之自发性自主性,而非作为主体的君之预测和控制,"虚君民治"⑩、君主和百姓共存的"双主体解构"⑪"曲君伸民"⑫"民圣共治"⑬等观点直指清静无扰的治理方式和君民共治的制度框架,以限制君权、扩大民众生活的空间。⑭笔者认为,作为社会之"下"(社会底层),民不仅是被治理的对象,与"上"(上面的治理者)对应,还以民情、民性、民意和民需构成政治合法性和正当性的基础。从治理的稳定与和谐论,民众对政治权力、政治治理和政治权威的认同、接受和服从,取决于政治治理和权力的使用是否

---

① 吴战洪等:《〈老子〉之"愚"义辨》,《商丘师范学院学报》2021年第4期。

② 王卡:《老子道德经河上公章句》,中华书局1993年版,第303页。姚鼐、李大防:《老子姚本集注》,《无求备斋老子集成》),台北:艺文印书馆1783年版。

③ 胡寄窗:《中国经济思想史》(上),上海人民出版社1962年版,第214—215页。詹剑峰:《老子其人其书及其道论》,湖北人民出版社1982年版,第482—483页。陈鼓应:《老子注译及评介》,中华书局1984年版,第360页。李泽厚:《中国古代思想史论》,人民出版社1985年版,第90—91页。张松如:《老子说解》,齐鲁书社1987年版,第471页。

④ 吴相武:《〈老子〉"小国寡民"新解》,《道家文化研究》第14辑,生活·读书·新知三联书店1998年版。刘笑敢:《老子古今:五种对勘与析评引论》,中国社会科学出版社2006年版,第780页。

⑤ 吕思勉:《先秦学术概论》,中国人民大学出版社2011年版,下编第一章第二节。

⑥⑪ 王博:《权力的自我节制:对老子哲学的一种解读》,《哲学研究》2010年第6期。

⑦ 刘泽华:《中国传统政治思想反思》,生活·读书·新知三联书店1987年版,第100页。

⑧ 王栻:《严复集》(第4册),中华书局1986年版,第1076—1097页。

⑨⑭ 刘笑敢:《诠释与定向》,商务印书馆2009年版,第318—323页。

⑩ 萧公权:《中国政治思想史》,辽宁教育出版社2001年版,第160页。

⑫ 陈霞:《屈君伸民:老子政治思想新解》,《哲学研究》2014年第5期。

⑬ 叶自成:《老子新视角新解译》,上海财经大学出版社2017年版。

和乎民的意愿和愿望,是否最大程度上满足了他们对自身利益的追求、选择和实现。因此,体察民情、劝诫民性、顺应民心构成老子及道家"民"论的重要特征。"民"成为被关注、慈爱、尊重、劝导的对象:利民、爱民、愚民、寡民、慈民、救民、不弃民为政治权力的正当性、合法性确立了衡量的根本尺度和标准,成为老子"民"的独特特征和题中应有之意。

二、《老子》文本中"民"的称呼和状态

"民"是一个广泛、具有多重含义的概念:首先,"民"具有存在层面的含义,与"物"对应,如第 25 章中谈到的"域中有四大";其次,"民"具有价值层面含义,指的是普通的、平凡的人物,与善为道者、圣人对应;再次,"民"是一个政治概念,与作为治理者的君对应。除了"民"之外,还有"天下""(万)物""百姓""俗人""众人""众甫""人"等概念语汇从不同角度揭示"民"之价值。在晚周社会中,民意取代天意和神意成为统治合法的重要基石,形成上下互动的统治机制。

《老子》中的"民"可以从几个方面来解析。首先,民既可以从"物"的角度来理解,民是物,是物之其中一类。民可以被称为"物"。从物的角度看,民是道所创生出来的,道是民之根源和根据,民为道所决定,道为民之源、民之根。民的产生和存在是道运行的产物,民之存在有其合理性和合法性,民之诉求和权利也有合理性和合法性;同时,民的存在必须合道,民之"化"的过程不能"作",民情民性必须符合道的要求和逻辑。

其次,民也可以从"人"的角度理解,民是人类社会中的物,"有七尺之骸,手足之异,戴发含齿,倚而趣者谓之人。而人未必无兽心。虽有兽心,以状而见亲矣"(《列子·黄帝》)。"民"和"人"一样是一个统称的集合性概念,民也可称为"人",它有思想、有感情、有价值,属于社会领域的存在现象,与自然界的无感应的物相对应。

再次,民还可以从存在的广泛性和秩序性来理解,有时民可被称为

"天下"（天下民或天下人），既体现了人数的众多性和广泛性，也体现出道统和正统的意味，隐含着民心民意的思想，民意味着天下政权的基础和政权的合理性。

另外，从政治角度来理解，民与君主、官员、政府相对应，是特定制度管辖、治理下的大多数人们，他们在社会地位和社会层级方面处于下位和劣势，被称为"下""盗贼""贱"，言其权力链条中地位之轻微和边缘。从与官民对应的视角来看待，"民"被动接受官吏的治理，是没有主动权的。民作为"子民"，他们是悲悯、慈爱和包容宽谅的对象。

最后，从文化修养和精神境界的视角来理解，民与"圣贤""君子""士"相对应，在文化积累、社会声望、生活品位和智识方面处于中下位，处于被引导、影响和感染的对象，是世俗的象征，是需要改变引导的对象，从这方面说民被称为"俗人""众人"和"小人"，隐含价值评判意味。

需要指出的是，从理想的境界状态看，民需要被引导、劝诫、感染，民可被称为"孩""赤子"。无论从哪个层面讲，作为中民（绝大多数人），"民"都是一个群体和整体的概念。

（一）老子有关"民"的称呼

从物的角度看，民属于"物"和"万物"之一，"民"是万物。

> （圣人）以辅万物之自然而不敢为。（《老子·64 章》）
> 侯王若能守之，万物将自化。（《老子·37 章》）

从普遍性和普泛性的角度看，"天下"指万民，指民之广泛众多。

> 天下皆知美之为美，斯恶已；皆知善之为善，斯不善已。（《老子·2 章》）

"天下"泛指天下人,"皆"体现出天下民之多、行为之从众。

> 执大象,天下往;往而不害,安平太。(《老子·35章》)
> 圣人在天下,歙歙焉,为天下浑其心。(《老子·49章》)
> 弱之胜强,柔之胜刚,天下莫不知,莫能行。(《老子·78章》)
> 是以圣人抱一为天下式。(《老子·22章》)
> 受国不祥,是为天下王。(《老子·78章》)

从"人"的角度看民,民也是人、人也是民。有时老子将"人"理解为民:

> 以道莅天下,其鬼不神。非其鬼不神,其神不伤人。非其神不伤人,圣人亦不伤人。夫两不相伤,故德交归焉。(《老子·60章》)

此处"人"当指民众。圣人指统治者、王。莅,临也。不伤人则谓有德。更多时候,"人"在老子中指的是受到各种诱惑的俗世民众,这种人具有从众性、物欲性和世俗性。[1]

> 五色令人目盲,五音令人耳聋,五味令人口爽,驰骋畋猎令人心发狂,难得之货令人行妨。(《老子·12章》)
> 人之所畏,不可不畏。(《老子·20章》)
> 我独异于人,而贵食母。(《老子·20章》)

---

[1] 对于《老子》文本中的"人""民"之意是否相同,学界似有不同观点。赵建伟认为"民"可同"人",赵建伟:《郭店竹简〈老子〉校释》,《道家文化研究》第17辑,生活·读书·新知三联书店1998年版,第295页。陈锡勇认为,"民"指在地而有生养之资者,"人"乃泛指一般人,是通称。并认为在第75章中最为明显,但通行本将"人""百姓"并讹作"民",泯没原意。陈锡勇:《郭店楚简老子论证》,台北:里仁书局2005年版,第81—83页。丁四新认为,"民"和"人"对言有别,散言则通,似乎不必强作分别。"民"是相对于统治者,特别是君主而言;"人"为通称,然在"内圣外王"的政治话语系统中,"人"一般亦指"民"而言。丁四新:《郭店楚竹书〈老子〉校注》,武汉大学出版社2010年版,第78页。

人多伎巧,奇物滋起。(《老子·57 章》)

人之迷,其日固久。(《老子·58 章》)

以上"人",意指世俗的人、沉溺于物欲享受、需要被引导的人,泛指需要被劝诫的民众。从价值判断看,指称民的还有"俗人"和"众人"的说法。有学者称《老子》中"人"的含义已经从《论语》中的君子、贤人等向民众、众人过度。①

上善若水,水善利万物而不争,处众人之所恶,故几于道。(《老子·8 章》)

众人熙熙,如享太牢,如春登台。我独泊兮其未兆；……众人皆有余,而我独若遗。……众人皆有以,而我独顽似鄙。(《老子·20 章》)

是以圣人欲不欲,不贵难得之货。学不学,复众人之所过。(《老子·64 章》)

"众人"与道、圣人对应,其行为远离大道,体现出价值评判意义。众人因人之多、因行之俗,在《老子》文本中是有待提升的角色称呼。这层含义在以后道家文本中也有延续。②

从整体性和规模性看,民是集体性概念,数量很多。"万物""物""众""众甫"也指民。

万物并作,吾以观复。夫物芸芸,各复归其根。(《老子·16 章》)

---

① 谭明冉：《从民、人关系看〈老子〉的时代和思想》,第 300—319 页。"从前子学时代道子学时代：边际人物、文本和思想与黄河文明"论坛,2022 年 8 月 9 日—2022 年 8 月 11 日,河南洛阳召开。

② 庞慧指出,《吕氏春秋》中的"民"是"仰'气'而生,因'气'而化的",是"与元同气"的群氓。庞慧：《〈吕氏春秋〉对政治秩序的理解与构建》,中国社会科学出版社 2009 年版,第 215—220 页。

自古及今，其名不去，以阅众甫。吾何以知众甫之状哉？以
此。（《老子·21 章》）

"以阅众甫。"王弼注："众甫，万物之始也，以无名阅万物始也。""众"指
庶、庶物之意。从古到今，道的名字一直流传，可以用它观察万物的发
生和起始。

从社会阶层和层级看，"民"有时也被称为"下"①"贱""尘""百姓"
"不足者""盗贼"等等，以上这些语汇泛指民出身的低微、生活的艰难及
其对权力中心的远离。

太上，下知有之。（《老子·17 章》）
故贵以贱为本，高以下为基。（《老子·39 章》）
不可得而贵，不可得而贱，故为天下贵。（《老子·56 章》）
法令滋彰，盗贼多有。（《老子·57 章》）
江海所以能为百谷王者，以其善下之，故能为百谷王。是以欲
上民，必以言下之。（《老子·66 章》）
天之道，其犹张弓与！高者抑之，下者举之；有余者损之，不足
者补之。天之道损有余而补不足。人之道则不然，损不足以奉有
余。（《老子·77 章》）

"民"在《老子》文本中多处出现。

不尚贤，使民不争。不贵难得之货，使民不为盗。（《老
子·3 章》）
绝圣弃智，民利百倍；绝仁弃义，民复孝慈。绝巧弃利，盗贼无
有。（《老子·19 章》）

---

① "下"指代民众在其他文献中亦有出现。《慎子·民杂》："君者，太上也，兼畜下者
也。下之所能不同，而皆上之用也。"刘向：《说苑》卷第一《君道篇》"人君之事，无为而能
容下。大道容众，大德容下"。

其政闷闷,其民淳淳;其政察察,其民缺缺。(《老子·58 章》)

从家庭结构看,"六亲"也指称百姓,泛指有血缘关系的家庭成员。

六亲不和,有孝慈。国家昏乱,有忠臣。(《老子·18 章》)

从德性修养看民众的精神境界不如圣人那么高大和高尚,需要引导、劝诫和提升。下面的"不善人者""中士""下士"这些称呼可以指称民众。

故善人者,不善人之师;不善人者,善人之资。(《老子·27 章》)

执大象,天下往。往而不害,安平太。乐与饵,过客止。(《老子·35 章》)

上士闻道,勤而行之;中士闻道,若存若亡;下士闻道,大笑之。不笑不足以为。(《老子·41 章》)

道者,万物之奥,善人之宝,不善人之所保。(《老子·62 章》)

民也可成为百姓。

圣人不仁,以百姓为刍狗。(《老子·5 章》)

百姓皆谓我自然。(《老子·17 章》)

圣人无常心,以百姓心为心。(《老子·49 章》)

百姓皆注其耳目,圣人皆孩之。(《老子·49 章》)

"民"在《老子》文本中有多种称呼,除了直接的民和百姓外,还有其他概念具有民的含义:"(万)物""人""众人""俗人""下""贱""盗贼"等。这些概念从不同方面揭示了民所具有的物、人、社会层级和精神价值层次等多种含义。

（二）老子对民情民性的理想映现

《说文解字》解释"民"："民，众萌也。从古文之象，凡民之属皆从民。"其中"萌"字是草木、草芽之类。后人以此为基础解读民，认为"民"像刚刚萌出地面的草芽之形。民之特征与草芽相似，民乃是芸芸众生，数量众多而又需要教化。郑《注》"民，冥也"的训解应当引起我们的注意。据《新书·大政下》文，"瞑"为本字，"冥"为"瞑"之假字，"瞑""盲"均从眼目为喻。古代训诂材料中用"萌""盲""氓""冥""瞑""无知"等解释民的材料有很多。《老子》文本中，并无此类认为民众无知的感叹。但是，老子对现实的民性、民情表达了忧虑和担忧。

首先，老子认为民性的本然状态是纯朴、质朴和素朴，但是素朴的民性在现实的治理中往往受到诱导和强迫的扭曲，民性的现状体现为慵懒、从众、平庸、好利、喜争、缺乏自主。

> 上善若水。水善利万物而不争，处众人之所恶，故几于道。（《老子·8章》）

"众人之所恶者"，众人所回避的卑弱低下的位置。众人与物相争，其行为和价值不合乎道。此种不合道的行为"众人之心"，在第20章也有表述：

> 众人熙熙，如享太牢，如春登台。我独泊兮其未兆，如婴儿之未孩，傫傫兮若无所归。众人皆有余，而我独若遗。我愚人之心也哉！沌沌兮！俗人昭昭，我独昏昏。俗人察察，我独闷闷。澹兮其若海，飂兮若无止。众人皆有以，而我独顽似鄙。我独异于人，而贵食母。（《老子·20章》）

众人、俗人小事清楚、大事糊涂，其投机钻营与愚人单纯的向道之心相比，显然不合乎道的原则与要求。从道的层面而言，愚人"贵食母"，其德全。而众人、俗人之"昭昭察察"的要求、意愿不值得推崇。可借庄子之"德人"来反衬老子众人和俗人：

> 德人者，居无思，行无虑，不藏是非美恶。(《庄子·天地》)
>
> 执道者德全，德全者形全，形全者神全。神全者，圣人之道也。(《庄子·天地》)

愚人德全，俗人与"德人"相反；俗人斤斤计较、心含功利，其德表现出亏损的一面，老子指出现实中民众很容易表现好利、贪婪、喜争的一面。

> 天下皆知美之为美，斯恶已；皆知善之为善，斯不善已。(《老子·2章》)
>
> 五色令人目盲，五音令人耳聋，五味令人口爽，驰骋畋猎，令人心发狂，难得之货，令人行妨。(《老子·12章》)
>
> 民多利器，国家滋昏。人多伎巧，奇物滋起。(《老子·57章》)
>
> 祸莫大于不知足；咎莫大于欲得。(《老子·46章》)

以上"俗人"可谓又俗又众，他们混迹于江湖、沉溺于名利场，与圣人相比，贪念多、物欲多("不知足""欲得之心")，标榜、炫耀自己以求得回报，故而与人计较、与人相争。因为贪念多，为物所累，求道之心黏滞于俗利，或者不愿意求道，或者半途而废、功亏一篑。

> 上士闻道，勤行不已。中士闻道，若存若亡。下士闻道，大笑，不笑不足以为道。(《老子·41章》)
>
> 民之从事，常于几成而败之。慎终如始，则无败事。(《老子·64章》)

这种不能够慎终如始的"民性""民情"：一种做事时不能持久、意志软弱

247

的精神状态,显然会导致失败的结局。民性既然如此,圣人就要担起劝诫、引导、化育百姓的任务。

(三) 老子中"民"出场的两种状态

在《老子》文本中,"民"出现的场景有两种情况,第一种也就是比较多的情况,是以宾词和对象的形式出现,是接受一种治理行为的存在客体,更多作为一种对象存在,如"爱民治国""小国寡民""非以明民,将以愚之"等等;第二种是作为主语存在的,如民之"四自""民不畏死""民不畏威""民之难治"等等,强调了民的自发自愿的诉求、能力以及决定政局、颠覆天下的力量。

首先看"民"作为宾词出现的情况,民是治理和引导的对象。因为民性易受到物欲的诱惑,不能保持自我,导致"作"的状态,即过分、过度和过界,因而失去自我、背离本根的状态,所以圣人、侯王要引导民众。

> 万物并作,吾以观复。……不知常,妄作凶。(《老子·16章》)
> 侯王若能守之,万物将自化。化而欲作,吾将镇之以无名之朴。(《老子·37章》)

"镇"多解以"镇压""压服"之义,有待推敲。此字郭店简作"贞",帛甲佚,帛乙作"阗",汉简作"寘"。上述四字音近可通,考经义,当以"贞"为本字。《广雅·释诂》:"贞,正也。""贞"有端正之义。据此,"贞"与本章尾句"天下将自定猌猌"(王弼、郭店简等本)或"天下将自正猌猌"(西汉简帛、傅奕等本)之说正相对应。陆希声本虽亦作"镇",然其训以"奠正",曰:"苟利欲之情将有萌兆,吾必以此大道之质奠而正之,使无得动矣。"[①]可谓洞察卓识。圣人要引导民众回复到天然的、本然的规定上

---

① 陆希声:《道德真经传》,《道藏》第十二册,文物出版社、上海书店、天津古籍出版社1988年版,第130页。

来。"复"是圣人和百姓之间经常出现的关联词。

> 绝仁弃义,民复孝慈。(《老子·20 章》)

苏辙解释老子"复归"说:"圣人与人均是有性,人方以妄为常,驰骛于争夺之场,而不知性质为始少妄也。是以圣人以其性示人,使其除妄以复性。待其妄尽而性复,未有不廓然自得,如右契之合左,不待责之而自服也。"①为避免民众贪婪"五色""五味""五声"等"难得之货",走向"妄作"之路,圣人的劝诫、引导民众就十分必要了。

> 圣人在天下,歙歙焉,为天下浑其心,百姓皆注其耳目,圣人皆孩之。(《老子·49 章》)
>
> 常使民无知无欲。(《老子·3 章》)
>
> 非以明民,将以愚之。(《老子·65 章》)

民失去本然规定,就是失去自身、背离大道,所以圣人引导民众是"救人""复众人""(不)弃人"之行动。众人是作为被救治、宽宥、包容的对象存在,众人存在于世,有其合理性和必要性。圣人不能舍弃和遗弃生民。

> 是以圣人常善救人,故无弃人。常善救物,故无弃物。(《老子·27 章》)
>
> 是以圣人欲不欲,不贵难得之货;学不学,复众人之所过,以辅万物之自然而不敢为。(《老子·64 章》)
>
> 人之不善,何弃之有?(《老子·62 章》)

"欲使教化不善之人"(河上公语)。②范应元曰:"谓自有生民,不可无

---

① 苏辙:《老子解》卷四"足以圣人执左契"注。
② 王卡:《老子道德经河上公章句》,中华书局 1993 年版,第 242 页。

道,故立天子以主道,置三公以迪道,则可以化民反善,不善者皆归于善也。"①圣人是下民的表率和楷模:

> 君为政,则百姓从政矣。君之所为,百姓之所从也。君所不为,百姓何从?(《礼记·哀公问》)

在其他章节中圣人引导、垂范民众,圣人为"天下式"(22、28章)、"为天下正"(39、45章)、"为天下王"(78章),都是对圣人范导、规范民众的颂赞。

"民"在《老子》文本中出场的另外一种状态是主语,民众是作为主语和主体出现的,这方面有关材料也有不少:可分为两种情况,一种是民自足、自定、自宾、自定的状态,体现民众自我完善、自我发展、自我管理的能力和状态。"自然""自化""自正"等强调民众自然自由地向健康、富裕和淳朴的方向成长。

> 侯王若能守之,万物将自宾。(《老子·32章》)
> 民莫之令而自均。(《老子·32章》)
> 不欲以静,天下将自正。(《老子·37章》)
> (圣人)以辅万物之自然,而不敢为。(《老子·64章》)

另一种则是民众决定政权的基础,民意民心是治理者理政的基础。

> 民不畏死,奈何以死惧之!(《老子·74章》)
> 民之饥,以其上食税之多,是以饥。民之难治,以其上之有为,是以难治。民之轻死,以其求生之厚,是以轻死。(《老子·75章》)

老子中的"民"作为主语出现,从反面强调了民心民意:如果君主不

① 范应元:《老子道德经古本集注》,华东师范大学出版社2010年版,第109页。

能怎样，就会导致什么样的后果？民众要求基本的生存权和生命权，要求人身不受伤害和威胁，要求生存的安全感，能够安居乐业，这些条件是否满足决定了政权的存在与否。老子中"民"作为宾语出现的场景和作为主语出现的场景是一致的："民"作宾词时，是接受君王无为而治的对象，是圣人慈爱、关照的宾语；"民"作主语时，则是对基本生存权的彰显以及失去生存权的威胁所带来的巨大的灾难。"民"的两种出场状态和宗旨前后呼应：民是圣人关照、慈爱的对象，是无为而治的宾词；民是君王政权的根基和基础。《老子》中对圣人和道的比喻很多，喻体包括水、川谷、渊、山谷、赤子、根、朴、玄览等等，这些喻体的共同特征是无我、包容万物。与圣人和道对应的万物和民，作为包容的对象，被给予强烈的关注关切和肯定凸显。"民"无论是主语还是宾语，都与下述这一主题相呼应："民"既是圣人无为而治的对象，具有自我发展、自我完善的能力和意愿；同时当这些权力和诉求得不到满足时，民之反抗会导致各种凶险暴政、苛政。

三、圣人对民的态度、方法、劝告、期待

《老子》文本中渗透者对人类社会秩序、状态的忧虑，体现着对民众命运的关切。在忧虑和关切的背后，老子有一种对人类、对人类社会秩序主动关心的拳拳之心，这种关注和隐忧之情体现在圣人对民众的态度、方法、劝告和期待上面。

（一）圣人"慈"民

老子对人类社会的理想状态有一种憧憬，对人类社会如何实现理想状态有一套价值标准和原则性方法，这些都离不开圣人对民众的慈爱：

> 我有三宝，持而保之。一曰慈，二曰俭，三曰不敢为天下先。

（《老子·67章》）

"慈"为老子三宝之首,是治国者护身卫国固政之基础。对于治理者来说,"慈"即要求治理者应有爱民之心,与民众共情,才能赢得民众的爱戴;"俭"亦即前所言"少私寡欲"之修养,治理者节俭不奢靡,克制而不肆为;"不敢为天下先"即要谦下不争,将民众之利益置于首位。三宝之首是"慈",慈的主语是"我"即圣人。慈爱是一种怜惜万物百姓的情感。和普通之爱相比,慈稍有不同。首先,慈更侧重于上对下,老对小,有"慈幼"的说法(《周礼·地官·大司徒》)。"慈者,父母之高行也"(《管子·形势解》)、"为人父者,慈爱而教"(《管子·五辅》),"慈"体现了父母亲子的基本表达。其次,慈更强调爱之深切。《左传·庄公二十七年》:"夫礼、乐、慈、爱,战所畜也。"孔颖达疏云:"慈谓爱之深也。"贾谊《新书·道术》云:"亲爱利子谓之慈,反慈为嚣。……恻隐怜人谓之慈,反慈为忍。"[1]盗跖曾控诉尧杀长子丹朱,"世之所高,莫若黄帝,黄帝尚不能全德,……尧不慈,舜不孝,禹偏枯,汤放其主,武王伐纣,文王拘羑里。此六子者,世之所高也。孰论之,皆以利惑其真而强反其情性,其行乃甚可羞也"(《庄子·盗跖》)。"慈"有两个特点非常明显:慈为上对下之间施行;慈爱之深不求回报。我们可以看出,"慈"的本义是指"上爱下",它是天地对于万物,君王对臣子,父母对儿女的爱。关于老子之"慈",蒋锡昌说:"老子谈战,谈用兵,其目的与方法不外'慈'之一字。人君用兵之目的,在于爱民,在于维护和平,在于防御他国之侵略;其方法在以此爱民之心感化士兵,务使人人互用慈爱之心,入则守望相助,出则疾病相扶,战则为难相惜。夫能如此,则用兵不战则已,战则无有不胜者矣。"[2]

"爱"在《老子》中共出现了 5 次,其意义主要是对人或事物真挚深厚的感情。

> 爱民治国,能无知乎?(《老子·10 章》)

---

① 阎振益、钟夏:《新书校注》,中华书局 2000 年版,第 302 页。
② 蒋锡昌:《老子校诂》,成都古籍出版社 1988 年版,第 409 页。

> 故贵以身为天下,若可寄天下。爱以身为天下,若可托天下。
> (《老子·13章》)

将慈爱之光拂临天下,可见胸襟情怀。类似慈爱还有以下材料:

> 杀人之众,以悲哀莅之,战胜,以丧礼处之。(《老子·31章》)

"杀人众",显然包括被杀的战败的对手,而不是单指自己人的牺牲者。因为杀人众而以丧礼处之超越了一般人的胸襟,是跨越历史的远见。

> 故抗兵相加,哀者胜矣。(《老子·69章》)

劳健将"哀"释为"爱",蒋锡昌释"爱"为"闵",都是对自己士兵的慈爱。高亨更进一步,认为"哀"包括对敌方士兵的悲悯慈悲①,连对阵的敌人都能包容,可见老子仁慈思想之深广。这样做可以避免散播仇恨的种子,防止激化矛盾,有利于社会的长久和谐。可以结合第54章中的一段话:

> 修之于身,其德乃真;修之于家,其德乃余;修之于乡,其德乃长;修之于国,其德乃丰;修之于天下,其德乃普。故以身观身,以家观家,以乡观乡,以国观国,以天下观天下。吾何以知天下然哉?以此。(《老子·54章》)

"战胜以丧礼处之"抛弃了狭隘的价值标准,舍弃了道德、仁义、平等、自由、正义、神圣的目标,哀怜悯众生民众的不幸和人类社会的破裂和割裂,体现了对敌我双方生命的尊重和怜悯,体现了不分敌我、是非、对

---

① 劳健、蒋锡昌、高亨的观点分别出自:劳健:《老子古本考》,台北:艺文印书馆1941年版,下40B;蒋锡昌:《老子校诂》,成都古籍出版社1988年版,第420页;高亨:《重订老子正诂》,古籍出版社1957年版,第139页。

错、跨越地区、国别界限的慈爱和关注。

> 治大国若烹小鲜，以道莅天下，其鬼不神。非其鬼不神，其神
> 不伤人。非其神不伤人，圣人亦不伤人。夫两不相伤，故德交归
> 焉。(《老子·60 章》)

以效法自然之道莅临天下、治理天下，鬼的神妙鬼祟就消失了。并非是
鬼祟作用真的无效了，而是说鬼祟作用不再伤害百姓。圣人以道临天
下，"治大国如烹小鲜"，无为而治，就能够把上帝和鬼神的作用推到了
边缘、次要和从属的地位，圣人以爱民之心不伤害百姓，也避免鬼神对
百姓的伤害。

(二) 圣人平等待民

圣人平等待民体现为两点：一是圣人不认为自己比百姓英明高明；
二是圣人不对百姓进行价值等第的分疏。

老子创设"玄同"一词，意思是圣人与众人具有同等地位。

> 塞其兑，闭其门；挫其锐，解其纷；和其光，同其尘，是谓玄同。
> (《老子·56 章》)

学界多将"玄同"解作圣人同于道，把"其"理解为圣人自己。高亨先生
认为"其"指的是民众。[1]"玄同"是说圣人通过"塞""闭"等辅助性行为
和民众达到玄妙的一致。

> 天地不仁，以万物为刍狗；圣人不仁，以百姓为刍狗。(《老
> 子·5 章》)

---

① 　高亨：《老子注译》，清华大学出版社 2010 年版，第 91 页。

天道无亲，常与善人。（《老子·79 章》）

此处"仁"是指有心的私爱。老子谓天地无心，无私爱，故言"天地不仁"。"天道无亲"意指不去分疏百姓，不进行价值等第的划分。老子认为人性本来圆满。在淳朴可贵的天然本性面前，万物平等无别。此本性之善，是绝对的，不是与恶相对的。老子反对民性不善的观点。

圣人无常心，以百姓心为心。善者，吾善之，不善者，吾亦善之，德善。信者，吾信之，不信者，吾亦信之，德信。（《老子·49 章》）

世俗善恶有别，老子则隐含性超善恶论的观点。①万物平等使老子视域中的百姓具有不可分疏和不可分离性：不划分善者和不善者、信者和不信者；反对以"不善"对人进行划分和分疏（第 27、62 章）。对民众分层治理是治理者常用的谋略，也是激化矛盾、制造社会冲突的根源，这为老子所批判。老子的包容性很强，反对用各种非人性的标准，将人分为善恶高低、亲疏远近不同的等级来分别对待：

故不可得而亲，不可得而疏；不可得而利，不可得而害；不可得而贵，不可得而贱；故为天下贵。（《老子·56 章》）

社会治理者依靠一部分人，排斥另外一部分人，以善恶、是非标准导致冲突和斗争，和谐的社会也会变成对立、矛盾和冲突的乱象，治理者本身就会成为社会和谐的障碍。老子在第 29 章中表达"大制无割"的思想："大制"即谓"大治""至治"或完美之治。《说文解字》："割，剥也。""剥，裂也。"则"割"本谓剥离或分解，其于事物的本然有所毁伤或残害，有"害"义。段玉裁释"割"曰："'割'谓残破之。"且谓"割"与"害"古音义皆同，可互用。在"大制无割"中，"割"喻治者妄加"割裂"庶民众物的

---

① 张岱年：《中国哲学大纲》，江苏教育出版社 2006 年版，第 195 页。

"有为"之行,有"割"则必有所伤害;"无割"喻"无为","大制无割"义即"大治无为"。"无割"就是对百姓一视同仁,不对百姓进行价值等第的分疏,无害于庶民众物。

一般认为与孔子的"以直报怨,以德报德"的观点不同,老子提出"以德报怨"是很高的层次,属于圣人治理社会的最高层次。甚至在老子看来,"以德报怨"都不是最高的境界;一旦有怨气产生了,是不好和解的。

> 夫唯不争,故无尤。(《老子·8章》)
>
> 和大怨,必有余怨。(以德报怨,)安可以为善?(《老子·79章》)

百姓不能分辨、不能分疏,正如大道不能割裂。庄子延续了这一观点:

> 六合之外,圣人存而不论;六合之内,圣人论而不议。春秋经世先王之志,圣人议而不辩。故分也者,有不分也;辩也者,有不辩也。曰:何也? 圣人怀之,众人辩之以相示也。故曰辩也者有不见也。夫大道不称,大辩不言,大仁不仁,大廉不嗛,大勇不忮。道昭而不道,言辩而不及,仁常而不成,廉清而不信,勇忮而不成。五者园而几向方矣,故知止其所不知,至矣。(《庄子·齐物论》)

儒家看到民众的分疏和分层,百姓必须教化。老子的民众观则寓含万物平等的思想,百姓无须以仁义礼乐来教化。

(三)圣人利民

圣人主张让民众得利,得到利益。

　是以圣人之治,虚其心,实其腹。(《老子·3章》)

绝圣弃智,民利百倍。(《老子·19章》)

这里的道德价值可以是一般标准,它同人们基本的"利民""实其腹"标准相协调。"利民"的"利"有伸缩性,它的下限是人们不能忍饥挨饿,要达到衣食无忧,上限可以是富裕一些。类似于儒家的表达,"正德""利用""厚生"(《左传·文公七年》)。老子反对俗人只求物欲满足而忘记了人格和价值的发展,正如其所批评的那样：

乐与饵,过客止。(《老子·35章》)

五色令人目盲,五音令人耳聋,五味令人口爽,驰骋畋猎令人心发狂,难得之货令人行妨。(《老子·12章》)

尤其是民为了物质利益、为了物质生活的满足而违背道义和伦理规范：

大道甚夷,而民好径。(《老子·53章》)

在物质利益与伦理价值发生不能兼得乃至矛盾的情况下,老子则强调人格和伦理价值的重要性和优先性。

名与身孰亲？身与货孰多？得与亡孰病？是故甚爱必大费,多藏必厚亡。(《老子·44章》)

天之道,利而不害；圣人之道,为而不争。(《老子·81章》)

老子认为上天、天道为了彰显秩序,设立圣人或治理者的目的和初衷,就是为了万物和民众的利益及福祉——"利而不害""为而不争"。天道乃是利于万物的天道,圣人是效法天道的,天之道和圣人之道都是"利而不害""为而不争",体现出圣人对百姓有利而不争功的态度,也就是圣人、治理者必须最大限度满足民众的生存、安全和自我人格的发展等多重需求。

功遂身退，天之道也。（《老子·9章》）

天之道，不争而善胜，不应而善应，不召而自来，繟然而善谋。（《老子·73章》）

天之道相当于冥冥中主宰万物秩序的原则，体现着宇宙本根之道的价值方向，只有圣人才能体现天道。

天之道，其犹张弓与？高者抑之，下者举之；有余者损之，不足者补之。天之道，损有余而补不足。人之道，则不然，损不足以奉有余。孰能有余以奉天下？唯有道者。是以圣人为而不恃，功成而不处。其不欲见贤。（《老子·77章》）

圣人"损有余而补不足"，纠正世俗"损不足以奉有余"的不合理、不公正的现象。圣人"不欲见贤"是一种内心不争功的表现，是圣人无我、无私、利民的具体表现。

是以圣人之治，虚其心，实其腹。弱其志，强其骨。（《老子·3章》）

老子多次强调填饱肚子对于治理大国的重要性：民为邦本，本固邦宁，首要任务就是使人民衣食不缺。老子注重民生的吃饭穿衣问题，这对于政治家治理大国有着巨大的影响。

绝圣弃智，民利百倍。绝仁弃义，民复孝慈。绝巧弃利，盗贼无有。（《老子·19章》）

圣人如何使民众得到利益？具体途径就是圣人不与民争、也不使民争。"不善者吾亦善之""不信者吾亦信之"，圣人不过分强调或依靠某种道德或者类似的原则造成社会对立的灾难，更不会拨弄是非、分而治之。圣人非常更看民众的质朴属性："寡""不争""愚"等定位了民的素朴特征，"镇之以无名之朴""不尚贤，使民不争；不贵难得之货，使民不为盗；不见可欲，使民心不乱"。苏辙注："人主'尚贤'，则民耻于不若，而至于争；贵'难得之货'，则民病于无有而至于争；见可欲，则民患于不得而至于乱。"①上位者贪名好利，贪婪狡黠，恣意妄为。百姓上行下效，内心挈愔，外行贪鄙。终于酿成"贪者竞趣，穿窬探箧，没命而盗"②的人间悲剧。

老子在第 20 章谈到作为君的"我"是愚人之心，65 章谈到"非以明民，将以愚之"，河上公注："使质朴不诈伪也。"③高延第注："愚之，谓返朴还淳，革去浇漓之习，即'为天下浑其心'之义。"④王弼注："'愚'谓无知，守其真顺自然也。"⑤"愚"涵指真朴自然意。类似的"为腹不为目""去彼取此"，"处其厚，不居其薄；处其实，不居其华"，都强调要保持民众本性的素朴。

（四）圣人信民

老子将"信"提升到道的高度，认为"信"是道的一种属性，道的本质很真实，是可以验信的。信是一种至高的德行，首先是对治理者的要求，属于治理者的美德，圣人信任民众、信赖民众。认为民众有自我管理、自我发展、自我完善的能力。圣人不会猜忌、排斥百姓。

> 信不足焉，有不信焉。（《老子·17 章》）
> 信者，吾信之；不信者，吾亦信之，德信。（《老子·49 章》）

---

① 苏辙：《道德真经注》，黄曙辉注解，华东师范大学出版社 2010 年版，第 2 页。
② 楼宇烈：《王弼集校释》，中华书局 2011 年版，第 9 页。
③ 第王卡：《老子道德经河上公章句》，中华书局 1993 年版，254 页。
④ 熊铁基、陈红星主编：《老子集成》第 11 卷，宗教文化出版社 2011 年版，第 325 页。
⑤ 楼宇烈：《王弼集校释》，中华书局 2011 年版，第 168 页。

治理者收获的信任不足,是因为他对百姓缺乏信任。如果治理者足够信任百姓,那么百姓也会充分信任、信赖治理者。一旦百姓中有"不信者"的分疏,那也是百姓之间的评价,君主不可掉入百姓的评价之中而失去正确的判断和包容之心。理想的、合格的治理者是不在百姓中间进行价值等第划分的,对所谓的"不信者"也会包容宽谅。要相信百姓、信任百姓,这样才能得到"信"。老子强调要信一切人,包括"信者"与"不信者"。老子认为百姓进行道德判断是百姓生活的一部分,而理想的社会治理者则不应该卷入百姓之间的道德评判,以免造成社会分裂。从老子强调人无弃人、报怨以德的思想来看,他的思想背后有一种坚定的相信一切人的普遍意义与价值的人性观,认为百姓的天然本性值得尊重、保护和发展,相信百姓的自主性和自发性,由此避免百姓的分裂和对峙。

> 居善地,心善渊,与善仁,言善信,正善治,事善能,动善时。
> (《老子·8章》)

"言善信"强调的是治理者要深思熟虑,不轻易许诺,一切顺应自然,让百姓自由自在地生活,保证自己信用充足。"贵言"不等于不言,而是"言善信",即"上善如水","并利万物而有静",又"言善信","夫唯不争,故无尤",这就接近于道了。虽然强调上位者应当贵言,但是无为之为也适用于普通人。诚信处事,不与万物相争,就没有人怨。善于表现信任是君主无为而治、不与民争的重要方面,和居住善于选择低洼、心灵善于渊潜、行事善于发挥人之才能、做事善于把握时机一样是构成无为而治的重要体现。

> 其知情信,其德甚真,而未始入于非人。(《庄子·应帝王》)
> 无行则不信,不信则不任,不任则不利。故观之名,计之利,而义真是也。若弃名利,反之于心,则夫士之为行,不可一日不为乎?
> (《庄子·盗跖》)

老子十分重视"言善信"的作用，庄子看到了人的德行应当真实可信，不受外物役使。

> 上德无为而无以为（下德无为而有以为）。上仁为之而无以为；上义为之而有以为。上礼为之而莫之应，则攘臂而扔之。故失道而后德，失德而后仁，失仁而后义，失义而后礼。夫礼者，忠信之薄而乱之首。前识者，道之华而愚之始。是以大丈夫处其厚，不居其薄；处其实，不居其华。故去彼取此。（《老子·38 章》）

老子强调无为高于有为；机心和动机受到排斥。上德、下德、上仁、上义、上礼，是随着动机和目的的强烈而逐级出现的，也是社会上下阶层之间的忠信和民众之间的信任逐步减少后的结果。上位者越是信任百姓，越是会实行无为而治，就越会让百姓自富、自化、自正、自朴；上位者提防、排斥百姓，就会出现"攘臂而扔之"的治理行为，"百姓之不治理也，以其上之有为，是以不治"。以圣人之睿智、地位，如果要竞一人之功，显一人之、逞一人之能，必然会影响和妨碍百姓的自正。老子认为礼违反道，系忠信之薄，应当弃礼。在实际生活中，礼是未反映"本"的"末"。老子崇尚上位者的超脱和洒脱，反对上位者把自己的价值和行为强加于百姓。"失道而后德，失德而后仁，失仁而后义，失义而后礼"，礼本应该是自内而外的呈现，但很容易流于形式，变成单纯的外在表现。礼仪制度本来就是带有某种限制性的社会规范，礼的盛行可能是内在充实的精神原则衰落的结果，而不一定是上信下忠的社会关系的体现。所以，到了完全要依靠礼并且要"攘臂而扔之"的时候，已经是"忠信之薄"的结果，是社会动乱的前兆和开始："乱之首"。可以看出老子是讲忠、信的，只是他强调应当注重忠、信的实质，"是以大丈夫居其厚，而不居其泊，居其实，而不居其华，故去彼而取此"。通过去掉华而不实的东西以保存信的实质。老子批判的重点不在于礼本身，而在于礼仪盛行之中所反映的"忠信之薄"的问题，批判世俗的功利心盛行的社会标准和价值取向，追求的是自然的、内在的社会行为和价值标准，而这首先又离不开上位者对百姓的信任。

圣人对待民的态度总体是慈爱、关爱和关照的。圣人平等对待民众,不在百姓中间进行价值等第的划分,以无为之治满足民众的基本生活需求,使民众的生存权和生命权不受到伤害,安居乐业,在此基础上发展民众更高的精神需求和更高的生活目标,利民不争、不使民争。圣人信任、信赖民众,认为民众本性纯朴、天性素朴,民众有自我发展、自我完善的能力,可以在圣人引导下回复纯朴之心。圣人对待民众的态度既关涉对民性民情的理解和调整,又是对民心民意的顺应调整。

四、政权合法性的基础:民心民意

(一)"(天)道":权力的起源

"道"在《老子》文本中被提升为终极性概念,是统治思维与治理逻辑的基石。立君被看成是大道的体现(有别于儒家立君是天命的体现的观点),"(天)道"为民设立君主(侯王),是为了让君主治理他们,以使民众自我发展和自我完善("自宾")。老子指出了立君是为了民众,道生民而设立君主,目的是为了有利于民众。其目的被认定为满足民众的需求,它同道家的另一立场——道是"无名"和"莫能臣"的观念是统一的。

> 道常无名、朴。虽小,天下莫能臣也。侯王若能守之,万物将自宾。(《老子·32章》)

再进一步,老子将天道视为政治权力的来源:

> 天之道,其犹张弓与?高者抑之,下者举之;有余者损之,不足者补之。天之道,损有余而补不足。人之道,则不然,损不足以奉有余。(《老子·77章》)

老子表达了天道和人道的紧张，并表示了天道在人道之上。对人道表示了无奈。老子将政治权力视为超验存在天道的授予，既使世俗的相关权力获得了神圣性，也使作为政治权力接受者的君主成为超验存在的世间代表：以超验的存在为政治权力的根据，意味着君主"代表"权力的超验赋予者治理人世间。天之道是冥冥中主宰力量的意蕴[①]，根据宇宙秩序来指示人世间的政治秩序。在中国文化中，君权是由天道授予，"神"与"天"彼此相通，政治权力来自神授，同时也被理解为这种权力得自天。

> 天地不仁，以万物为刍狗；圣人不仁，以百姓为刍狗。(《老子·5章》)
>
> 天网恢恢，疏而不失。(《老子·73章》)
>
> 天之所恶，孰知其故？……天之道，不争而善胜，不应而善应……(《老子·73章》)

圣人效法天地或道，从更为实质的层面看，这里同时肯定了君主的政治权力源于超验之"天"（天地或天道），其职能在于"代表"天这一超验存在而治理天下、统驭万民。在老子语境中，君权或治权是由道（或者天道）授予的。

最能体现天道立君王的概念是老子所使用"天下"的概念。赵汀阳认为古代"天下"概念有三层意义：世界整个大地；世界全体人民；一种世界制度。[②]在老子的语境中，"天下"有三层含义。

第一，本根含义：

> 天下有始，以为天下母。(《老子·52章》)
>
> 天下万物生于有，有生于无。(《老子·40章》)

---

① 曹峰：《天道与天命之间》，《道家文化研究》第29辑，中华书局2015年版。

② 赵汀阳：《天下体系：世界制度哲学导论》，中国人民大学出版社2011年版，第83页。

第二,"天下"指容纳万物的世界,具有地理空间意义,是最大的地理单位。

> 故以身观身,以家观家,以乡观乡,以国观国,以天下观天下。
> (《老子·54 章》)

第三,秩序含义,"天下"最终指与人类生活有关,具有治理意义的秩序社会:

> 故贵以身为天下者,若可寄天下;爱以身为天下,若可讬天下。
> (《老子·13 章》)
> 奈何万乘之主,而以身轻天下?(《老子·26 章》)

老子的"天下"是最大的地理单位,也是最融洽、和谐的秩序所在,意指和谐的理想社会和理想世界:

> 将欲取天下而为之,吾见其不得已。(《老子·29 章》)
> 以道佐人主者,不以兵强天下。(《老子·30 章》)

"天下"是公共的、共有的、最大的、终极的,与身、家、乡、国等单位不同,它拥有最后和最厚的内涵。这里的"天下"是指人类最大的共同体及其权力。代表这种共同体和拥有国家最高权力的人是"圣人"(理想的广义的君主)。理想的圣人能以道临天下:

> 知常容,容乃公,公乃全,全乃天,天乃道,道乃久,没身不殆。
> (《老子·16 章》)

而现实的君主作为个人,他同社会大众中的每一个具体个人具有类似的需求和愿望。这就意味着掌握最高权力的君主,有可能将原本要服务于公共利益的权力用于私人方面：

> 非以其无私耶？故能成其私。(《老子·7 章》)
> 奈何万乘之主，而以身轻天下。(《老子·26 章》)
> 侯王若能守之，万物将自宾。(《老子·32 章》)

这是同"公天下"("公乃全，全乃天，天乃道")观念相对立的、将公共权力用于谋取私人和一家利益的"私天下"和"家天下"的观念。现在一般所说的"公共领域"与"私人领域"的严格二分法，就是要求占据着公共权力的核心人物不能将权力运用到私人利益上。但即使在"权力"受到各种约束的民主和法治社会，从事政治事务的人要完全做到这一点也不容易。老子主张天下的公共性和独特性，天下不同于身、家、乡、国，也不能在后者的基础上推演，它具有独特的内容和要求。国家的公共性(共有、共用)反对公权的私用，严格划分公天下、官天下与私天下、家天下的界限，从理念上说同现代"公共领域"和"私人领域"的二分有一致性。只是，老子认为这主要靠君主的精神修为和自我约束来实现，而现代法治和民主社会主要是靠硬性制度的相互约束和限制来达到。

君主本身作为一定社会的政治代表，其"代表性"的确立却并非与社会成员(民)毫无关联。君主的政治权力固然被视为天道所授予，但在作为超验存在的"天道"之后，乃是社会的群体(民)：

> 以道佐人主者，不以兵强天下。(《老子·30 章》)

在这里，天意与民意相互关联，民意构成了天意的实际内容，君主则通过体现民意而"代表"天意天道。

> 天之道，利而不害；圣人之道，为而不争。(《老子·81 章》)
> 天之所恶，孰知其故？(是以圣人犹难之。)(《老子·73 章》)
> 常有司杀者杀。夫代司杀者杀，是谓代大匠斫。夫代大匠斫

者,希有不伤其手者矣。(《老子·74 章》)

受国之垢,是谓社稷主;受国不祥,是为天下王。《(老子·
78 章》)

"夫代代大匠斫者,希有不伤其手者矣""天之所恶"之类的表述,包含着顺应和代表天意的意向;"社稷主""天下王",则表明君主的治理同时体现和"代表"了民意,在这里,政治权力正当性的根据被归之于超验之天,以合乎民意为前提。尧与舜、舜与禹之间的政治权力更替,不同于后来的世袭,而是具有所谓"禅让"的性质。但在以"民"的意向为政治权力正当性的根据这一点上,二者并无根本不同。广而言之,传统社会中政治权力的更替还与朝代的更迭相关,后者或是源于政治上的反叛,或是因为外族的入主。这种社会变迁常常首先呈现为天下大乱的格局,而政治权力的更替则常常表现为天下从纷乱走向一统。这一背景下的天下一统又与民众的认可呈现为同一过程的两个方面,而民众的认可与上述"民受之""民从之"则具有一致性。

(二)"高以下为基":民众是政权的基础

《老子》文本中隐含认为人民是国家根本和基础的民本观,发出了"贵以贱为本,高以下为基"的劝谏;《文子》受此影响提出"民之国之基"的论点。《淮南子·主术训》提出"食者民之本也,民者国之本也,国者君之本也"。《管子·霸言》则说"夫霸王之所始也,以人为本。本理则国固,本乱则国危"。

民众为什么会认同、接受和服从政治统治和权威呢?这要看政治统治和权力的使用是否合乎民众的意愿和愿望,是否最大程度上满足了他们对自身利益的追求、选择和实现。有学者称此为政治正当性、合法性的深层基础。

　　太上,下知有之;其次,亲而誉之;其次,畏之;其次,侮之。

（《老子·17 章》）

　　民不畏威，则大威至。无狎其所居，无厌其所生。夫唯不厌，是以不厌。是以圣人自知不自见，自爱不自贵。故去彼取此。（《老子·72 章》）

　　民不畏死，奈何以死惧之？若使民常畏死，而为奇者，吾得执而杀之，孰敢？常有司杀者杀。夫代司杀者杀，是代大匠斲。夫代大匠斲，希有不伤其手者矣。（《老子·74 章》）

　　夫乐杀人者，则不可以得志于天下矣。（《老子·31 章》）

　　焦竑《老子翼》解："人不畏其所当畏，则大可畏者至矣。"注意到《老子》提醒上位者的意义层面。国家制定太多的禁忌、禁令之类，本身就充满了对百姓的不信任，会引起反感、反叛。老子言："鱼不可脱于渊，国之利器不可以示人。"王弼注曰："示人者，任刑也。刑以利国，则失矣。鱼脱于渊，则必见失矣；利国器而立刑以示人，亦必失也。"[1]刑法禁令皆是凶厉之器。治理者只一味用严刑峻法来制裁恐吓民众，就会失去民心，如鱼离水，统治注定无法长久。较之儒家，《老子》更强调社会政治包含着的尖锐对立，这也正是其思想的深刻处，正是从这种君民上下之间的对立的形势把握出发，《老子》认为，就像敌对双方只有彼此忌惮才能出现和平局面一样，社会政治的稳定和谐，需要上下之间的相互信任、相互威慑来维持。

　　体察民心民情既是君的精神修为内容，亦是其为政出发点。作为政治合法性根源的（天）道，本身潜含民心民情，此为儒道共同继承的三代遗产。"以道临天下""天之道，损有余而补不足""功成事遂，百姓皆谓我自然"。君之治理潜含道的智慧，老子的治理强调的不是刑名制度，而是因循民众更贴合（天）道：

　　古之善为道者，非以明民，将以愚之。（《老子·65 章》）

君主最初创设是立足于人们原本就有的需求满足而来的,这是从政治权力的起源上来说明它同人民意愿的关系。老子认为,君主在常态化的统治中,以君主的权力为手段,以大众的需求满足为目的,权力的运用是否正当、合法,判断的根本标准就是看它是否合乎民意和民心。用老子的话说是"得民心"。既然政治权力在起源上是为了满足人们的期待、愿望和诉求,那么君主对权力的运用有什么理由可以脱离公众的意愿和利益而自行其是,更有什么理由去违背民心、民意甚至成为公众的对立面呢? 人们批判君主的专制主义,批判暴政和权力的滥用,是因为政治权力变质和异化了。

> 鱼不可脱于渊,国之利器不可以示人。(《老子·36 章》)
> 天下多忌讳,而民弥贫。(《老子·57 章》)
> 民不畏死,奈何以死惧之?(《老子·74 章》)
> 民之饥,以其上食税之多,是以饥。民之难治,以其上之有为,是以难治。民之轻死,以其求生之厚,是以轻死。(《老子·75 章》)

君主对权力的运用必须是正当的,必须合乎民众的意愿,服务于民众的利益;也只有在这样的前提下,君主才可以说具有神圣性("圣人")。老子不能保证现实中的君主能够做到这一点,其主要是提供理念和建言,而君主是否实践最终则取决于君主个人的精神修为和胸襟气度。

(三)"以百姓心为心":顺乎民心

道的神圣性和崇高性在同民众结合在一起看待时,又具有了俯视下民、顺民意愿的含义。

> 大道泛兮,其可左右。万物恃之以生而不辞,功成而不有。衣养万物而不为主,(常无欲)可名于小;万物归焉而不为主,可名为

大。以其终不自为大,故能成其大。(《老子·34章》)

将民心民意提高到很高的程度,老子将君主治理的根本标准和尺度最终设立在听从民意、顺应民心上面。既然对于民众的意愿,道都要听从和答应,作为治理者来说,还有什么理由不服从民意呢? 既然道"衣养万物""恃之以生而不辞",圣人、君王效法天道,自然也要顺应民意。顺应民意,也是效法天道。

老子主张君主的权力和运用都要符合民众的意愿,要以满足他们的需求为目的。第49章提出了一个原则性的论断:

圣人常无心,以百姓心为心。(《老子·49章》)

圣人没有自己的意志和情感,以百姓的意愿和诉求为依据。在老子的哲学表达中,主语(主体)多为否定式的,宾语多是肯定式的。老子为了阐释复杂的哲学和政治问题,以独特的生活观察和丰富的想象推理建构了广泛、多样和立体的隐喻世界,将隐喻作为一个有效的论说工具,激活日常生活中潜在象征主题。老子将其论述的本体集中体现在道、圣人以及现实的治理者上,而以水、愚人、赤子、婴儿、谷、烹饪等概念作为喻体。在本体和喻体的共性描述中,道家讨论了主体(主语)和对象(宾语)看似对称实则"失衡"的关系:主体(主语)是弱化的、否定的甚至是隐藏的,而对对象(宾语)则予以强烈的关注关切和肯定凸显。道、圣人作为最重要的主体,万物、民众作为最常见和重要的宾语,被赋予隐藏和凸显的两个走向。从圣人作用(即治理)的弱化讨论民众一定程度的自由健康发展的属性和品格。老子以无我和弱我的形式表达了对君权的限制和节制,并将君权的节制与民众的意愿结合起来:

不上贤,使民不争;不贵难得之货,使民不为盗;不见可欲,使民心不乱。(《老子·3章》)

绝圣弃智,民利百倍;绝伪弃诈,民复孝慈;绝巧弃利,盗贼无

有。此三者以为文不足，故令有所属；见素抱朴，少私寡欲。（《老子·19章》）

天下多忌讳，而民弥贫；民多利器，国家滋昏；人多伎巧，奇物滋起；法令滋彰，盗贼多有。（《老子·57章》）

其政闷闷，其民淳淳；其政察察，其民缺缺。（《老子·58章》）

根据上下文，"绝圣弃智""绝仁弃义""绝巧弃利"看似在规定和调整君主治理的方式和导向、依据，其实在限制君主的权利，以满足民众的意愿、引导劝诫民性为治理要求和标准。儒家将民众"意愿"简化为"好恶"两个方面：一是最大化得到满足民众所喜好的东西；二避免排除民众厌恶的东西。①老子没有直接评判民众意愿的好和恶，只是客观分析民情和民性的现状、出现的原因以及改变它的方法。在老子看来，治理者的做法就是减少运用权力、不滥施刑罚去维护民众素朴、纯朴的天性，避免民众受到浮华名利的诱导和诱惑、刺激。换言之，只要是能存留民众天性的，君主就要去做；只要是滋生民众恶性的，君主就要设法使他们避开和摆脱。能够保持民众天然本性的统治者就是人民的父母。只有合乎民众愿望和利益的治理，民众才会接受其政令，否则，他们就要拒绝。

以其不争，故天下莫能与之争。（《老子·66章》）

这也是民心顺应论。

将欲取天下而为之，吾见其不得已。（《老子·29章》）

鱼不可脱于渊，国之利器不可以示人。（《老子·36章》）

为者败之，执者失之。是以圣人无为故无败，无执故无失。

---

① 王中江：《权力的正当性基础：早期儒家"民意论"的形态和构成》，《学术月刊》2021年第7期。

《《老子·64章》》

从君主得到或失去国家权力的结果看,有某种将权力变成目的的意味,但它的基础和根据仍然在于君主是否赢得了民心,这照样是强调治理者的治理首先要顺应"民心"(目的),这才是获得政治正当性的根本。

在老子看来,政治治理的权力是工具和手段,其运用只有服从和服务于民众的利益和意愿才是正当的。政治和权力的目的在《老子》文本中是以合乎"民意"和"民心"来表达和论说的。老子对为什么建立政治权力和设立君王,权力运用为什么要合乎民意和民心,民意、(天)道意和君意三者为什么是一致的,政治责任和后果由谁承担以及公众该如何面对暴政恶政等问题的回答和论说,都是围绕权力的正当性基础在于合乎民意和民心而展开的。

(四)"不争之争":民心的归附

老子多次以"归""往""王"阐论民心的归附和依顺。

> 万物归焉而不为主,可名为大。(《老子·34章》)

以物对道的归附比附民众对圣人的归附:正如万物依赖道生长而不推辞一样,民众依赖圣人生活而圣人不夸耀。圣人完成了功业,办妥了事业,而不占有名誉。道养育万物而不自以为主,圣人劝导百姓而不干涉,可称为"小",万物归附而不自以为主宰,可以称为"大"。万物都得归附大道,万民归附圣人,圣人和大道一样,从不做主人,从这个角度上说,也可以把它叫作大。

> 执大象,天下往。往而不害,安平太。(《老子·35章》)

道体现的是自然的原则,圣人践履道的原则,"辅万物之自然而不敢为",治理天下时体现的也是自然的和谐和自然的秩序,百姓日享惠利,而不知其功劳,无需歌功颂德。

> 以道莅天下,其鬼不神。非其鬼不神,其神不伤人。非其神不伤人,圣人亦不伤人。夫两不相伤,故德交归焉。(《老子·60章》)

在此社会环境之下,百姓安享其利,不受伤害,谁人不归而往之呢?

> 受国之垢,是谓社稷主;受国不祥,是为天下王。(《老子·78章》)

民心的归附建立于治理者忍辱含垢的基础之上,这是节制欲望、限制权力和民心归附的重要前提。

老子以川谷入海阐论民心的归附和依顺:

> 始制有名,名亦既有,夫亦将知止。知止可以不殆。譬道之在天下,犹川谷之于江海。(《老子·32章》)

社会发展到一定程度需要建立各种制度、确定名分。然而,老子给出两个字"知止"。名分制度要有适度的范围,不能过分依赖名分制度。过分依赖制度就会造成强迫的僵化的社会秩序,百姓失去个体自由发展的空间,失去社会生活的生机。好的社会管理方式有如百川入海,百姓民心可以自然归附,社会秩序可以自然形成。

> 江海之所以能为百谷王者,以其善下之,故能为百谷王。是以圣人欲上民,必以言下之;欲先民,必以身后之。是以圣人处上而民不重,处前而民不害。是以天下乐推而不厌。以其不争,故天下莫能与之争。(《老子·66章》)

江海虽下于百川，却能容纳，能胜之，能王之。"下"是甘处于下风，"王"则指百姓的归王。蒋锡昌说："《说文》：王，天下归王也"，是"王"及归往之义。此言江海所以能为百川归往者，以其善居卑下之地，故能为百川归往也。61章王注，"江海居大而处下，则百川流之。即居此文而言"①。圣人治理时，因后而先，因下而上。这里评价圣人治理的出发点是百姓的利益，即圣人虽然在上，民不感到有厚重之压迫；虽在民前，不觉有伤害之虞。圣人在上、在前的利益实际上就是百姓的利益得到满足的结果。

圣人没有百姓利益之外的私利。圣人能在民前、民上的特殊地位或"成功""成就"，是百姓拥戴而自然获得的，并不是为了自己的利益而夺取来的。因此"以其不争，故天下莫能与之争"。这可能包含事实与后果两方面，圣人的地位不是与别人争抢而来的，意味着没有人能与之争。这样自然而然地获得民心的归附，其地位和成就是最牢固的。这是事实的层面。从结果来看，由于地位、成就的获得是众望所归、百川归一的结果，所以其他人没有办法夺走，因此是"天下莫能与之争"。这个结果隐含心理效应，因为圣人的地位，不是险胜而来，不用担心别人来争、来抢，也不怕别人来争抢。即使圣人的地位、权力和荣誉失去了，圣人也不担心，因为他的目的不是自己的地位，而是百姓的福祉。

五、结　语

概而言之，"民"在老子中是个重要的政治概念，出现的频率达35次之多，民众在《老子》文本中不仅是治理的对象，还作为"下"（社会底层）与"上"（上面的治理者）对应，更重要的是老子将民置于天下的视域之下和万物的场景之中，从宏观天下的视角，对民众表达出不加区别的慈爱、关照和超然。此外，"民"还是政治合法性和正当性的基础。从治理的稳定与和谐来看，民众对政治权力、政治治理和政治权威的认同、

---

① 蒋锡昌：《老子校诂》，成都古籍出版社1988年版，第402页。

接受和服从，取决于政治治理和权力的使用是否合乎民的意愿和愿望，是否最大程度上满足了民对自身利益的追求、选择和实现，体察民情、劝诫民性、顺应民心构成老子及道家"民"论的重要特征。"民"成为被关注、慈爱、尊重、劝导的对象：利民、爱民、愚民、寡民、慈民、救民、不弃民成为老子"民"的独特特征和题中应有之意。"以百姓心为心"是老子民心论的最重要诉求。

第十一章 《庄子》的天下观

一、问题的提出

现实主义的权力政治给当代世界带来了冲突灾难。借助诸子"天下"观蕴含的权力归属和天下治理的思想资源,成为解决当今政治关系的有效选择。回溯诸子天下观,省思今人之现实变革是否必要、是否可能及如何变革,应对全球化产生的诸多难题,不仅具有学理价值,亦具有现实意义。

在中国哲学的思想世界中,"天下"是一个关系着地理、心理和社会制度等维度的政治理念,堪称古人理解世界、事物、人民和文化的基础。"天下"一般被看作是一个政治地理概念,狭义的"天下"等同于中国或九州,广义的"天下"指九州加上四海,甚至可以扩展到天覆地载的所有区域,与此关联的是五服制度、朝贡制度以及华夷之辨。西方学者对中国古代天下观的理解则深受列文森的影响,他在《儒教中国及其现代命运》中提出"天下"是一个价值体,而"国"则是一个权力体。①张其贤在《"中国"与"天下"概念探源》中重申"天下"是一个政治地理概念,列文森以"天下"为文化价值体系是源于对黄宗羲、顾炎武观点的误解。②学界对儒家天下观的研究颇为壮观。围绕正统和道统原则,学者对儒家

---

① [美]列文森:《儒教中国及其现代命运》,郑大华、任菁译,中国社会科学出版社2000年版,第84页。
② 张其贤:《"中国"与"天下"概念探源》,《东吴政治学报》2009年第3期。

"天下"观念作了系统的解释。儒家"天下"与治权密切相关,是明君贤臣变革现实的集中体现。

相比之下,学界对《庄子》"天下"的研究成果有:直接研究如王玉彬、王威威、叶树勋等分别撰文讨论了庄子"天下"观念的本始含义、政治寓意和自发秩序[①],陈赟更关注天下之中人的境况。他认为庄子思想中的天下乃是天下人的天下,将天下让于天下人,意味着使天下作为天下人的天下得以向天下人开放自身。[②]陈赟以与儒家比较的方式,分析《庄子》之"天下"思想是让天下人自己治理,此无为原则将治天下转换为安天下,进一步又将安天下提升到让天下自安的层次。王硕民讨论了《庄子》的天下治理观:遵"道"而为,"顺之则治";倡导天下平等相待和睦共处等。[③]间接研究则是学者在讨论道家或庄子无为思想时涉及《庄子》天下观,如池田知久提出道家的三种政治思想:拒绝政治、乌托邦和中央集权,涉及《庄子》如何治"天下"的问题。[④]陈鼓应认为《应帝王》篇表达了庄子无治主义,是古代民主政治思想极浓的作品。[⑤]王中江提出庄子是一种"非政治性的动物",区别于老子是"政治性的动物"观点。[⑥]他们隐约阐述《庄子》避世的天下观。在杨国荣《庄子的思想世界》和崔大华《庄学研究》中,讨论庄子理想人格和精神境界时亦都涉及《庄子》天下观,论述了《庄子》对天下治理权的疏离。[⑦]张榕坤认为当治国者消解一己成心而以百姓心为心,"天下"将由对峙的身外之物,

① 王威威:《从"平等"到"一体":论庄子的天下观》,《商丘师范学院学报》第 1 期。叶树勋:《军沌的场域及其自发性:庄子天下观的内在构造与特质》,《哲学动态》2022 年第 4 期。王玉彬:《庄子哲学的"天下"观念》,陈鼓应主编《道家文化研究》第 29 辑,生活·读书·新知三联书店 2015 年版。冯莉:《以道为基础的天下秩序新建构:论老子的天下观念》,《中国哲学史》2022 年第 9 期。

② 陈赟:《自由之思:〈庄子·逍遥游〉的阐释》,浙江大学出版社 2020 年版,第 316 页。

③ 王硕民:《论庄子"天下"治理观》,《商丘师范学院学报》2022 年第 1 期。

④ [日]池田知久:《道家思想的新研究:以庄子为中心(下)》,王启发、曹峰译,中州古籍出版社 2009 年版,第 477 页。

⑤ 陈鼓应:《老庄新论》,商务印书馆 2010 年版,第 260 页。

⑥ 王中江:《庄子的自由理性及其性质》,《中国青年政治学院学报》2001 年第 6 期。

⑦ 杨国荣:《庄子的思想世界》,第 189 页。崔大华:《庄学研究》,人民出版社 1992 年版,第 149—194 页。

转为治国者感同身受的同体存在,由此治国者对百姓的全情体谅、尊重与顺应将最大限度地开出百姓自治的活力空间,达成无为而无不为的现实效果。①

以上学者的研究为《庄子》天下观研究提供了一定基础。但有些问题还需进一步探问,"天下"究竟有哪几种含义?这些含义有何关联?"天下"蕴含着什么样的世界图景?内篇和后学有何分疏和关联?在内篇看似消极的现实疏离中,潜藏着《庄子》对变革世界的哪些省思呢?《庄子》天下观与儒家天下观有何不同?② 这些问题有待于厘清。

二、《庄子》中的"天下"概念

(一)"天下"的本根论意义

"天下"具有本根论意义,指万物所始出,包含始端、初始之义。如"夫天下者,万物之所一也"(《庄子·田子方》)。现在所见的世界,万物繁陈。天下是一切物当有所从出,即宇宙之始,是本根。这种万物始出于"天下"的思想承继老子而来,"天下有始,以为天下母"(《老子·52章》)。"天下万物生于有,有生于无。"(《老子·40章》)

"天下"具有万物究竟所凭待根据之义。在此世界中,万物各有所待。万物之全,当有总所待,有此所待然后有世界有万物。此总所待,即是究竟所待,也是万物所一,即大化之所待,如"又况万物之所系,而一化之所待乎?"(《庄子·大宗师》)"六合为巨,未离其内;秋毫为小,待之成礼。天下莫不沉浮,终身不故;阴阳四时运行,各得其序。惝然若亡而存,油然不形而神,万物畜而不知。此之谓本根,可以观于天矣。"

---

① 张榕坤:《往来天地间:庄子伦理政治的理据》,《江南大学学报》(人文社会科学版)2020 年第 5 期。

② 《庄子》后学和内篇歧变诸多。本章借鉴刘笑敢先生以述庄派、无君派、黄老派对庄子后学进行分疏。刘笑敢:《庄子哲学及其演变》,中国人民大学出版社 2010 年版,第 241、256 和 271 页。

《庄子·知北游》)《庄子》"天下"具有归属万物、承载万物的意味。

"天下"指代具有一切宗主的本根意义,是世界之最原始,可以统摄万物,万物凭之以待。这是庄子哲学与儒、墨、法诸说不同的方面。赵汀阳认为古代"天下"概念有三层意义:世界整个大地;所有土地上生活的所有人的心思,即"民心";指向一种世界一家的理想或乌托邦(所谓四海一家),想象着并且试图追求某种"世界制度"以及由世界制度所保证的"世界政府"。①赵先生忽略了《庄子》"天下"的本根意义。这种本根意义决定了《庄子》对有关世界(自然界和生物界)、社会(人类组成的各种群体)、人生(人类共同生存的领域)等方面的看法带有整体视野。

(二)"天下"的地理区域性意义

《庄子》"天下"指容纳万物的世界,具有地理空间意义,是最大的地理单位。

> 天下莫大于秋豪之末,而大山为小;莫寿于殇子,而彭祖为夭。天地与我并生,而万物与我为一。(《庄子·齐物论》)
> 小人则以身殉利,士则以身殉名,大夫则以身殉家,圣人则以身殉天下。(《庄子·骈拇》)
> 吾相马,直者中绳,曲者中钩,方者中矩,圆者中规,是国马也,而未若天下马也。天下马有成材,若卹若失,若丧其一,若是者,超轶绝尘,不知其所。(《庄子·徐无鬼》)
> 天下之水,莫大于海,万川归之,不知何时止而不盈;尾闾泄之,不知何时已而不虚;春秋不变,水旱不知。(《庄子·秋水》)

以上"天下"意指地理学上的存在,就是地理学意义上的整个世界。

---

① 赵汀阳:《天下体系:世界制度哲学导论》,中国人民大学出版社 2011 年版,第83 页。

（三）"天下"的秩序含义

"天下"在《庄子》中亦是具有治理意义的行政单位。这个"天下"把地理意义上的大地变成政治意义上的天下，并且体现出依靠形名的人为和人文的意味。对此《庄子》一方面表达严厉批判，如：

> 自三代以下者，天下莫不以物易其性矣……圣人则以身殉天下。（《庄子·骈拇》）
> 虽重圣人而治天下，则是重利盗跖也。（《庄子·胠箧》）

另一方面，庄子赋予"天下"以秩序的意涵，体现出天下的不被治理的治理意味：

> 汝游心于淡，合气于漠，顺物自然而无容私焉，而天下治矣。（《庄子·应帝王》）
> 昔尧治天下，不赏而民劝，不罚而民畏。（《庄子·天地》）

"天下"思想有着超越国家的维度，表达了关于世界秩序的一种理想。围绕天下是否应该治理和如何治理，"为（治）天下"受到《庄子》褒贬不一的评价。

概言之，《庄子》"天下"有三层含义：从本根论意义上的万物始出和究竟所待出发，中经地理方位的地域空间；最终入于与人类生活有关，具有治理意义的秩序社会。第三层含义是《庄子》"天下"的重点和主要内容。

三、《庄子》理想的天下秩序

《庄子》中的理想天下秩序体现为万物无扰的状态，这种状态与《庄子》的精神体验和心灵升华互为表里。内篇"天下"指代理想人格的纯精神世界。"天下"是内篇对理想世界"大相径庭而不近人情"之设计。《逍遥游》中"尧让天下于许由"那段话决定《庄子》天下观的基调：天下应该和谐安然，也能达到和谐安然；天下和谐的途径是"日月出"和"时雨降"，这样能使天下免除"劳""扰"；天下和谐安然重于君位继替；"天下"应该"无事"；人君应放弃"天下"治权。内篇以背离现实、拒绝政治的明确表达，对人是否能够、是否应该变革世界和如何变革世界进行深微反思，以此超越世俗一味变革世界之企图。

无君派的理想天下秩序是民众本性俱存，彼此"自适"的大同世界。无君派认为圣哲礼乐是导致民风败坏的根本。天下太平在于民众天性的恢复：

> 故天下诱然皆生而不知其所以生，同焉皆得而不知其所以得。
> （《庄子·骈拇》）

黄老派则以君无为臣有为的实际管理实现"万物成"的现实社会。圣治即是：

> 故曰："其动也天，其静也地，一心定而王天下；其鬼不祟，其魂不疲，一心定而万物服。"言以虚静推于天地，通于万物，此之谓天乐。天乐者，圣人之心，以畜天下也。（《庄子·天道》）

万物无扰是《庄子》理想天下秩序。这种理想天下秩序的表现形式和实现途径在内篇和后学中有所不同。

（一）内篇之"相忘"

内篇的理想天下秩序是"相忘"的人际和物际联系。

> 泉涸，鱼相与处于陆，相呴以湿，相濡以沫，不如相忘于江湖。
> 与其誉尧而非桀也，不如两忘而化其道。（《庄子·大宗师》）

内篇以"相忘乎江湖"作为理想天下秩序，质疑世俗相濡以沫。[①]相濡以沫在庄子看来是社会问题和个体沉沦的证明。仁义礼智等与恶相对之善（如世俗对尧的赞誉），是个体自我完善成就的障碍羁绊，应该受到摒弃。

人际"相忘"源于人君对"天下"之忘。《逍遥游》中"让天下"故事中，展示出庄子对理想秩序的设想：天下是无事的，万物是无扰的，人君是无为的。"丧天下""让天下"体现了内篇对现实世界的远离淡漠。这本身亦是内篇对世俗企图改变现实的改变。

人君对天下"忘"能带来人间"相忘"。

> 故曰：以敬孝易，以爱孝难；以爱孝易，以忘亲难；忘亲易，使亲忘我难；使亲忘我易，兼忘天下难；兼忘天下易，使天下兼忘我难。夫德遗尧、舜而不为也，利泽施于万世，天下莫知也，岂直大息而言仁孝乎哉！夫孝悌仁义，忠信贞廉，此皆自勉以役其德者也，不足多也。故曰：至贵，国爵并焉；至富，国财并焉；至愿，名誉并焉。是以道不渝。（《庄子·天道》）

从孝亲之礼的忘，经过双亲对子女的忘和人君对天下民众的忘，到最难的"使天下兼忘我"（成疏"谓百姓日用而不知也"）。《庄子》论述了"忘"所带来的自由，不仅有人君对天下之"忘"，更有百姓对人君之"忘"。

人际相忘导致"是非"之忘。

> 是以圣人和之以是非而休乎天钧，是之谓两行。（《庄子·齐物论》）

---

① 陈鼓应：《先秦道家之礼观》，《哲学门》第一卷，北京大学出版社 2000 年第 2 期。

《庄子》反对"是非"评价。"和之以是非"即不分是非,"休乎天钧"即无心于是非。

> 与其誉尧而非桀也,不如两忘而化其道。(《庄子·大宗师》)

不分是非,即超然是非之上。

> 有人之形,无人之情。有人之形,故群于人,无人之情,故是非不得于身。(《庄子·秋水》)
>
> 忘足,履之适也;忘要(腰),带之适也;知忘是非,心之适也……始乎适而未尝不适者,忘适之适也。(《庄子·达生》)

"忘是非""和是非",并非真的不讲是非,而是超越于是非之上。是非评价毁损民众可贵淳朴的本性,忘是非就能保留民性。

(二)无君派之"民有常性"

无君派理想天下秩序是民众保持天然本性。无君派坚持放弃圣哲的治理,

> 彼民有常性,织而衣,耕而食,是谓同德;一而不党,命曰天放。……夫至德之世,同与禽兽居,族与万物并。恶乎知君子小人哉!同乎无知,其德不离;同乎无欲,是谓素朴;素朴而民性得矣。(《庄子·马蹄》)

关注民众天然本性是无君派天下观的主要内容。他们认为最大的善就是使万物"任其性命之情":

> 吾所谓臧者,非仁义谓也,臧于其德而已矣;吾所谓臧者,非所

> 谓仁义之谓也,任其性命之情而已矣;吾所谓聪者,非谓其闻彼也,
> 自闻而已矣;吾所谓明者,非谓其见彼也,自见而已矣。夫不自见
> 而见彼,不自得而得彼者,是得人之得而不自得其得者也,适人之
> 适而不自适其适者也。(《庄子·骈拇》)

"自得其得""自适其适"状态的保留是至德之世。无君派认为圣哲
导致了民性毁损和世风败坏。

> 上诚好知而无道,则天下大乱矣。(《庄子·胠箧》)

无君派否定一切君主统治:

> 昔尧之治天下也,使天下欣欣焉人乐其性,是不恬也;桀之治
> 天下也,使天下瘁瘁焉人苦其性,是不愉也。夫不恬不愉,非德也。
> 非德也而可长久者,天下无之。(《庄子·在宥》)

立足民性的不可侵犯,无君派批判历代贤哲,直陈圣人是产生盗贼
现象的原因:

> 彼曾、史、杨、墨、师旷、工倕、离朱,皆外立其德而以爚乱天下
> 者也,法之所无用也。(《庄子·胠箧》)

保留民众天性是无君派理想天下秩序的强烈诉求。

(三)黄老派"尊卑先后"之下的"万物成"

黄老派同样认为万物和谐是理想天下秩序,天下和谐在于民众的
本性俱存。

故君子不得已而临莅天下，莫若无为。无为也而后安其性命之情……（君子）从容无为而万物炊累焉。吾又何暇治天下哉？（《庄子·在宥》）

君子不得已临莅天下，以无为使"万物炊累"。

夫子若欲使天下无失其牧乎？则天地固有常矣，日月固有明矣，星辰固有列矣，禽兽固有群矣，树木固有立矣。夫子亦放德而行，循道而趋，已至矣；又何偈偈乎揭仁义，若击鼓而求亡子焉？意，夫子乱人之性也。（《庄子·天道》）

成疏"牧"为"养"，认为天下大治在于民众的本性保存，而非以仁义扭曲人性。

大圣之治天下，摇荡民心，使之成教易俗，举灭其贼心而皆进其独志，若性之自为，而民不知其所由然。（《庄子·天地》）

保留民众素朴的本性便是高明、高妙的治理者。

与无君派不同的是，黄老派的万物安然是在君尊臣卑的前提下呈现的。

夫尊卑先后，天地之行也，故圣人取象焉。天尊，地卑，神明之位也；春夏先，秋冬后，四时之序也。……夫天地至神，而有尊卑先后之序，而况人道乎！宗庙尚亲，朝廷尚尊，乡党尚齿，行事尚贤，大道之序也。语道而非其序者，非其道也；语道而非其道者，安取道。（《庄子·天道》）

黄老派融合了儒法思想。《庄子》中的黄老派最后并不是完全废除名相的秩序：

是故古之明大道者,先明天而道德次之,道德已明而仁义次之,仁义已明而分守次之,分守已明而形名次之,形名已明而因任次之,因任已明而原省次之,原省已明而是非次之,是非已明而赏罚次之。(《庄子·天道》)

《庄子》显然并不废黜形名,只是将之放置在一个相对合理的位置。

通乎道,合乎德,退仁义,宾礼乐,至人之心有所定矣。(《庄子·天道》)

他不是把仁义礼乐、本末数度这些东西全部都废掉,而是把道德放置在更根本的位置上,而其整体上则是要达到本末数度,小大精粗,无所不运更加具有立体性的、更加具有层级性的政治文化体系。

在对天下理想秩序的描摹设计中,内篇的空幻性最强,以之深微反思世俗治理天下、改变现实的企图。无君派对现实的批判最重,凸显淳朴民性的保留。黄老派的现实感最强,对后世现实政治的影响最深。三派观点对照可以看出《庄子》一书中的那种立体性内涵,不能够被完全还原为一种解构性的、否定性的东西,它里边有正面性的东西,对于天下问题,庄子并非仅仅是一个纯粹的"破",不只是纯粹的解构、纯粹的批判和否定,《庄子》在治疗、更新的同时,恐怕会走向一个不断在天下中活化建设天下、憧憬天下,一种非常有动能的正面意向。

四、天下的理想秩序源于至人之"无用"

万物无扰是《庄子》理想天下秩序的表达。其实现途径则是理想人格的无为。因此对主体人格的省思构成《庄子》的应有之义。

《庄子》理想人格身份分为三种:人君;人臣;在野士人。人君多为"真实"或历史人物,如黄帝、尧舜禹、汤、文王、武王等。《庄子》对他们褒贬不一的评价不同于其他派别。人臣或在野士人为《庄子》自创的虚幻人物。人臣最好归宿不是服务人君朝廷,而是入于在野士人之列。人臣可以远离人君,在野士人能指点国政。《庄子》理想人格称呼驳杂,包括真人、至人、神人、君子、圣人、德人和独有之人等等。其中至人现17处,真人现16处,神人现3处。笔者认为至人可作为《庄子》理想人格统称。圣人在《庄子》中有褒贬不一的评价,且在其他派别文献中亦大量出现,不能体现庄子理想人格的独特性。至人能够突出《庄子》独特性和后学对内篇的思想承继,彰显至人的位之至(边缘化社会地位)、德之至(安命无为)、知之至(知天知人)、游之至(登天游雾)、神之至(神秘神奇),凸显《庄子》理想人格的登峰造极和难以企及的高度。对《庄子》至人的解读,另有专文进行,兹不赘述。

(一) 内篇中至人的超然带来天下安然的客观效果

内篇认为天下大治的关键在于人君之超脱。《逍遥游》中尧与许由让天下的对话,《应帝王》中天根和无名人的对话强调,天下大治是至人逍遥的产物,不是孜求变革的结果。

> 天下有道,圣人成焉;天下无道,圣人生焉。(《庄子·人间世》)

庄子把安命提到全生保身的高度,以人君无用来成就人臣之无用(离世远君和全生保身),认为朝廷君命不是人臣成就自我的所在。

> 天下有大戒二:其一,命也;其一,义也。子之爱亲,命也,不可解于心;臣之事君,义也,无适而非君也,无所逃于天地之间。是之谓大戒。是以夫事其亲者,不择地而安之,孝之至也;夫事其君者,不择事而安之,忠之盛也;自事其心者,哀乐不易施乎前,知其不可奈何而安之若命,德之至也。为人臣子者,固有所不得已。(《庄子·人间世》)

庄子真正要表达的是:作为存在于世界中的人,可以拒绝这个世界的召唤(譬如权力)。同样强调精神独立,庄子内篇之存身与孟子舍身求道不同。内篇认为,人臣之全生保身重于不辱君命,应对现实重于理想实现。存身是内篇从个体生命角度对天下秩序和政治生态的最低要求,并在疏离现实中展示了对世俗热衷治世的超越反思,形成了个体精神升华和超越过程。

(二)无君派的"至德之世"对圣哲的绝对否定

无君派主张保留民心纯净,实现"任其性命之情"的淳朴至德之世。无君派恢复的是被圣人所乱之天下。"安其性命之情"是无君派人性之自然命题。

> 彼正正者,不失其性命之情。故合者不为骈,而枝者不为跂;长者不为有余,短者不为不足。是故凫胫虽短,续之则忧;鹤胫虽长,断之则悲。故性长非所断,性短非所续,无所去忧也。意仁义其非人情乎! 彼仁人何其多忧也?(《庄子·骈拇》)

"天下之至正"在于不失"性命之情",最大的善是"任其性命之情"。

> 故君子不得已而临莅天下,莫若无为。无为也而后安其性命之情。(《庄子·在宥》)

无君派抨击圣人乱天下,要求保留民心之纯净,实现天下"任其性命之情"的淳朴至德之世。这是无君派对内篇的发展。

(三)黄老派中理想天下秩序在于君主无为下的臣子有为

与内篇和无君派不同的是黄老派正面赞同君主对天下的实际治

理,并坚持以人君无为来保障万物自化和百姓安定。

> 汝徒处无为,而物自化。堕尔形体,吐尔聪明,伦与物忘……
> 无问其名,无窥其情,物固自生。(《庄子·在宥》)

君臣南面术分为天道人道两部分,君主行无为之天道,臣从有为之人道,君以无为而尊,臣以有为而累。

> 上无为也,下亦无为也,是下与上同德,下与上同德则不臣;下
> 有为也,上亦有为也,是上与下同道,上与下同道则不主。上必无
> 为而用天下,下必有为为天下用,此不易之道也。(《庄子·天道》)

君之无为和臣之有为互为条件,保障天下之序,道家基本原则与儒法君权巧妙地结合起来了。《黄帝四经》中亦有类似观点。

> 君臣不失其(立)位,士不失其处,任能毋过其所长,去私而立
> 公,人之稽也。(《黄帝四经·经法·四度》)

陈鼓应解释说:"前面屡次说'主得位,臣不失其处',而此处以'君臣不失其位'合二事为一事了,又增'士不失其处'一项,则是'重士'之说第二次出现。此处'士'处于'大臣'与'贤能'之间,也说明作者对'士'有着独到的见解,即进可为臣,退可为贤。"①

　　理想天下秩序在《庄子》内篇和后学中呈现不同图景。内篇的相忘、后学无君派的各存本性隐含《庄子》天下观基调:"天下"是不可改变和归属万物的;"天下"是不可分疏的;至人是无用无为的。这不同于将"天下"归属民心,须由圣人治理的儒家天下观。黄老派则兼容儒法,以君无为臣有为的治"天下"方案迎接新时代到来。

---

　　　① 　陈鼓应:《黄帝四经今注今译》,商务印书馆 2007 年版,第 117 页。

五、《庄子》天下观与儒家天下观之比较

儒家(儒家范围很广,边界不好界定,历史跨度较长。此处儒家指孔孟荀,其他暂不涉及)强调太平盛世在于人伦秩序,圣人是天下太平的决定者。

> 昔者禹抑洪水而天下平,周公兼夷狄、驱猛兽而百姓宁,孔子成《春秋》而乱臣贼子惧。(《孟子·滕文公下》)
> 推礼仪之统,分是非之分,总天下之要,治海内之众,若使一人。故操弥约而事弥大,五寸之矩,尽天下之方也。(《荀子·不苟》)

庄子与儒家天下观相比,具有以下不同之处。

(一)"天下"是否可"有"和是否可"得"

从治权来说,儒家之"天下"是可以"有"的,与权力紧密相连。

> 天下可运于掌。(《孟子·梁惠王上》)
> 乡也,效门室之辩,混然曾不能决也,俄而原仁义,分是非,图回天下于掌上而辨白黑,岂不愚而而知矣哉?(《荀子·儒效》)

儒家之"天下"是必须拥"有"的,是需要拥有的:

> (周)三分天下有其二,以服事殷。(《论语·泰伯》)
> 夫贵为天子,富有天下,是人情之所同欲也。(《荀子·儒效》)

儒家"天下"可以且必须为天子拥有。

天下有道，则礼乐征伐自天子出；天下无道，则礼乐征伐自诸侯出。(《论语·季氏》)

取天下者，非负其土地而从之之谓也，道足以壹人而已矣。(《论语·霸王》)

天子对天下治权的拥有在于顺应了天意。①

无敌于天下者天吏也，然而不王者未之有也。(《孟子·公孙丑上》)

天子受命于天。

天子能荐人于天，不能使天与之天下。(《孟子·万章上》)

天与之，人与之，故曰天子不能以天下与人。(《孟子·万章上》)

对天意的顺承，使天子或辅助天子的士人容易走向独断论并倾向于尊崇代表最高真理的集权者。②

民心是儒家"天下"另一价值支撑。

不嗜杀人者能一之。(《孟子·梁惠王上》)

天下莫不与也。(《孟子·梁惠王上》)

彼王者不然，仁眇天下，义眇天下，威眇天下。仁眇天下，故天下莫不亲也；义眇天下，故天下莫不贵也；威眇天下，故天下莫敢敌也。……故不战而胜，不攻而得，甲兵不劳而天下服。(《荀子·王制》)

---

① 蒋庆：《广论政治儒学》，东方出版社 2014 年版，第 28 页。
② 刘笑敢：《老子古今：五种对勘与析评引论》(修订本)上卷，中国社会科学出版社 2006 年版，第 685 页。

天下是天下人之天下,得民心者得天下。这是儒家天下观的价值原则。

《庄子》"务虚"之天下观和儒家"务实"之天下观不在一个层次上。内篇"天下"立足超越观点,认为"天下"不可有的,不可"用",不可"为"。至人之逍遥是对世俗治天下的反思超越。无君派激烈批判儒家天下观,强调"天下"是圣人乱天下的代称。《庄子》"天下"与无为、无事、无用联系在一起,主旨是解构儒家"天下"权力纠结之传统。黄老派天下观认为"天下"是承载万物的载体。天下归属万物是黄老派继承庄子内篇、无君派天下观等道家思想的正统,也是庄子后学的重要贡献。

(二)"天下"是否可以治理

儒家"天下"可以而且应该治理,强调有为而治。

> 舜有臣五人而天下治。(《论语·泰伯》)
> 文王一怒而安天下之民。(《孟子·梁惠王下》)

儒家认为"治天下"比让天下更重要:

> 是故以天下与人易,为天下得人难。(《孟子·滕文公上》)
> 如欲平治天下,当今之世舍我其谁也?(《孟子·公孙丑下》)

治理天下不仅需要文治礼法,亦离不开"革命":

> 体恭敬而心忠信,术礼义而情爱人,横行天下,虽困四夷,人莫不贵。(《荀子·修身》)
> 以天下之所顺,攻亲戚之所畔,故君子有不战,战必胜矣。(《孟子·公孙丑下》)

《庄子》之"为(治)天下"富含对立含义:内篇和后学中的无君派对

此激烈抨击；黄老派高度褒扬"为天下"。由于文本编撰的流变，内篇中虽插有中央集权的政治思想①，但总体上看"天下"仍是至人逍遥精神世界的反射。无君派之"天下"则是圣人搅乱民心破坏民性的代称。黄老派直接倡导"君天下""蓄天下""王天下""用天下"等观点，正面赞同君主对天下的实际治理。

（三）"天下"是否可分疏和民众是否被教化

儒家坚持从善恶价值等第对万物做出分划，强调人高于物，君子则是人群中道德完美、高高在上的民众代表，民众是被教化的对象。

> 是以君子恶居下流，天下之恶皆归焉。（《论语·子张》）

儒家坚持善恶之分。《论语》中极少数"小人"确指道德卑劣之人。②孟子强调君子与庶民、劳心者和劳力者的区分。荀子将礼定义为等差有别和维持等差有别的规范规则。儒家视野中的人物有价值等差的分疏。

《庄子》认为人性本来圆满。在淳朴可贵的天然本性面前，万物平等无别。此本性之善，是绝对的，不是与恶相对的。《庄子》极力抨击仁义礼智等与恶相对之善：

> 及至圣人，蹩躠为仁，踶跂为义，而天下始疑矣；澶漫为乐，摘僻为礼，而天下始分矣。（《庄子·马蹄》）

世俗君子实为理想世界的小人：

---

① 赵汀阳：《天下体系：世界制度哲学导论》，中国人民大学出版社 2011 年版，第500 页。
② 李晓英：《〈论语〉中的"小人"辨析》，《江南学院学报》2000 年第 1 期。

畸人者,畸于人而侔于天。故曰,天之小人,人之君子;人之君
子,天之小人也。(《庄子·大宗师》)

世俗善恶有别,《庄子》则隐含性超善恶论的观点。①万物平等使《庄子》
"天下"具有不可分疏和不可分离性。《齐物论》曰"夫道未始有封,言未
始有常","道无封"即外无界限、内无差别,"道无封"的特性是庄子预设
的齐万物为一的客观依据。天下不能分辨,正如大道不能割裂:

六合之外,圣人存而不论;六合之内,圣人论而不议。春秋经
世先王之志,圣人议而不辨。故分也者,有不分也;辩也者,有不辩
也。曰:何也? 圣人怀之,众人辩之以相示也。……夫大道不称,
大辩不言,大仁不仁,大廉不嗛,大勇不忮。道昭而不道,言辩而不
及,仁常而不成,廉清而不信,勇忮而不成。五者园而几向方矣,故
知止其所不知,至矣。(《庄子·齐物论》)

《庄子》内篇、无君派与儒家天下观的不同有以下三点:儒家"天下"
可"有"可"得",归属于天意民心。《庄子》"天下"归属万物;儒家"天下"
可以而且必须由圣人以仁义礼乐治理,《庄子》"天下"则无需治理,要求
至人无为无用;儒家"天下"须分层而治,百姓必须被教化。《庄子》"天
下"则寓含万物平等,百姓无须被教化。

笔者以内篇、后学中无君派、黄老派分疏《庄子》天下观点,并不表
示各派思想彼此隔绝。《庄子》天下观在内篇和后学中线索清晰的同
时,亦呈现参差图景。与儒家天下观相比,《庄子》天下观既具有显明独
特性,也有与儒家关联的丰富性,并非完全隔绝于儒家。

六、结　语

"天下"是《庄子》的重要概念,体现了《庄子》对天下理想秩序的向

---

① 张岱年:《中国哲学大纲》,江苏教育出版社 2006 年版,第 195 页。

往、想象和建构,渗透着《庄子》的精神超越和升华过程。《庄子》天下观经历了由内篇的向往想象到后学的参与治理的变化。其中贯穿着一条主线:天下是否能够治理、是否应该治理和如何治理。在内篇看似消极的疏离天下的乱世求生中,《庄子》以天下无须变革的观点省思世俗的天下治理观。在天下是否应该治理和如何治理的追问中,内篇和后学一样能为后世提供可借鉴的方案。万物无扰作为天下理想秩序的显现,与《庄子》精神体验和升华互为表里,萃聚出《庄子》天下观:天下是归属万物的和无须治理的;天下是不可分疏的;至人是无用无为的。这不同于天下归属民心天意,须由圣人治理的儒家天下观。

第十二章 "上""下"之间：兼论老子思想中的治道类型

一、问题的提出

中国古代哲学从来就具有政治内涵，"爱民治国""爱以身为天下"是老子念兹在兹的价值追求。老子认为君王及其治道决定着国家的政治实践、政治面貌和政治走向，决定着民性民情，老子的政治批判与政治理想都围绕着君王和治道而展开。"上""下"在《老子》文本中是一对常见、多义、对立而互转的概念。"上""下"既有社会阶层的高低贵贱之分，也有价值判断的优劣之别，隐含伦理价值和政治建设的双重意涵。老子赋予"上""下"一种强烈的政治学意味，以谦下、安处弱势处于下风的意涵充实着这对概念，"上""下"不仅显示了老子对治理者治理方式、治理意旨和治理目的的思考，而且还昭示老子对谦下、安处弱势、不认为可以主宰民众等柔性治理的凸显。"德"在《老子》文本中出现约 40 次，其中带有修饰性的如"玄德""上德""孔德""常德""不争之德"等判断性的德有 12 次。"上""下"这对词组和"德"组合一起时，体现了老子对伦理层级和政治层级的思考。"上德"意味着最好的德，是对道的接近和践履，"上德"显示了其顺应自然无心而为的德性修养；对治理者而言，"上德"意味着无为而治、不与民争、不使民争的治理方式；"下德"则是自认有德，体现在治理领域是有为而治的统称，包括依靠形名、德治仁政、强势干涉、高压控制等。"上德""下德"对应着不同的治理类型和治理层级,总体区别是治理过程中上位者是否无为和民众是否受到干涉。老子对"上""下"的阐解既是其伦理原则的体现,更蕴含着倡议优良政治管理的积极意义。

学界对此的研究显示了这个问题的意义,有学者讨论老子对于"上"所赋予的哲学意涵①;有学者看到老子所设定"上德""下德"的含义和伦理标准②;有学者以"玄德"的哲学、政治含义赋予最高统治者,以此为背景推动对老子伦理和政治层级的研究③;有学者看到《老子》文本所展开伦理层级和治道类型的划分④;就老子治道类型和层级而言,有从是否看重君主权威来讨论⑤,有从君主优劣、君主为政和君民关系讨论⑥,也有从民众的反应着手。⑦有学者在分析战国时期伦理政治主张的蜕变过程中,从老子对"道治→德治→刑治"治理水平的递降和"道→仁、义、礼→法"伦理主张的递降的洞察中,得出其对应着道、儒、后期法家伦理政治主张所处的层次。⑧

以上学者尽管所重不同,但还是从不同方面对老子的伦理及政治层级有所讨论,在此基础上我们结合"上""下""上德""下德"的材料深入分析。从"上""下""上德""下德"入手,揭示以上概念的寓意、相关的君之地位及看民关系的思考,将之纳入治道和伦理层级的视域之内,揭示老

---

① 马德邻:《古文"上"字的哲学蕴含:以〈老子〉文本为例》,《中国哲学史》2011年第1期。

② 费小兵、陈进:《"中国自然法"基准下的"古代目的价值等级":〈老子〉"上德不德"章的启发》,《华北科技大学学报》2014年第1期。黄圣平:《"上……""下……"之分:〈老子〉"上德不德"章探微》,《乐山师范学院学报》2013年第6期。张剑伟:《论韩非子〈解老〉对"上德不德"章的理解》,《广西民族大学学报》(哲学社会科学版)2018年第5期等。

③ 郑开:《玄德论:关于〈老子〉政治哲学和伦理学的解读与阐释》,《商丘师范学院学报》2013年第1期。叶树勋:《老子对"德"观念的改造与重建》,《哲学研究》2014年第9期。叶树勋:《"德"观念在老子哲学中的意义》,《中国哲学史》2013年第4期。郭美星:《〈老子〉哲学"德"论探察》,《中共杭州市委党校学报》2015年第4期。

④ 周耿:《〈老子·三十八章〉"上""上德"探微》,《哲学研究》2017年第5期。周可真:《老子伦理观新探:"上德"与"上善"》,《中共宁波市委党校学报》2020年第3期。

⑤ 萧公权:《中国政治思想史》,辽宁教育出版社1998年版,第250—251页。

⑥ 陆建华:《老子与治国:君王四类与治道四种》,《国学》2014年第1期。

⑦ 徐梵澄:《老子臆解》,中华书局1988年版,第24—25页。陈霞:《屈君伸民:老子政治思想新解》,《哲学研究》2014年第5期。

⑧ 汪韶军:《先秦诸子伦理政治主张的递降》,《江汉论坛》2018年第3期。

子对优良政治管理的设想和对败坏政治的批判,这成为本文的基本任务。

二、"上"的含义

(一) 名词:由空间位置的上方

空间是人类赖以生存的基础,人们的生活需要空间,发展需要空间,对事物的理解与接受也同样需要借助对空间的感知和感受,基于空间对人的重要意义,新概念的出现、新词汇的产生、新语词的表达都离不开对空间概念的隐喻和映射。

> 视之不见名曰夷,听之不闻名曰希,搏之不得名曰微。此三者不可致诘,故混而为一。其上不皦,其下不昧,绳绳兮不可名,复归于无物。(《老子·14 章》)

"其"指道。此句意为道的上面不显得光亮,下面不显得阴暗,道绵绵不绝而不可名状,一切运动都回到不见物的状态。可以说,"上下""左右"是现实生活中接触最多的方位词,分别表示垂直或平行的空间结构。尤以"上""下"应用的空间范围最大,隐喻投射最广。"上""下"的空间方位感的表述在先秦时期的其他文献中较为普遍:

> 子在川上曰:"逝者如斯夫,不舍昼夜。"(《论语·子罕》)
> 拜下,礼也;今拜乎上,泰也。(《论语·子罕》)
> 至人潜行不窒,蹈火不热,行乎万物之上而不慄。(《庄子·达生》)
> 孟子见梁惠王,王立于沼上,顾鸿雁麋鹿,曰:"贤者亦乐此乎?"(《孟子·梁惠王上》)
> 夫君子所过者化,所存者神,上下与天地同流,岂曰小补之哉?(《孟子·尽心上》)

"上"表示空间方位感较为常见：从中发现一些包含方位感知的，或表现人们当时的状态、所处的场景、视域范围等内涵。

（二）名词：由空间位置的上方引申为形而上的起始之意

人们对空间方位的认知是对客观世界认知的基础，而对于时间和其他事物的认知是建立在对空间认知的基础之上的，人们首先对空间进行认知，然后过渡到对于时间和其他抽象概念的认知。"上"指时间概念，在甲骨卜辞中"上"字同时具有时间意义，衍生出表先祖、先帝以及天地神祇等具有创生的意义。[1]商代不只有"上"的概念，而且有完整的"上下"宇宙观。郭文还以冯时先生在《中国古代的天文和人文》一书中将"上下"释天地为证。[2]显然将"上下"释为"天地"以及将其当作表空间位置的方位名词，所谓上天下地是也。

在上文所引《老子》第14章那段话中，高亨认为此处的"上"表时间观念，指在有"道"之前[3]，《庄子》之"上"也言及时间"上及有虞，下及五伯"（《庄子·大宗师》）。在《老子》第14章中"其上不皦"中的"上"引申为起始之意，[4]值得注意的是《马王堆汉墓帛书·原道》中以"上道"表"最高深的道"："是故上道高而不可察也，深而不可则（测）也。"但在《楚简》和通行本《老子》中均未见。

（三）名词：上位者、治理者

"上"指上位者、治理者，散发出的权力讯息，引申为治理方式。

---

① 马德邻：《古文"上"字的哲学蕴含：以〈老子〉文本为例》，《中国哲学史》2011年第1期。

② 郭静云：《甲骨文"下上若"祈祷占辞与天地相交观念》，《周易研究》2007年第1期。

③ 《易·系辞下》："上古穴居而野处，后世圣人易之以宫室，上栋下宇，以待风雨，盖取诸《大壮》"。

④ 《庄子·天下》："上与造物者游，而下与外死生无终始者为友。"

> 太上,下知有之。其次,亲而誉之。其次,畏之。其次,侮之。
> 信不足焉,有不信焉。悠兮其贵言,功成事遂,百姓皆谓我自然。
> (《老子·17 章》)

本章"上""下"对应,"上"指上位者,"下"指民众。①"太上"依吴澄解作
"最上的大道之世"。"下知有之",河上公:"下知上有君,而不臣事,质
朴也。"②证之以《庄子·天地》"至德之世,不尚贤,不使能;上如标枝,
民如野鹿"。上位者和民众各行其是,相忘于无为。"而万乘之君忧慄
乎庙堂之上。"(《庄子·在宥》)并非所有的治理者都是"太上",有些治
理者作威作福,导致"民之难治"的灾难后果。

> 民之饥,以其上食税之多,是以饥。民之难治,以其上之有
> 为,是以难治。民之轻死,以其上求生之厚,是以轻死。(《老
> 子·75 章》)

可谓"法之不行,自上犯之"(《史记·商君列传》)"上者专制,下者服
从"(《易纬·乾凿度》),这些贪婪、奢靡、残暴的上位者应该遭到
批判。

(四) 形容词:权力大的

> 偏将军居左,上将军居右。(《老子·31 章》)

上将军位居偏将军之上,与偏将军相对,具有浓厚的权力意味,二者实
为正、副二将军,体现出权力的序列。上将军指的是居于上位的、具有
决定权的将军,故而"居右"。

---

① "上帝板板,下民卒瘅。"(《大雅·板》)《毛传》释为:"上帝以称王者也";"荡荡上
帝,下民之辟"(《大雅·荡一章》)。《毛传》解释为:"上帝以托君王也。"

② 王卡:《老子道德经河上公章句》,中华书局 1993 年版,第 68 页。

（五）动词：位于之上，引申含义为治理

"上"由名词上位者，又引申为动词在上位，意即治理和统治。

是以圣人欲上民，必以言下之。（《老子·66 章》）

"上"为动词，处于什么之上。此处指统治和领导人民，仍然是权力和阶层的范畴。引申开来，"上"有地位较重要之意，处于权力的上方，"是以圣人处上而民不重，处前而民不害"（《老子·66 章》）。"上"位于更高、更重要的地位和位置，隐含着发号施令和命令权威之意。结合日常说法我们可以理解：您是贵客，请上座；他从地方上调到中央了；他退下来了。贵客重要，所以要"上座"；从地方到中央，占据更重要或更高的位置，叫"上调"；从重要岗位上退了，所以用"下"。这种日常表达有助于理解"上民"之"上"。这种相似性有其经验基础：人生活在社会里，人的认识来源于长期的身体体验。远古社会里个人在一个部落里的地位极有可能与他的身体强壮程度和力气大小紧密相关，而自身强壮程度和力气大小又在很大程度上取决于他的块头高矮和大小，格斗中高大猎人比起矮小猎人处于更有利的地位，并且通常格斗是以胜利者把失败者压在身下作为结束的。上面的胜利者处于上风，获得权位和权威，下面的失败者则失去权位。从权力争夺和社会层级看，"上"为赢者，地位高贵，"下"为败者，地位卑微。一些社会行为也是这一隐喻概念的经验基础。人们在列名单时总是把重要人物的名字列在最上方。最上方伴随着权力的拥有和使用。

因此，由"上"的社会地位引申而来的治理统治，圣人是理想的治理者，虽然位居百姓之上，但民不感有厚重之压；虽在民前，不觉其有伤害之虞。圣人"居上""居前"是克制自己的欲望，满足百姓的利益。

（六）动词：推崇、崇尚

"上"具有价值评判意味，作动词，通"尚"，崇尚之意。老子推崇自知之明，明白自己有所不知，是最高明的。

> 知不知，上矣。（《老子·71章》）

知道自己有所不知，这是有自知之明、可贵的体现。汉简本、河上公本、严遵本、敦煌甲本作"上"讲，帛书本、傅奕本作"尚"讲。老子认为"知不知"为人之美德，其实是在赞扬人的明智，"明智是一种同善恶相关的合乎逻各斯的、求真的实践品质"①。有明智之德的人"能分辨出那些自身就是善、就对于人类是善的事物"，他们可以被看作是高尚的人，如"自知者明""自胜者强""知足者富"（《老子·33章》）。

> 不上贤，使民不争。（《老子·3章》）

"上贤"的内涵，河上公的注释是"'贤'，谓世俗之贤，辩口明文，离道行权，去质为文也。'不尚'者，不贵之以禄，不尊之以官也"②。所谓的"贤"者其实是华而不实、"去质为文"的浮夸之士。"不争"的内容，河上公的注释是"不争功名，返自然也"③。陈鼓应延续这个观点，即"不标榜贤才异能，使人民不争功名"④。把"上贤"理解为不重实际才干，求徒有虚名的东西。"上"就是以之为上、推崇的意思。

老子看到世俗政治尚贤，"贤"指的是刺激人心欲望、导致民众竞争的智者。人心欲望不止功名利欲之心，所指范围更广。在老子看来，社

---

① ［希腊］亚里士多德：《尼各马可伦理学》，廖申白译注，商务印书馆2003年版，第173页。

②③ 王卡：《老子道德经河上公章句》，中华书局1993年版，第10页。

④ 陈鼓应：《老子注译及评介》，中华书局1984年版，第73页。

会矛盾主要体现为上位者和民众之间的矛盾,矛盾产生的主要原因是上位者过多的贪欲和过度的作为:以"贤"者之睿智、地位,如果要竞一人之功、显一人之智、逞一人之能,必然会影响和妨碍下属和民众的"自化""自正""自朴""自富"。因此,上位者要能够克制和限制,不自认为"贤""智",不逞一己之强,不显一己之功,来确保民众的自我发展、自我完善的自主性和创造性,才能享受自由发展的空间及和谐的社会氛围。老子在思考社会矛盾的解决之道时,明确表达不能依赖"贤"人"智"者去寻找一个个救世良方,"贤"人"智"者的有为,导致在解决一个矛盾时,又会生出新的更多矛盾。做加法不如做减法。[1]"无为"和"反智"就是减法,让民众彻底地无知无欲,消除竞争之心,这才是根本的解决之道。

> 强大处下,柔弱为上。(《老子·76章》)
>
> 兵者,不祥之器,非君子之器。不得已而用之,恬淡为上,胜而不美。(《老子·31章》)

老子推崇柔弱之道、反对强势和霸道。与之对应的是不尚武力。"恬淡为上,胜而不美"是老子所推崇的以军事力量强行于天下的价值观念。

(七)形容词:最好的、最有价值的

"上"还可以作形容词,意即最好的,最高的、上乘的,如"上德""上仁""上善""上士"等等。

> 上德不德,是以有德;下德不失德,是以无德。上德无为而无以为;下德无为而有以为。上仁为之而无以为;上义为之而有以为。上礼为之而莫之应,则攘臂而扔之。(《老子·38章》)

---

　　① 曹峰:《先秦道家关于"贤能"的思考》,《人文杂志》2017年第10期。

"上德"就是一个人不认为、不标榜自己有德,因而实际上有德;"下德"就是认为自己有德,炫耀夸示以求得别人回报,实际无"德"。"上德"顺应自然而无心作为,"下德"顺应自然而有心作为。在"德""仁""义""礼"的递降式表述中,有两个判断标准,行为的表现和动机。在老子的价值序列中,"无为"优于"为之","无以为"高于"有以为",上德在两个方面都处于最高点,不仅无为而且无所求,抛却动机企图。老子提出"上善若水",上善既可以理解为最好的善就是像水一样利万物而不争,也可以理解为治理者要像水一样,利万物而不争。

老子重视践履和践行,将践行大道过程中持续不懈之人誉为"上士"。

> 上士闻道,勤而行之。(《老子·41章》)

结合对道半信半疑的"中士"和嘲笑大道的"下士",老子所看重的知行合一是中国传统哲学的主要内容,老子的学说不仅仅是学,而是和身心修养密切相关的道德认知和践履,本身离不开行。行主要指道德践履,其意涵是认识论与伦理学的相互统一。强调行、看重行,老子和其他哲学一样,具有从生活实践出发,复归于生活实践,用生活实践验证思想学说的特点。

> 何谓宠辱若惊?宠为上,辱为下。得之若惊,失之若惊。是谓宠辱若惊。(《老子·13章》)

河上公说:"身宠亦惊,身辱亦惊。"王弼说:"宠必有辱,荣必有患,宠若等,荣患同也。"[1]此解释大抵合乎老子本义。世俗之人将"宠"认为"上"(为好)将"辱"看作"下"(不好)必然是"大患"。如果将得宠和失宠都视为危机,那就真正懂得什么叫宠辱若惊了。

---

① 楼宇烈:《老子道德经注》,中华书局2011年版,第32页。

由此观之,"上"在《老子》文本中有非常丰富的含义:既是名词,指示地理方位的上方和社会阶层的上位者;又是形容词,有价值序列的顶端,即"好"之意;同时"上"通"尚"有动词之意,是崇尚、看重、推崇的意思。实际上,"上"的这些不同含义围绕者如何更好地治理,构成老子对政治治理和伦理价值的基本判断。[1]什么样的行为才是好的呢? 老子所推崇的又是什么呢? 柔濡谦下、无为而治、不夸耀德性、使民不争、恬淡、反对侵略战争;另外在践履大道的实践中持续不懈也是老子推崇的内容。

三、"下"的含义

(一) 名词:空间层面的下方、下面

前文分析《老子》第 14 章中"其上不皦,其下不昧"。"下"与"上"对应,指的是下方、下面。"千里之行,始于足下"(《老子·64 章》)"足下"意指足的下面,意指当前、眼下,与"千里"的未来含义对应;引申含义是最基础的、最根本的意思。

(二) 名词:社会阶层的下位者

"下"多指社会阶层的下位者,多指百姓、民众。

> 太上,下知有之。(《老子·17 章》)

---

① 在先秦其他文献中,"上"作为动词,有否定和超越之意,《易·系辞上》说"形而上者谓之道,形而下者谓之器",孔颖达《正义》:"道是无体之名,形是有质之称。凡有从无而生,形由道而立,是先道而后形,是道在形之上,形在道之下,故自形外已上者谓之道也;自形内而下者谓之器也。形虽处道器两畔之际,形在器不在道也。既有形质,可为器用,故云形而下者谓之器具。"张岱年认为,"形而上是无体,形而下是有质"。此处"上"有跳出、超越具体事物,走向无限的普遍性。张岱年:《中国古典哲学概念范畴要论》,中国社会科学出版社 1989 年版,第 72 页。

最好的上位者,就是百姓仅仅知道他的存在;这是从"下"即百姓的角度看待治理和政权合法性。老子看似谈论上位者,实则立足于下位者。"上""下"对应的是社会阶层的上、下之分。

> 高者抑之,下者举之,有余者损之,不足者补之。天之道,损有余而补不足。(《老子·77章》)

"高者"对应上位者;"下者"对应下位者、弱势群体。在贫富两极对立之间,彰显老子的悲悯情怀和社会和谐的主张,体现对社会公正和均衡的追求。

> 故贵以贱为本,高以下为基。(《老子·39章》)

"高"对应"贵",隐喻上层,"下"对应"贱",隐喻底层,贵以贱为根本,高以下为基础,老子其实彰显以民为本的道理。张岱年曾在《天人五论》中引张载《正蒙》的一段话"生有先后,所以为天序;小大高下,相并而相形焉,是谓天秩。天之生物也有序,物之既形也有秩",之后给出了他关于秩序的解释:"事物之位置,有先有后,有小有大,有高有下。自其先后言之,谓之天序;自其大小高下言之,谓之天秩。"①他用先后、小大、高下这样的对反概念向我们提示秩序的形成,在于把具体的事物纳入先后、高低、上下的关系之中,在与他物的关系中而定其位置,他说"事物莫不有其位置,众位置共成为秩序"。如果从这个意义上理解秩序的话,老子所说的"高""下"概念与"位"联系。

(三) 形容词:价值层面的下等、下层

明显表达出价值评判的意味,具有下作、下等贬损含义,老子最为

---

① 张岱年:《张岱年全集》第3卷,河北人民出版社1996年版,第134页。

批判的是"下德",夸耀德性,具有表演的成分,具有强烈的机心,"下德不失德,是以无德","下德无为而有以为"。"下德"就是无德之人,是有心而为之人,施恩于人却求回报、利物而有争之人。从第38章来看,下德的表现是以仁、义、礼为标榜,因而低于上德,老子对仁、义、礼作出排序,"上仁"有动机但不孜求功利,可以做到无所为;"上义"既"为之"又"有以为",水平降低;更糟糕的是上礼之人强迫别人响应自己。这几类德的层次从利物不争到利物有争,从利物有争的忠信之薄而乱之首,争的程度越来越严重,民风民情越发浇薄,社会越发混乱。

"下德"是个带有负面价值判断的词汇,是无德的表现,是不善的表现。"上德""下德"的区别是有德和无德的区别,也是"司契"和"司彻"的区别,是利物不争和利物有争的区别。在老子看来,相争是不善,不争则是善。

"下"彰显老子的价值批判,嘲笑大道、不愿践行的"下士","强大处下"的治理方式都是老子所谈论的下劣。这部分材料很少。

(四)动词:甘处下风、甘处下游、谦下

"下"具有下风、下游、下方之意,也有甘处于下风,安处弱势之意,更重要的是老子由此表现出以下为上的反转,借此强调、推崇上位者谦下、柔濡的原则、态度和心境,倡导谦和不语、深藏不露的姿态。"下"是老子所认为的应然。这部分材料很多。

> 大国者下流,天下之交,天下之牝也。牝常以静胜牡,以静为下。故大国以下小国,则取小国;小国以下大国,则取大国。故或下以取,或下而取。大国不过欲兼畜人,小国不过欲入事人。夫两者各得所欲,大者宜为下。(《老子·61章》)

"大国者下流也",强调治国者要有比较柔和、舒缓、谦卑、甘处于下风的心境,而不是处处追求天下第一、天下最强的态度。"故大国以下小邦,

则取小国；小国以下大国，则取大国。故或下以取，或下而取。"大国本来已经很强，就不必再公开高调强势，不宜再宣扬炫耀自己的强大和强势，不宜树敌，应该处于下游，以谦下平和的姿态面对小国，保持隐藏不露的政治智慧（"希言自然""多言数穷"），无论大国对小国谦让而取得大国的信任，或者小国对大国谦让而见容于大国，老子都强调柔濡谦下的治国之方，尤其是大国更应该保持宽阔的胸襟，"大者宜为下"，"牝常以静胜牡，以静为下"。君主治理天下应该居于百姓之下，你不追求利益、不追求发号施令，才可能领导百姓，百姓才不会把你看成重压和负担。"下"指的是治理者的谦下、安处弱势、不认为可以主宰民众、不使民争的意涵，隐含上位者对百姓的包容、宽谅和慈爱。

> 江海所以能为百谷王者，以其善下之，故能为百谷王。是以欲上民，必以言下之；欲先民，必以身后之。（《老子·66章》）
>
> 善用人者，为之下。（《老子·68章》）
>
> 强大处下。（《老子·76章》）

这里所说的"下"和"善下"与甘居柔弱处于同一序列，江海之能够为大，是因为它能够容纳百川，"谷"即山中之水汇流之处，众水即由此融入百川。后面从自然之域转到了社会领域。在老子看来，社会的治理过程应该像江海那样，体现"善下"的品格。首先应礼贤下士，以谦下平易之语来言说，才能得到民众的尊重，此即"欲上民，必以言下之"。"在民之先"体现为引领民众，"在民之后"则是在行为过程或利益关系上处于民众之后。通过"在民之后"达到"在民之先"，不同于咄咄逼人的进取活动，而是表现为"以退为进"。总体上，在对待民众的态度上，需要体现礼贤下士的谦下原则，在行为过程或利益关系方面，则表现为"以后为先"，后者不同于以争先的方式与民众相处。因此，上位者虽居于民之上，而民并不觉得是负担；虽处于民之前，民众也不以此为障碍；这样的统治者，天下之人都乐于拥戴而不会感到厌倦，所谓"是以圣人处上而民不重，处前而民不害，是以天下乐推而不厌"，便可以视为对以上方面的概述。江海所以能够成为百川河流所汇往的地方,乃是由于它善于处在低下的地方,能够成为百川之王。上位者治理百姓,必须用言辞对人民表示谦下,要想领导人民,必须把自己的利益放在他们的后面。

"上""下"在《老子》文本含义丰富,既有地理方位、社会阶层地位的顶端和底端之分;也呈现出修养和治理中的价值评判问题。"上""下"和"德"联系在一起,更彰显出老子的价值重估作用。"上德""下德"不仅体现出老子的伦理哲学,表达了老子对政治哲学的考量。

四、何为"上德"

老子对"上德"的阐论可从以下几个方面完成:"上德"是道之德,是最为根源的德,是对道的根源性的解释,也是对效法道的人的属性品格的总结。"上德不德,是以有德",上德之人不认为自己有德、不夸耀自己有德,没有动机和功利。"上德若谷",上德之人胸怀宽广,充满包容和宽容精神。上德是纯朴、素朴、不争之德。上德的途径和方法,通过"善行""善言""善建""善抱"等等这些为对象考虑的行为来实现。

(一)"上德"是对道的属性的解释

"上德不德","上德"之人不认为、不炫耀自己有德,这种德有其他称呼"上善"。

> 上善若水。水善利万物而不争,处众人之所恶,故几于道。
> (《老子·8章》)

"上善"具有价值判断意味,"上善"是最好的德。林希逸认为上善为至善,吴澄认为上善为第一等级之善。上善"几于道",老子把利物不争看作"善"的最高原则和基本根源,为"善"寻得形而上的价值基础。[1]"上

---

① 李晓英:《试论老子之"善"》,《文史哲》2015年第5期。

善"和"上德"都是最接近于道的,是道的另一种展示的表述。

> 故道生之,德畜之。长之育之,亭之毒之,养之覆之。生而不
> 有,为而不恃,长而不宰。是谓玄德。(《老子·51 章》)
> 古之善为道者,非以明民,将以愚之。民之难治,以其智多。
> 故以智治国,国之贼。不以智治国,国之福。知此两者,亦稽式。
> 常知稽式,是谓玄德。玄德深矣、远矣! 与物反矣。然后乃至大
> 顺。(《老子·65 章》)

《老子》第 2 章所说的"万物作焉而不辞,生而不有,功成而不居"。又
曰:"天之道,利而不害;圣人之道,为而弗争。"可以看作"为而不争"之
"上德"是对道的属性的诠释,是对最为根源性的德的解释。最能体现
"上德"之上乘含义的是"玄德"的提法,玄德之玄意为隐晦不显。《老
子》中尚有不少"玄德"的"同义词",例如"常德""上德""广德""建德"
"孔德""厚德""至德""天德",这些概念或语词,多少不同于前诸子时期
的"德"。"玄德""上德"几乎就是"道"的另一种表述,因为它是最高、最
深刻的德,是"道"的最根本的体现。

(二)"上德"之人没有功利动机

在"上德不德,是以有德"这样的吊诡语式中,"上德"和一般之"德"
甚为不同,所谓"上德"即"不德",关键是上德之人有德而不认为自己有
德,不炫耀自己有德,正如《庄子·养生主》"为善无近名"。《文子》对
"上德不德"的解释是"天覆万物,施其德而养之,与而不取,故精神归
焉"(《文子·上德篇》)。《文子》用"与而不取"来解释"不德",因为"与
而不取"恰好符合"为而不恃,长而不宰"的"玄德"特点。"达到目的的
途径恰是停止对它的有目的的追求,这个悖论最为鲜明地体现在对'无
为'的诉求上。……'为'一般指人的行为,对目的的深思熟虑,它与'自
然如此'的自然界的自主性过程形成对照。人引以为自豪的是因其有

目的的行为而与自然区别开来;《老子》反其道而为,把圣人之为描述为
'无为'。"①

(三)"上德"的包容和宽容

在老子看来,"上德"不以一般的德(例如仁义)为德,所以才有真正
的"德"。

> 上德若谷。(《老子·41 章》)

王弼注:"不德其德,无所怀也。"上德之人有恩于别人,却不期待他人回
报,因而不炫耀夸示自己有德,是最高意义上的"德",是深远的"德",是
最为包容的德。"上德"包含"不争""处下""柔弱""自然""无为""素朴"
"虚静""恬淡"和"守雌"之类。

> 恬淡为上。(《老子·31 章》)
> 是以圣人终不为大,故能成其大。(《老子·63 章》)
> 柔弱处上。(《老子·76 章》)
> 江海之所以能为百谷王者,以其善下之,故能为百谷王。……
> 以其无争,故天下莫能与之为争。(《老子·66 章》)

"报怨以德"(《老子·63 章》)似乎超然于德与怨的对立之上,但是
老子却对"报怨以德"有以下看法:

> 和大怨,必有余怨;报怨以德,安可以为善?是以圣人执左契,
> 而不责于人。有德司契,无德司彻。(《老子·79 章》)

---

① ［英］葛瑞汉:《论道者:中国古代哲学论辩》,张海晏译,中国社会科学出版社
2003 年版,第 269 页。

和解深重的怨恨，必然还会残留下残余的怨恨。"德"只是指"恩德"或"恩惠"。①用德来报答怨恨，老子认为这不能算是妥善的办法。老子认为最好的状态就是不产生怨恨，这样自然就用不着"以德报怨"了。避免产生怨恨的方法就是不争、不标榜、不炫耀。所以，上德就是如圣人一般"执左契，而不责于人"，如此才能说是真正的有德，"有德司契"。"以德报怨"不是强压怒火，而是发自内心的对别人的宽容和体谅。此处凸显的是宽厚和厚道。"有德司契，无德司彻。天道无亲，常与善人。"（《老子·79章》）对别人有恩有德，而不相挟相逼，天道也会善待这种人。

《庄子·天下》曾这样评价老子，明确提出了老子思想中所具有的宽容性："建之以常无有，主之以太一，以濡弱谦下为表，以空虚不毁灭万物为实。……知其雄，守其雌，为天下溪；知其白，守其辱，为天下谷。人皆取先，己独取后，曰受天下之垢……曰坚则毁矣，锐则挫矣。常宽容于物，不削于人，可谓至极。"《庄子》看到老子对人、事宽而不狭，容而不拒，以濡弱谦下来辅助万物、成就万物。成就万物是《庄子》对老子宽容的理解。

"上德"如何实现呢？老子认为上德既然是因其无心而为，故行为具有高妙、高超和工巧之意。

> 善行无辙迹。善言无瑕谪。善数不用筹策。善闭无关楗而不可开。善结无绳约而不可解。（《老子·27章》）

"善行""善言""善数""善闭""善结"之善为形容词，意为工巧、高明。河上公将第27章题目定为"巧用"，突出善的高超巧妙之意。老子最早赋予"善"工巧、高明的含义，筹策、关楗、绳约作为工具的体现，在铺出规则的同时，也带来各种局限约束。不可开，不可解和无瑕谪是超越形名的好的效果，它们证明了超越形名的工巧高明。李贽的解释更具体：

---

① 朱熹：《四书章句集注》，中华书局1983年版，第158页。

"自谓有法可以救人,是弃人也。圣人无救,是以善救。"①上德之人之
行为工巧高超,福祉绵延不绝。

> 善建者不拔,善抱者不脱,子孙以祭祀不辍。修之于身,其德
> 乃真;修之于家,其德乃余;修之于乡,其德乃长;修之于国,其德乃
> 丰;修之于天下,其德乃普。(《老子·54章》)

善于建树的人、善于抱持的人,行为能为对象考虑、无心而为,因而能使
对象不愿拔、不想脱,这种修养堪称"上德",能获得"祭祀不辍"的长恒
效果。并且老子认为的"上德",是在不同治理范围各有内涵和界别:
"真德""余德""长德""丰德""普德"。老子看到修身、齐家、治国和治天
下各自的独立性,对修身和治理二者泾渭分明的"领域范围"了然于胸。
"上德"是根据具体面对的范围来具体施行不同的行事标准,修身、理
家、治乡、安邦、定天下虽然相互关联,但各有边界,一个人的修身不能
决定他的治国治天下,同样一个人的治天下的评价,并不主要在于其修
身和修家的水准,而应该看他治天下的进步。因此,老子的"上德"表现
出与儒家的分野:修身的归修身,治国的归治国,个人在社会上的作用,
不在于他用什么方法达到了目的,而是取决于他是否推动了历史的前
进,取决于这一目的是否与历史进程一致、与天下大势一致。不在于怎
么做的动机,在于所作所为的客观效果。

> 含德之厚,比于赤子。蜂虿虺蛇不螫,猛兽不据,攫鸟不搏。
> 骨弱筋柔而握固。(《老子·55章》)

王弼注"含德之厚,比于赤子","赤子,无求无欲,不犯众物……含德之
厚者,不犯于物,故无物以损其全也"②。婴儿是老子理想人格,隐喻

---

① 魏源:《老子本义》,中华书局1955年版,第29页。
② 楼宇烈:《老子道德经注》,中华书局2011年版,第149页。

"上德"之人无欲无求,具有"厚德",处于无犯于物故无物损其全的状态。婴儿没有自我意识,不会受到伤害,无须防备别人,故而真的不会受到伤害。

五、何为"下德"

"下德"同"上德"相对,老子认为达不到"上德"水准的言行,就是"下德",就是境界低下的德,是一般意义上的世俗之德。"下德"之人自认为有德,"下德"者以有"德"自居,也自恃其德;求德之名声,也重德之回报。"上德""下德"之分,凸显了道德价值高低的不同。

老子"下德"指的是包括言仁言义的行为。仁义礼与大道相背离。在老子看来,忽略大道,坚持仁义的,就是下德。

> 夫礼者,忠信之薄而乱之首。(《老子·38 章》)
> 大道废,有仁义。智慧出,有大伪。(《老子·18 章》)

背离大道的表现不仅是坚持仁义,还表现为过度和过界。

> 物壮则老,是谓不道,不道早已。(《老子·55 章》)
> 强大处下。(《老子·76 章》)

行为有功利性和动机性也被视为"下德"。

> 上德不德,是以有德;下德不失德,是以无德。上德无为而无以为;下德无为而有以为。(《老子·38 章》)

"下德"强调回报和功利,表现为逞强、好胜、计较、明辨与人争。

> 是以圣人执左契,而不责于人。有德司契,无德司彻。(《老

子·79章》）

真正有德之人并不形之于外、可以炫耀，而是虽有德却不以德自居，唯其如此，才显示出德性的真实、纯厚，它更昭示个人品德的高尚，即通过自然感情确立的德性，如慈、不争、不责于人等，彰显一种人格价值。与之相对，"下德"虽然也具有某种德性，但却过于执着于某种德性，流于标榜矫饰，直接与现实利益相联系，容易导向虚伪伪善，"（天下）皆知善，斯不善矣"。"皆"意味世俗皆以一种善的形式为善，唯恐他人不知自己之善举，这种风气恰恰是不善的。自然、自发、自愿地形善是一种善，如果要求获得回报和利益，则是不善。"下德"类似于人为的德性，而不是像"上德"那样是自然的德性，"上仁""上义""上礼"都包含有意而为之的动机和意念，都属于"下德"，或者在"下德"之下。这些德性在老子看来，是浮华、精明、计较、刻薄的，此为"不德"。"下德"应该被消除，"去彼取此"即是此意。

老子在文本中还表达了对人背离大道、偏离"上德"的某些行为方式的批判，这些行为也可概括为"下德"，包括锋锐、骄傲、多欲（身、多藏）、强势（飘风骤雨、强梁、坚强、敢）、过度过分（企、跨、自见、自是、自伐、自矜、壮、甚爱、妄作）等表现。

> 揣而锐之，不可长保。……富贵而骄，自遗其咎。（《老子·9章》）
>
> 及吾无身，吾有何患！（《老子·13章》）
>
> 不知常，妄作，凶。（《老子·16章》）
>
> 故飘风不终朝，骤雨不终日，孰为此者？天地。天地尚不能久，而况于人乎？（《老子·23章》）
>
> 其在道也，曰余食赘行。物或恶之，故有道者不处。（《老子·24章》）
>
> 物壮则老，是谓不道，不道早已。（《老子·55章》）
>
> 强梁者不得其死。（《老子·42章》）

> 是故甚爱必大费,多藏必厚亡。(《老子·44 章》)
>
> 祸莫大于不知足;咎莫大于欲得。故知足之足,常足矣。(《老子·46 章》)
>
> 益生曰祥。(《老子·55 章》)
>
> 知不知,上矣;不知知,病也。(《老子·71 章》)
>
> 勇于敢则杀。(《老子·73 章》)
>
> 故坚强者死之徒,柔弱者生之徒。(《老子·76 章》)

"下德"的另一表现就是个人不能长久践行大道。践履大道是一个长期持久的过程。如果人在修炼过程中难以持久、半途而废,意志软弱,在老子看来,也是"下德"。在践履大道的行动与实践中,人常常面临意志软弱的问题。从知行关系看,意志软弱,表现为缺乏自主和自律,呈现为"知其当行却未行"或"知其当止而未止":

> 吾言甚易知,甚易行。天下莫能知,莫能行。(《老子·70 章》)
> 弱之胜强,柔之胜刚,天下莫不知,莫能行。(《老子·78 章》)

从理性与意欲的关系看,意志软弱更多关涉理性与意欲之间的张力。

> 上士闻道,勤而行之。中士闻道,若存若亡。下士闻道,大笑之,不笑不足以为道。(《老子·41 章》)

中士和下士都体现了一种软弱、不能自主、不能自律、不能自控的特点。"如果一个当事人不遵循自己的较佳判断去做事,并且是有意这样做的,那么我们说他的意志是薄弱的。"① "较佳判断"属广义的理性判断:它既不同于自发的意识,也有别于非理性的冲动,是基于反思、比较、权衡而达到的认识。中士和下士都不能遵循自己的较佳判断。在《普罗

---

① [美]戴维森:《真理、意义与方法:戴维森哲学文献》,第 462 页。

泰哥拉》篇中,柏拉图曾借苏格拉底之口说:"如果一个人知道或者相信存在比他现在所从事的行动更好的行动,同时他也可以选择这种更好的行动,那么,他就不会再继续做现在所做之事。'做有失自己人格的事'完全是无知的结果,'成为自己的主人'则是一种智慧。"①中士闻道若存若亡,下士更是嘲笑大道,对道缺乏真正的体知和体证,因为他们不能成为自己的主人。

闻道、体道作为人的践行和践履,具有未来的指向性,其判断超越当下的欲求而关涉行动在未来可能产生的结果及其意义,比如人尊道贵德,则会"道者同于道""德者同于德","常自然",故而上士"勤行不已"。而意欲、功利和动机情感所内含的当下性品格,使之对人的行为选择的影响有直接性的特点,表现出更内在的决定力量;当践行大道遇到困难时,理性与之相冲突时,意欲情感所具有的功利性和诱惑性特点,使其在行为选择上往往获得了某种优势。如果个体将当下的意欲和功利放在价值的优先地位,一旦理性的判断与意欲、情感发生冲突,个体便容易为意欲、情感所左右,理性判断相应地难以落实于行动。

> 民之从事,常于几成而败之。慎终如始,则无败事。(《老子·64章》)

这种不能够慎终如始的"民性""民情":一种做事时的精神状态,显然会导致失败的结局。

> 是以大丈夫处其厚,不居其薄;处其实,不居其华。(《老子·38章》)

"厚"和"实"可谓无须向世人自身夸耀德性的德性以及没有功利的理性

---

① [古希腊]柏拉图:《柏拉图对话集》,王太庆译,商务印书馆2004年版,第348—349页。

判断，"薄"和"华"则意味对当下功利意欲的满足，能做到这样"去彼取此"的是大丈夫，是理想人格。而更多的"下德"之人则可能选择浮华功利，选择"薄"和"华"这些意欲和功利。意欲在行动中的主导性作为"意志软弱"的具体表现形式，以价值立场上承诺意欲的优先性为逻辑前提；价值的立场在这里呈现了内在的作用。老子设置了选择的场景，反复强调理性与意欲、情感等非理性意识之间的关系，同时涉及"腹"与"目"之辨、"腹"与"心"之辨、"骨"与"志"之辨、"百姓心"与"常心"之别、"自知（自胜）"与"不自见（不自是）"之别、"自爱"与"自贵"之别。与"心（目）"相对的"腹（身）"，主要表现为百姓原初性质的衣食之欲，都源于人的感性存在，对这些基本生活的满足更多涉及人的理性思考，而"目""志"等关涉意欲和感性的欲求与情感。相对于"心（常心、目、志）"与情、意的联系，"百姓心（腹、骨）"更多地涉及思与辨等理性的活动。作为人的存在的相关方面，"身"与"心"并非彼此平行，二者始终处于互动的过程中：一方面，"心"的作用使"身"不再仅仅表现为自然意义上的血肉之躯；另一方面，"身"所具有的本原性又使与之相涉的意欲、情感对人的行为取向与选择具有更切近的影响。

"上德"不认为自己有德，对人生而不有、为而不恃，行为不求回报。"下德"者以有"德"自居，也自恃其德；求德之名声，也重德之回报。体现在治理者身上，就演变成为不同的治理方式，产生不同的治理效果。

六、从"上"到"下"的层级治理类型

老子开创了"太上，其次"道家治理层级，将价值意义的先后次序安排与其中，成为黄老著作的格式化表达。[①]

> 太上，下知有之。

---

① 陈鼓应：《老子注译及评介》（修订增补本），商务印书馆 2003 年版，第 128—129 页。郑开：《道家政治哲学发微》，北京大学出版社 2019 年版，第 328 页。

> 其次,亲而誉之。
>
> 其次,侮之。
>
> 其次,畏之。(《老子·17章》)

四种治理类型,逐级下降。《老子》将百姓对于君主的态度按其合乎理想的程度依次分为四层,而最高之层次上,百姓仅仅知道国君的存在,即"下知有之",亦唯其如此,当功成而事遂之际,百姓才以为这是国君无为、民众自我完善的结果,与君主并无什么直接的关系。在对不同治理类型进行分类的时候,老子用了一个标准:作为治理对象的民的状态、感受和表现,也即民的利益是否得到了维护、民众是否受到了压力和干涉?首先如果一个君主的治理没有让百姓感受到压力和干涉强制,那它就是好的、正确的;反之如果这个国家的治理为的是满足上位者心理和利益,以德治仁政让民众歌功颂德以求功名,或者强势压制民众而逼使让民众反抗、推翻现政权的,则是坏的、变质的。老子所用的这条规范性的标准,就是关于民众利益是否满足、民众生活是否受到干涉强制的标准。

(一)"太上"的治理

"太上"即最好的治理者,以其无为使百姓能够按照自己的意愿进行选择和行动,使百姓感觉到治理者存在但离他们很远。吴澄说:"太上,犹言最上,最上谓达道之世,相忘于无为。"①"悠兮,其贵言。功成事遂,百姓皆谓我自然"百姓所做的一切及其结果都是治理者的不干涉的结果,民众生活的稳定是治理者追求的一个政治目标。

> 道常无名、朴。虽小,天下莫能臣也。侯王若能守之,万物将自宾。(《老子·32章》)

---

① 陈鼓应:《老子注译及评介》,商务印书馆2003年版,第128页。

　　道无名、质朴、至柔、至微,但又是至大的,"天下莫能臣"。如果治理者顺从或实践至微而至大的特性,万物就会自己宾服于道,自然趋向于和谐,不需要强制。这里道之无名、至微的特点说明社会的管理者对百姓的控制、管理是非直接的、非常小的,"天下莫能臣"则说明这样的管理原则是最高的、最好的,不能代替的。在"太上"的统治中,民众利益和生活究竟是怎样得到确保的呢? 老子把很大一部分希望寄托于上位者的美德。严复曾说:"故知《道德经》是言治之书。然孟德斯鸠《法意》中言,民主乃用道德,君主则用礼,至于专制乃用刑。中国未尝有民主之制也,虽老子亦不能为未见其物之思想,于是道德之治,亦于君主中求之,不能得,乃游心于黄、农以上,意以为太古有之,盖太古君不甚尊,民不甚贱,事与民主本为近也。此所以下篇八十章,有小国寡民之说,夫甘食美服,安居乐俗,邻国相望,鸡犬相闻,民老死不相往来。如是之世,正孟德斯鸠《法意》篇中所指为民主之真相也。世有善读二者,必将以我为知言矣。"[①]上位者的美德对于保证一个政府效力于民众的利益,可以起到很重要的作用。结合帝尧时代的无为而治,更容易理解。

　　　　尧时,五十之民,击壤于涂。观者曰:大哉,尧之德也! 击壤者曰:吾日出而作,日入而息,凿井而饮,耕田而事。尧何等力?(《论衡·感虚》)

"大""太"相通。"太上"位于等级序列的最顶端,代表与大道相符、最为理想的治理状态:最好的上位者就是百姓仅仅知道他的存在。
　　这种"太上,其次"的句式也见于《左传》:

　　　　臣闻之:"大上以德抚民,其次亲亲,以相及也。"(《左传·僖公二十四年》载富辰语曰)

---

　　①　王栻:《严复集》(第4册),中华书局1986年版,第1091页。

豹闻之:"太上有立德,其次有立功,其次有立言。"虽久不废,此之谓不朽。(《左传·襄公二十四年》载穆叔语曰)

"太上"就是最高、其次就是等而下之的意思。老子沿用了春秋以来的固定句式,赋予它更深的哲学意味,将太上与政治或政制结合起来。[1] 最好的、最合理的政治或治理就是,上位者的政治形象与政治作用隐而不显,而位于底层和下面的百姓处于不被打扰、不被干涉的状态。徐梵澄说:"此章亦为统治者而言。"[2]

老子的这种治理层级的评价方法延续到黄老政治哲学的思考和表述方面:

善为国者,太上无刑,其次政法,其下斗果讼果,大下不斗不讼又不国。夫太上争于化,其次争于明,其下就患祸。(马王堆帛书《称》)[3]

凡持国,太上知始,其次知终,其次知中。(《吕氏春秋·先识览·察微》)

反救守者,太上以说,其次以兵。(《吕氏春秋·孟秋纪·禁塞》)

太上知之,其次知其不知。(《吕氏春秋·有始览·谨听》)

太上反诸己,其次求诸人。(《吕氏春秋·季春纪·论人》)

故太上神化。其次使不得为非,其次赏贤而罚暴。(《淮南

---

① 郑开认为这种"太上,其次"的政治叙事言简意赅地体现了儒、道、法等诸子百家尤其是黄老学的政治期望和社会愿景。郑开:《道家政治哲学发微》,北京大学出版社2019年版,第328—329页。

② 徐梵澄:"为政者,'下知有之'而已。此理想境界也。康衢之谣曰:'吾日出而作,日入而息,凿井而饮,耕田而事。帝力何有于我哉!'农业社会,人皆自食其力,距统治者远,则其生愈遂。上不扰其下,则下亦仅知有其上而已。倘其典章制度,粲然修明,上下各尽其法守,则亦无用于亲誉其上,此汉世贾生论治,所以有委裘之说也。不得此而树威,威使人畏,亦犹可治,然而次矣。乃至威亦不立,则其下侮之矣。末也。"徐梵澄:《老子臆解》,中华书局1988年版,第24—25页。

③ 据陈鼓应:《黄帝四经今注今译》补,商务印书馆2007年版,第439页。

子·主述训》)

故善者因之,其次利道之,其次教诲之,其次整齐之,最下者与之争。《史记·货殖列传》

以上几条都涉及了"为国""持国"的价值取舍原则。《吕氏春秋》将政治分为两个层次,根据《论人》篇后文的内容,所谓"反诸己"就是"得一",即"得道"。《淮南子》所谓的"太上神化"是最好的治理者和最好的治理方式。"神化"突出太上之治理的神奇、高妙效果和结果,其神奇高妙的评判标准在于仅仅"下知有之",萧公权称老子之治为"虚君民治"[①];"因之"突出了其治理的方式和方法,"善"是对其高度赞颂。

"下知有之"符合老子设想最佳的政治期望"小国寡民"。

小国寡民。使有什伯之器而不用,使民重死而不远徙。虽有舟舆,无所乘之,虽有甲兵,无所陈之。使民复结绳而用之。甘其食,美其服,安其居,乐其俗。邻国相望,鸡犬之声相闻,民至老死,不相往来。(《老子·80章》)

这一理想治理类型的特征是将物质文明和工具的使用降到最低点,将不同族群的交往降到最低点,因此人们生活幸福、安居乐俗。

"下知有之"昭示老子的完美治道:

大制无割。(《老子·29章》)

"大制"即谓"大治",指"至治"或完美之治。《说文解字》:"割,剥也。""剥,裂也。"则"割"本谓剥离或分解,其于事物自然有所毁伤或残害,本亦含有"害"义。段玉裁释"割"曰:"'割'谓残破之。"且谓"割"与"害"古

音义皆同,可互用。在"大制无割"中,"割"喻治者妄加"割裂"庶民众物的"有为"之行,有"割"则必有所伤害;相反,"无割"喻"无为","大制无割"义即"大治无为"。既然"无割","大治"无害于庶民众物,因此"下知有之"。"大制无割"在《老子》文本中还有其他概念可替换。

治大国若烹小鲜。(《老子·60章》)

"烹小鲜"和"无割"同义,"下流"形象揭示了为何"下知有之"的君王才是理想的君王,这类君王"处无为之事,行不言之教",对民众实行无为而治,行动上无所为,语言上无所施,不干涉民众言行。"爱民治国,能无知乎"(《老子·10章》)百姓感觉不到这类君王的存在,民众安居乐业。

下君尽己之能,中君尽人之力,上君尽人之智。(《韩非子·八经》)

上等治理者不用智而用法治去治理,反而能让臣民充分发挥他们的聪明才智。与老子有所不同,韩非子作为黄老学代表人物,反对统治者用个人的才智去取代"法治"。"下知有之"的君王一方面"功成事遂",成就大业,实现政治理想;另一方面顺应民众本性,满足民众愿望需求,做到君王理想与民众要求的天然一致。

《周易·系辞下》记载说:"黄帝、尧、舜垂衣裳而天下治,盖取诸乾坤。"从黄帝开始,帝王们依据天地之法采取了"垂衣裳"的良好治理。"垂衣裳而天下治"和《尚书·武成》篇说的"垂拱而天下治"的意思类似,高明的黄帝采取了清静无扰的治理方式而达到了天下太平。老子的"太上,下知有之"有可能受到了这一传统的影响。老子充分发展了这一政治智慧和治理方式,使"无为之治"成了道家政治哲学的根本原则。

（二）"下德"的治理表现

"下德"在政治领域的表现则有三种治理类型，依次可分为：亲而誉之；畏之；侮之。

"其次，亲而誉之"，意思是统治者对民众的恩德可见，恩惠可称，使得民众亲爱他、赞誉他。此为第 38 章所言的"下德为之而有以为"，对于治理者来说，"下德"表现则要求百姓的歌功颂德，类似于以德治、仁政治天下。

> 大道废，有仁义。智慧出，有大伪。六亲不和，有孝慈。国家昏乱，有忠臣。(《老子·18 章》)
>
> 绝圣弃智，民利百倍；绝仁弃义，民复孝慈；绝巧弃利，盗贼无有。(《老子·19 章》)

上位者看重的圣智、仁义、伪善、孝慈、忠臣都是这种治理下的产物，是割裂民众的治理方式。上行下效，在这种治理环境下，名辩造成僵化的社会秩序，导致君民、民众之间的失信相争，民众求仁求义求名求功，竞争不已：

> 善者不辩，辩者不善。(《老子·81 章》)

"辩"不仅有言论、分疏之意，在社会治理上更具有依形名而治之意。严遵注"不善之人，分道别德，散朴浇醇，变化文辞，依义托仁，……辩也。……(圣人)去辩去知，去文去言。……辞巧让福，归于无名，为而不恃，与道俱行"[1]。"辩"牵涉春秋时期激烈的名实论争。老子既与孔子的正名对立，也反对邓析在辩说上的名言是非。老子强调"善者不

---

① 王德有:《老子指归译注》，商务印书馆 2004 年版，第 359—361 页。

辩",亦是在超越形名制度,就是对"亲而誉之"降级处理。

"其次,畏之",王弼:"不能复以恩仁令物,而赖威权也。"河上公:"设刑法以治之。"上位者使民众害怕他们。人们"畏"这类君王,之所以让民众畏惧,是因为其严刑峻法,对民众实施高压政策。据此可以推定,这类君王应是以法治国,其治理天下的治道是"法"。

> 天下多忌讳,而民弥贫;民多利器,国家滋昏;人多伎巧,奇物滋起;法令滋彰,盗贼多有。(《老子·57章》)
> 其政察察,其民缺缺。(《老子·58章》)

老子认为"法令滋彰"非为所许。申韩之致无为,则欲以明法饬令,重刑壹教之方法,以臻"明君无为于上,群臣竦惧乎下"之状。以巩固君主权威而立富强之基础,其操术正为老子所说的"其次畏之"之第三流政治,其地位尚在儒家仁政之下。[1]在老子看来,政治和治理不是管制与征服,不是强制与干涉,不是制度和惩罚,而是无为和少欲、宽容和恬淡、纯朴和不争,如此令百姓纯朴素朴,让人类社会更美丽、更美好。政治非以治人、更非治事,政治的最高境界是感染、化育,社会应成为一个培养人格的伟大组织。最大限度培养民众的素朴、防止靠严刑苛法逼迫民众的伎巧,就成了评价制度的又一尺度了。

"其次,侮之。"王弼:"不能法以正齐民,而以智治国,下知避之,其令不从,故曰,侮之也。"侮即欺骗,阳奉阴违,不再遵从刑法。

> 民不畏威,则大威至。无狎其所居,无厌其所生。(《老子·72章》)

此章以顾欢:《老子道德经注》(敦煌本)注解最佳:"威者,灾罚之名

---

　① 萧公权:《中国政治思想史》,辽宁教育出版社1998年版,第250—251页。

也。……傲忽之民,昧慢天道,小灾不惩,则大祸必集也。"①河上公也云:"人不畏小害则大害至。"按:此言民众不害怕小的惩罚,则大的灾祸惩罚必然到来。此段自王弼之后,多解作:民众不害怕权威的时候,统治者就要遭到起义推翻之大害。狎,帛书本、敦煌本皆作"狭"。顾欢:"狭其所居,谓恶其狭陋也。……人之生也,天理自备。虽复贵为帝王,生非有余;贱为台仆,道无不足。若厌其所生,则弃此殉彼。弃此殉彼者,大威必集也。"按:此两句讲安于本分,心无妄求。顾:"人不厌生,则生不厌人。"按:人能安于生来之本分,则生命也不会厌弃此人。下文顾欢进一步解之曰:"知吾生有涯,不希求分外也。不自显其美,以悦耀众人也。自爱其神,不弃我逐物也。不自贵其身,以尊高当世也。去彼显贵,则威罚外消;取此知爱,则生道内足也。"②"侮之"的治理方式就是逼迫人民不得安居,阻塞人民谋生的道路。

> 民不畏死,奈何以死惧之?若使民常畏死,而为奇者,吾得执而杀之,孰敢?常有司杀者杀。夫代司杀者杀,是代大匠斩,夫代大匠斩,希有不伤其手矣。(《老子·74章》)

"民不畏死"是更大的威胁。这是因为统治者失去了道德诚信,故河上公说:"君信不足于下,下则应之以不信,而欺其君也。"在老子看来,让人"亲而誉之",令人"畏之",使人"侮之"的治理方式,只能是"下德"了。

以上老子列举出四类治道类型和四级治理层级,就是一个君主之道的不断递降的过程,也可结合38章理解:

> 失道而后德,失德而后仁,失仁而后义,失义而后礼,礼者忠信之薄而乱之首。

---

①② 熊铁基、陈红星主编:《老子集成》第一卷,宗教文化出版社 2011 年版,第242 页。

严复说:初读"不知其旨所归""今乃洞若观火"并引申说:"失礼而后刑,则不知于治之效又何若也。民主者以德者也,君主者以礼者也,专制者以刑者也,礼故重名器乐荣宠,刑故行督责主恐怖也。"①

亚里士多德根据至善和正义的基础,将区分政体的标准分为两个:第一,以政府为基础进行区分,根据统治者照顾自身利益和全体利益,可将政体分为正宗政体和变态政体;第二,以掌握城邦最高统治权的人数的多少为基础。因此,这两个标准又可分为:一人统治,少数人统治,多数人统治。总结起来,就产生了六种不同的政体类型和等级:君主政体、贵族政体、共和政体、僭主政体、寡头政体、平民政体。其中,前三个政体称为正宗政体,统治者都是以城邦的公共利益为目的;后三个政体称为变态政体,统治者都以谋求自身利益为目的。亚里士多德对政体的划分是从统治者和城邦利益的考量入手的。可见,无论是在亚里士多德还是在老子这里,对被治理者的利益的看重,都是评价政体和政治管理是否优良的一个非常重要的标准。也因此,我们可以看出,老子以"上""下""上德""下德"等概念来表达评判上位者对民众的治理以及由此产生的民众对上位者不同的态度,也是自然合理的过程。对君之为政之是否限制,对民之利益之是否优先考虑,是老子设立"上""下""上德""下德"等概念的主旨。

七、结　语

要而言之,老子的"上""下"既有阶层的高低贵贱之分,也有价值的优劣之别。"上""下"不仅显示了老子对治理者治理方式、治理意旨和治理目的的思考,而且还昭示老子对谦下、安处弱势、不认为可以主宰民众等柔性治理的凸显。"上德"彰显无心而为的德性及修炼过程中的自主和持久,"下德"意味着有心而为及修炼中的意志软弱。体现于治理领域时,"上德"意味着无为而治、不与民争、不使民争的治理方式,着

---

　　① 　王栻:《严复集》(第 4 册),中华书局 1986 年版,第 961 页。

重点是民众利益的满足、民众安稳的保障、民性民情的劝诫和民心民意的顺应；"下德"则自认有德，表现为依靠形名、德治仁政、强势干涉、高压控制等。"上德""下德"对应着不同的治理类型和治理层级，总体区别是上位者是否无为和民众是否受到干涉。老子对"上""下"的阐解既是其伦理原则的体现，更蕴含着倡议优良政治管理的积极意义。

附录一　从《尸子》的人物评价看
其对道家学说的继承与发展

　　《尸子》作为战国时期的诸子著作,其思想融合儒、墨、道、法各家,博采众长,成一家之言,在早期中国思想史上是个重要环节。对于《尸子》的学派归属,从刘向校书起,到班固均将其归为杂家①,后代学者亦沿其说,到《宋史·艺文志》一变,将其归于儒家②,当代学者又一变,将其归为黄老道家。③因《尸子》的思想与道家尤其是老子思想有着密切的关系:《尸子》不仅接受了老子的宇宙论设想,还兼取全生保身和君人南面之术,在此基础上,《尸子》吸收了君鱼民水、君慈民安、精简礼乐、不敢为天下先的观点,强调刑名法术势的转化,由此实现无为而治的盛世理想。我们结合《尸子》的人物评价标准,解析《尸子》对道家学说的继承和发展。

　　首先,《尸子》对人物的社会分层和阶位作出丰富多姿的图景描画,对人进行位阶、层阶、职阶、家庭角色和价值等第的分疏和划分,提出君鱼民水、君慈民安和公心尽分的思想;其次,通过对"势"的考量,《尸子》

---

　　①　徐文武认为,"《尸子》实不应简单的归为无门无类的'杂家'"。徐文武:《〈尸子〉的社会政治思想及其学派属性》,《长江大学学报》(社会科学版)2007年第5期。徐文武:《尸子辨》,《孔子研究》2005年第4期。
　　②　胡适认为,"《尸子》书二十卷,向来列在杂家,原书已亡……据这些引语看来,尸佼是一个儒家的后辈"。《中国哲学史大纲》,商务印书馆1947年版,第364页。
　　③　徐文武:《〈尸子〉的社会政治思想及其学派属性》,《长江大学学报》(社会科学版)2007年第5期。

将人物置于历史境域或过程的变动性考察之中,赋予人物一种以变顺势、随势而为的深沉的历史意识,同时交错着正名和无为的倡扬;再次,《尸子》以人的地位和权位的解读,讨论了位与德匹配所产生的积极影响;最后,《尸子》对人物之"德"的讨论,强调了人物的主动性、主观性和积极性,凸显法道的治国理论和政治践履。《尸子》在人物的"类"存在分析中横向展开由阶层、职业、家庭角色的生活现状和价值角色的评判分疏,以生活现状、职业特点、属性品格和伦理诉求,揭示出众生生活其间的社会领域或生活世界,也为圣哲等个体积极施展智慧才性提供了舞台和背景。在个体的人物评价中,包括黄帝、神农伏羲和尧舜汤武周公等:既对无为而治保持颂赞,又倡导无为而治形成的根据诸如正名、守分等。《尸子》对孔子的直接评价不多,借助孔子对历史人物的评价以及与孔门弟子的对谈,阐发治道治术。《尸子》将类人物的评价和个体的圣哲人物评价交织一起,在人物臧否中品评为政、修德、善刑、尚贤、爱民。前者(社会领域中类的存在)和后者(个体的圣贤)的存在表现呼应,既体现出时势选造圣贤的历史客观性,也凸显圣贤造就时势的主观性力量。

一、君慈民安的职分要求

"执古之道,以御今之有",身处变更时代,《尸子》"知人论世",以对历史人物的评判体现道的演化,贯通古今,引喻政治、人生和伦理,体现出中国哲学"生活与思想一致的传统"。《尸子》对人物类的分析从阶层、职业、家庭角色和价值等第的分疏评判几个方面展开,描摹人物广泛的生活图景和图像,揭示人的类的属性、规定和职分要求,为具体的个人的人物分析提供了背景和舞台的勾勒。《尸子》对人的阶层身份的划分,依次为君主、臣僚、百姓,在这幅图景中,君主在上,百姓在下,臣僚居中。

指代人君身份的有天子、明王、君天下者、一天下者、君人者、人君、上、君、万乘之君、人主等等称呼,在这些描述中《尸子》强调了人君兼天下、求贤能、导民众的职分和权力。

> 天子兼天下而爱之大也。（《尸子·广泽》）
>
> 天子忘民则灭，诸侯忘民则亡。
>
> 天子以天下受令于心，心不当，则天下祸。（《尸子·贵言》）①

《尸子》和其他思想家的著作一样，认为君权神授中的"神"与"天"彼此相通，政治权力来自神授，同时这种权力得自天。君主常被称为"天子"，不仅涉及语言称谓或政治地位的表述，从实质的层面看，也肯定了君主的政治权力源于超验之"天"，其职能在于"代表"天这一超验存在而治理天下、统驭万民。

> 古者明王之求贤也，不避远近，不论贵贱，卑爵以下贤，轻身以先士。（《尸子·明堂》）
>
> 君人者苟能正名，愚智尽情，执一以静。令名自正，令事自定。赏罚随名，民莫不敬。（《尸子·分》）
>
> 君者，盂也；民者，水也。盂方则水方，盂圆则水圆。（《尸子·处道》）
>
> 明君之立也正，其貌庄，其心虚，其视不躁，其听不淫，审分应辞，以立于廷，则隐匿疏远，虽有非焉，必不多矣。（《尸子·发蒙》）
>
> 若使兼、公、虚、衷、平易、别宥一实也，则无相非也。（《尸子·广泽》）

天下、百姓、操守是国君政务过程中的主题词，治理、引导、正心是国君的职责。《尸子》主张以公为核心，凸显兼爱、衷诚、平易、别宥等观念。《尸子》通过强调国君的职分，明确君鱼民水、君慈民安的政治伦理。

---

① 本文所引《尸子》引文均出自《尸子》，黄曙辉点校，华东师范大学出版社 2009 年版。

臣僚身份则表现为诸侯、王公、将军、大夫、臣、士大夫、治官临众者、任事进贤者、议国亲事者等，作为治理阶层，其位处于君王之下、百姓之上，各有义务，分工明确。

> 为人臣者，以进贤为功；为人君者，以用贤为功。（《尸子·发蒙》）
>
> 诸治官临众者，上比度以观其贤，案法以观其罪，吏虽有邪僻，无所逃之，所以观胜任也。（《尸子·分》）
>
> 若夫临官治事者，案其法则民敬事；任士进贤者，保其后则民慎举。（《尸子·发蒙》）

士人、世士、士充当智库，"凡治之道，莫如因智，智之道，莫如因贤"，国君任用贤能，"以贤革新"是顺应天道的表现。士具有自尊的特点，坚守理想主义，而不愿与现实同流合污。

> 君若不修晋国之政，内不得大夫而外失百姓。（《尸子·贵言》）
>
> 匹夫爱其宅，不爱其邻；诸侯爱其国，不爱其敌。天子兼天下而爱之大也。（《尸子·广泽》）
>
> 农夫比粟，商贾比财，烈士比义，是故监门、逆旅、农夫、陶人皆得与焉。（《尸子·劝学》）
>
> 下士者得贤，下敌者得友，下众者得誉。（《尸子·明堂》）
>
> 赏罚随名，民莫不敬。（《尸子·分》）
>
> 昔周公反政，孔子非之，曰："周公其不圣乎？以天下让，不为兆人也。"（《尸子·卷下》）
>
> 夫禽兽之愚而不可妄致也，而况于火食之民乎？（《尸子·明堂》）
>
> 弃黎老之言，而用姑息之谋。（《尸子·卷下》）
>
> 天雨雪，楚庄王披裘当户曰："我犹寒，彼百姓宾客甚矣！"乃遣使巡国中，求百姓宾客之无居宿、绝粮者，赈之，国人大悦。（《尸子·卷下》）

百姓、匹夫、民、兆人、国人、火食之民是对民众的称呼。百姓首先是君主关心的对象。

> 天雨雪,楚庄王披裘当户曰:"我犹寒,彼百姓宾客甚矣!"乃遣使巡国中,求百姓宾客之无居宿、绝粮者,赈之,国人大悦。(《尸子·卷下》)

其次,民众虽然处于社会底层,但他们的联合作用能决定君主的权位,也能决定天下的安稳。

> 天子忘民则灭,诸侯忘民则亡。(《尸子·卷下》)
> 故曰:"君诚服之,百姓自然;卿大夫服之,百姓若逸;官长服之,百姓若流。"夫民之可教者众,故曰"犹水"也。(《尸子·处道》)

民众力量巨大,但其属性如水,需要引导定形塑造,民的这种属性要求君的自然顺势引导,君主如果不以如水的习性疏导,民众必然冲决一切障碍。此为"忘民则亡"的形象说明。处于社会底层的入于囹圄者、解于患难者、丧其子者、饥者、寒者、疏贱者、宾客等。他们生活艰难、流离失所,

> 夫饥者易食,寒者易衣,此乱而后易为德也。(《尸子·神明》)

《尸子》以此呼吁明王改革社会造福百姓,改变底层生活的艰难。

《尸子》列举了众多的职业身份:商贾、烈士、农夫、女工、大君、监门、逆旅、陶人、舟人、造父、造历者、造冶者、造车者、昆吾、封人、司城子罕、良工、仆人、弓人、屠者、雕人、伯乐、驵(马市中介人)、猗顿、贾人、盗、师、良医、秦医(能看病)、许史、巫、将军、大吏、吏、弦歌鼓舞者、公敛皮者、耳目、间谍等。以上从业者职业、来历和生活诉求不同,但遵循的标准相同,这种标准又是与自己的职业结合在一起的。

农夫比粟，商贾比财，烈士比义。是故监门、逆旅、农夫、陶人皆得与焉。(《尸子·劝学》)

屠者割肉则知牛长少，弓人觜筋则知牛长少，雕人裁骨则知牛长少，各有辨焉。(《尸子·卷下》)

农夫之耨，去害苗者也；贤者之治，去害义者也。(《尸子·恕》)

职业虽有不同，但作为职业身份的操守和德行的衡量却一样，都有职分的要求和定形。《尸子》还强调通过教育和学习可以实现阶层的流动和职业的变更。

是故子路，卞之野人；子贡，卫之贾人；颜涿聚，盗也；颛孙师，驵也。孔子教之，皆为显士。(《尸子·劝学》)

对人进行价值的等第分疏，是《尸子》评判社会领域类存在的又一标准。如圣人、神人、君子、贤者、众贤、仁者、善士、显士、良人、贵人、聋者、盲人、美人、辩士、明目者、聪耳者、可教者、大善者、知事者、知人者、胜任者、下士者、下敌者、下众者、能官者、知事者、乱人、无告、辜人、木之枉者、地之险者、君臣之不审者、近者、远者、明者、微者、大过者、不肖者、愚人、暴者、障贤者、邪人等称呼，表现出不同层次人的价值判断和道德水准。《尸子》根据其智力、德性、社会贡献表现将其归位分类。

故曰"圣人治于神，愚人争于明"也。(《尸子·贵言》)

众以亏刑为辱，君子以亏义为辱。(《尸子·卷下》)

夫骥惟伯乐独知之，不害其为良马也。行亦然，惟贤者独知之，不害其为善士也。(《尸子·恕》)

古之所谓良人者，良其行也；贵人者，贵其心也。(《尸子·劝学》)

圣愚有别，众贤不同。俗众以肉体受刑为辱，君子则以亏对仁义为耻。

> 使进贤者必有赏,进不肖者必有罪,无敢进也者为无能之人,
> 若此则必多进贤矣。(《尸子·发蒙》)
> 下士者得贤,下敌者得友,下众者得誉。(《尸子·明堂》)

《尸子》提出以被进者的实绩,评判贤者的才能,必使贤者云集,不肖者难以滥竽充数,使变革社会的事业得到发展。在对不肖者、愚人、暴者、障贤者、邪人等的论述中,它主张"障贤者死"(《卷下》),重视自我修养,注重自我省思,强调对贤能的任用,变革社会,主张积极入世,以修身、齐家、治国、平天下为宗旨。

《尸子》从家国同构的视角出发,对人的家庭身份予以总结,以父子、长幼、亲、君、友、丈人、亲戚、臣妾、子侄、子、丈夫、妇人、弱子、慈母,标出各自的伦理要求和角色义务,家庭成员各职责要求和义务。

> 君臣、父子、上下、长幼、贵贱、亲疏皆得其分曰治,爱得分曰
> 仁,施得分曰义,虑得分曰智,动得分曰适,言得分曰信,皆得其分,
> 而后为成人。(《尸子·分》)
> 修先王之术,除祸难之本,使天下丈夫耕而食,妇人织而衣,皆
> 得戴其首,父子相保,此其分万物以生,益天下以财,不可胜计也。
> (《尸子·贵言》)

君主为政善修国政,重农劝耕,百姓力农则丰衣足食,社会稳定。君臣上下恪尽本分,家和国兴。

> 亲言其孝,君言其忠,友言其信,天下弗能废也。(《尸子·分》)
> 家人、子侄和,臣妾力,则家富,丈人虽厚衣食无伤也;子侄不
> 和,臣妾不力,则家贫,丈人虽薄衣食无益也,而况于万乘之君乎?
> (《尸子·发蒙》)

家人"和",则家兴国旺,反之,家贫国乱。

　　《尸子》对人的类进行了阶层、职业、价值的分疏和家庭角色的界定,对广泛的众生进行了描述,不仅界定出不同人物的生活现状和伦理诉求,也揭示出他们的职分、术业、诉求和价值等第之别,从职分层面对具体的个体人物评价提供了大的背景和舞台。

二、《尸子》的"势(时)"论与道家思想

　　在展示自身价值立场的同时,《尸子》表现出对历史过程的关注。对《尸子》而言,尽管社会演进似乎一再疏离理想形态,但历史性本身却又始终内含于其中。修身重德原则与历史意识相互交错,构成了《尸子》考察社会变迁的基本视域。在社会政治文化领域,历史性具体地表现为历史过程或历史境域的特殊性。在论及古今之异与社会形态之别时,与对象世界的变易一样,历史过程也以变动性为其实质的规定;历史过程的变动性,使历史中的存在超越了同样化而获得多样的形态。以"礼义法度"而言,历史的变迁,使之难以始终如一,而其历史作用的显示,并不以同样的状况为前提:在对齐桓公君臣的评价中,强调"桓公之举管仲,穆公之举百里,比其德也""桓公之奉管仲也……身至秽污而为正于天下也",虽然齐桓公以诈谋杀兄,争立君主等不洁行为,但因有管仲辅佐,所以仍然能够施政天下。

　　《尸子》将历史进程中的"至治"和"至乱"放在一起对比,既表达对汤武的颂赞,更体现出对尧舜时代的向往,揭示出时势不同及由此产生的治理等级和治理难度的评判。

　　　　夫尧舜所起,至治也;汤武所起,至乱也。问其成功孰治,则尧舜治;问其孰难,则汤武难。(《尸子·卷下》)

《尸子》看到:尧舜兴起于"至治",至治造就尧舜,尧舜的以前是黄帝,尧舜的以后是大禹,尧舜时期是用道、法和道德等综合的力量和方法建立起来的理想化的天下,它是以高度福祉和伟大功绩("成功")为目标的,

它是立足于当下并对未来产生深远影响的人间乐土,尧舜的"至治"没有经过政权的更迭和嬗变;汤武兴起于至乱,桀纣的"至乱"成就了汤武革命。尧舜创造了至治,汤武经历了革命的艰难。"至治""至乱"既蕴含着治理等级和政权产生背景的不同,也意味着二者难以通过人自身的活动获得沟通。与之相应,合理的态度,便是话分两头,问"治"问"难"。不执着于往世的至治,已逝的生活世界并非追怀的对象;也不疏离尚未到来的来世,而是更看重当世,对当下存在境域的关注。

> 桀纣之有天下也,四海之内皆乱,而关龙逢、王子比干不与焉,而谓之皆乱,其乱者众也;尧舜之有天下也,四海之内皆治,而丹朱、商均不与焉,而谓之皆治,其治者众也。(《尸子·处道》)

尧舜之"治"、桀纣之"乱"表征不同的历史时代的价值定位:"治"体现了最为完美的理想,象征社会领域的秩序;"乱"与冲突争战相联系,意味无序或失序。比干不参与乱世,但改变不了乱世,因为"乱者众也";丹朱不参与治世,但改变不了治世,因为"治者众也"。在《尸子》看来,关龙逢、比干和丹朱、商均都是生不逢时的代表,其二人的差异对应于桀纣和尧舜时代的差异,显示出四人游离于时代的某种悲剧性,也显示出桀纣和尧舜鲜明的治乱对比,并在这种对比中揭示出某种历史必然,又以综合形式展示出一定时代的历史特点。相对于人对世界的认识状况,历史过程中的"时势"表现为一种更重要的力量。桀纣统治是"乱"的底色,尧舜的治理是"治"的底色,在这样的大背景下,一两个人物的行为实在不足以改变大趋势①,甚至这一两个人物的背离行为还会加重这种背景和底色。

---

① 王夫之提出了"势"的明确界说:"凡言势者,皆顺而不逆之谓也,从高趋卑,从大包小,不容违阻之谓也。"王夫之:《船山全书》第六册,岳麓书社1996年版,第992页。王夫之还论述理和势的相待相成。他说:"顺逆者,理也,理所制者,道也;可否者,事也,事所成者,势也。以其顺成其可,以其逆成其否,理成势也。循其可则顺,用其否则逆,势成理者也。"王夫之:《船山全书》第3册,岳麓书社1996年版,第421页。

> 正名以御之，则尧舜之智必尽矣；明分以示之，则桀纣之暴必
> 止矣。（《尸子·发蒙》）

《尸子》极为推崇正名，一方面正名降低了对统治者能力的要求，个人的能力再大都是有限的。在名的面前，治理者的才智和能动性是有限的，只要能正名，则"尧舜之智必尽"，正名是普遍的治理的最简单、最易操作。另一方面，正名作为客观治理，可以最大限度地避免主观性，避免君主情绪和个人偏私的影响，避免不公正性，"桀纣之暴必止"。名、分能够适用于所有的人和事，适用于不同的时代，它为尧舜和桀纣的言行提供了统一的标准。

历史的演化在不同的背景中，呈现不同的势态和趋向。这种势态和趋向，《尸子》称之为时势。不同历史时代人的生存状态，受制于特定的时势。

> 有虞之君天下也，使天下贡善；殷周之君天下也，使天下贡才。
> 夫至众贤而能用之，此有虞之盛德也。（《尸子·分》）

舜、桀纣表征着不同的历史时代，"天下贡善""天下贡才"涉及不同的时代环境和现实境遇，可谓"三代不同礼而王，五霸不同法而霸"（《商君书·更书》）。在《尸子》看来，舜与桀纣时代的人们所以有"天下贡善""天下贡才"的差异，主要根源于相关的时势。相对于人对世界的认识状况，历史过程中的时势表现为一种更重要的力量。《尸子》由此盛赞舜之德。

甚至于同一历史时代的人，由于价值观念的不同，也表现出特定的时势。《尸子》论证汤取代桀之合法性，否定了世袭制对于政治权力独占的资格。汤武革命顺应历史形势，百姓欣然接受。

> 桀为璇室、瑶台、象廊、玉床，权天下，虐百姓。于是汤以革车三
> 百乘伐于南巢，收之夏宫，天下宁定，百姓和辑。（《尸子·卷下》）

337

但当时的名士却不能理解：

> 伯夷、叔齐饥死首阳，无地故也；桀放于历山，纣杀与鄗宫，无
> 道故也。有道无地则饿，有地无道则亡。(《尸子·卷下》)
>
> 申徒狄，夏贤也。汤以天下让，狄以不义闻己，自投于河。
> (《尸子·存疑》)

伯夷、叔齐和申徒狄作为贤士名流，对曾寄寓的旧政权念念不忘，革新后的形势作为新的政权和背景，令他们难以适应。他们不仅是遗民，更有着对政权转移的迷茫失望。更重要的是，《尸子》将伯夷叔齐和桀纣对比，将"有道无地"和"有地无道"作为失去存在必然性的原因，在这方面等量齐观，可以看出《尸子》对伯夷叔齐的降格处理和反儒家精神。

人的生存状态为时势制约，并不意味着人对历史境域或历史趋向完全无能为力。按《尸子》之见，以不同的方式对待外在的历史境域，将使人成为不同形态的存在者。就人与时势的关系而言，《尸子》首先区分了"穷"与"达"二种不同的在世方式：《尸子》认为理想君主的特点在于虽处境艰难，仍能从容面对，为此他多次颂赞文王、桓公不争礼貌、勇而能怯、不爱资材，用母亲对待子女的态度进行比喻。

> 弱子有疾，慈母之见秦医也不争礼貌；在图圄，其走大吏也不
> 爱资财。视天下若子，是故其见医者不争礼貌，其奉养也不爱资
> 财。故文王之见太公望也，一日五反；桓公之奉管仲也，列城有数。
> (《尸子·治天下》)
>
> 圣人畜仁而不主仁，畜知而不主知，畜勇而不主勇。昔齐桓公
> 胁于鲁君，而献地百里；句践胁于会稽，而身官之三年；赵襄子胁于
> 智伯，而以颜为愧。其卒桓公臣鲁君，句践灭吴，襄子以智伯为戮。
> 此谓勇而能怯者也。(《尸子·卷下》)

"争礼貌""主仁",亦即人物无视特定时代境域、背离历史的演化趋向;与之相对,"畜仁而不主仁"则以一定的时代条件为依据,顺乎历史的时势。以上分别虽然是就政治实践领域而言,但意义不限于此。时势所表征的历史境域与时代状况,涉及人的存在及其活动的各个方面,"争礼貌""主仁"与"不争礼貌"相应地表现为人们应对历史境域与时代状况的两种相对但又具有普遍意义的方式。

由肯定对象世界的变易,《尸子》进一步将历史变迁的观念引入社会领域,后者首先突出了社会演化的过程性。《尸子》的看法与"无为"和"有分"之辩的立场似乎存在某种张力。《尸子》多处颂赞无为而治的神农、尧舜。

> 神农氏治天下,欲雨则雨。……正四时之制,万物咸利,故谓之神。(《尸子·卷下》)
>
> 神农氏夫负妻戴,以治天下。尧曰:"朕之比神农,犹旦与昏也。"神农氏七十世有天下,岂每世贤哉!牧民易也。(《尸子·卷下》)

神农以简易的方式进行治理,其"牧民易"即是下文的"至简而易行"。

> 明王之道,易行也。劳不进一步,听狱不后皋陶;食不损一味,富民不后虞舜;乐不损一日,用兵不后汤武。(《尸子·分》)
>
> 舜一徙成邑,再徙成都,三徙成国,其致四方之士。尧闻其贤,征之草矛之中,与之语礼乐而不逆;与之语政,至简而易行;与之语道,广大而不穷。于是妻之以媓,媵之以娥,九子事之,而托天下焉。(《尸子·卷下》)

至简是政治的最高方式和最好方式,操作运行简单。人君如能"审分""用贤",就能"身逸而国治""自为而民富"。后者类似黑格尔的理性的机巧,"理性是有机巧的,同时也是有威力的。理性的机巧,一般来讲,表现在一种利用工具的活动里，这种理性的活动，一方面让事物按照它们自己的本性，彼此互相影响、互相削弱，而它自己并不直接干预其过程，但同时却正好实现了它自己的目的"①。舜为政"至简而易行"印证了"君逸臣劳"和"君无为臣有为"的说法。

褒扬无为而治的同时，《尸子》对周公的评价上显示出两重性，对周公的评价，交织着无为和有分的矛盾，《尸子》首先褒扬沿袭舜无为而治的周公。

> 赏罚随名，民莫不敬。周公之治天下也，酒肉不彻于前，钟鼓不解于悬。听乐而国治，劳无事焉。饮酒而贤举，智无事焉；自为而民富，仁无事焉。（《尸子·分》）

接下来《尸子》认为周公所处时代并不适合无为而治，借孔子之口微词周公返政：

> 周公其不圣乎？以天下让，不为兆人也。（《尸子·卷下》）

《尸子》没有执着于普遍之道，而是考虑复杂多样的存在处境，借用孔子教化百姓、实施抱负的立场，强调权位和分的重要。

三、"位"的凸显与对道的因循

如果说"势""时"更多地是指天时，或一种客观的情势，人只能待时、守时、从时，而不能造时，那么，地位和位置这个范畴就更多地体现了人对"时"的认识、把握和运用，更多地体现了人的作用。"位"的层次既涉及人物所面临的客观性，也谈到人物所应该发挥的主动性和主体性。"位"给予人物的框架、地位、权力和能赋。《尸子》从生活角度强调

---

　　　① ［德］黑格尔：《小逻辑》，贺麟译，商务印书馆 1980 年版，第 394 页。

如果给予贤者一定地位,人民就能获得幸福,社会发展就能顺畅。

> 日之能烛远,势高也;使日在井中,则不能烛十步矣。……目
> 在足下,则不可以视矣。天高明,然后能烛临万物;地广大,然后能
> 载任群体。(《尸子·明堂》)

用舜的地位的变化谈及舜造福天下来论证自己的观点。

> 舜之方陶也,不能利其巷下,南面而君天下,蛮夷戎狄皆被其
> 福。(《尸子·明堂》)

《尸子》首先强调了位置的价值,如果贤德之人处于君主的高位,就
能像太阳一样,照耀远方,如果贤德之人不能获得位置,再有贤德也不
能发挥作用。反过来也是同样道理,处于君位之人应努力成为贤德人
主,否则对国家来说,就是"其本不美,则其枝叶茎心不得美矣",所以古
代君王皆"修其身以君天下",并通过修身来招揽贤才。

除了权位,《尸子》还谈到由于所处位置的不同,不仅影响人们对事
物的认识,而且决定了人们不同的价值取向,他以在井中和山丘上观看
星星来形容。

> 因井中视星,所视不过数星;自丘上以视,则见其始出,又见其
> 入。非明益也,势使然也。夫私心,井中也;公心,丘上也。故智载
> 于私,则所知少;载于公,则所知多也。(《尸子·广泽》)

所以《尸子》主张判断是非的标准一定要出于公心,以公心获得一种
势位。

> 是故夫论贵贱、辨是非者,必且自公心言之,自公心听之,而后
> 可知也。(《尸子·广泽》)

借助权位赋予的刑名,治世中君主的才智能发挥殆尽,乱世中悍威也能停止。

> 正名以御之,则尧舜之智必尽矣;明分以示之,则桀纣之暴必止矣。(《尸子·发蒙》)

由此引申到对刑名的看重,提出听狱"善刑"的说法。

> 秦穆公明于听狱,断刑之日,揖士大夫曰:"寡人不敏,教不至,使民入于刑,寡人与有戾焉。二三子各据尔官,无使民困于刑。"缪公非乐刑民,不得已也。此其所以善刑也。(《尸子·卷下》)

秦穆公"非乐刑民",实属"不得已",有其必然性,有其不得不用刑名的正当性。《尸子》称其"善刑",既可看出《尸子》的法家底色——"撮名法之要",也关联着道家的无为。《尸子》看到治理的关键在于"名正法备,则圣人无事"。《尸子》相信,法治是最简单、最容易同时又是最有效率的治理。"善"是副词,善于、擅长之意,修饰后面的动词"刑"。此善刑力求一般刑法之效而避免一般刑罚之害,力争把行为的阻力和代价减少到最小限度。这样的治理方式和刑罚制度才能为社会中的臣民生活留下相对宽松的空间。善于、擅长和工巧高明意思近似。《尸子》的"善刑"论无疑与老子思想"法自然"的宗旨相合。"自然"和"时"乃是因论的前提。为此,《尸子》颂赞皋陶、秦穆公的听狱善刑。

> 明王之道,易行也。劳不进一步,听狱不后皋陶;食不损一味,富民不后虞舜;乐不损一日,用兵不后汤武。(《尸子·分》)
> 治水潦者禹也;播五种者后稷也;听狱折衷者皋陶也。(《尸子·仁意》)

在古今关系上,《尸子》赋予当下以理想的性质,流露出历史性的趋向："听狱善刑"应时而变的观念,从正面肯定了历史演化的意义。历史的演化既涉及"天运之变",也关联着"治乱之数","明王之道"既是把握变迁中的特定形态("易行"),也意味着了解其中的脉络("听狱折衷者"),这一过程所指向的,则是合乎特定历史境域的存在形态。

> 舜受天下,颜色不变;尧以天下与舜,颜色不变。知天下无能损益于己也。(《尸子·卷下》)

尧舜面对权力的转移和局势的变迁都能保持淡定超脱,"颜色不变"可谓波澜不惊,意味着其内在规定和属性品格的不变、不遗、不迁,即尧舜保持自身内在规定的恒定,无论外部世界如何,虽至天地翻覆,也不能让他失去自己的属性和特性。"我独泊兮,其未兆;沌沌兮,如婴儿之未孩;傫傫兮,若无所归。"(《老子·20章》)可以看出《尸子》接受了老子独立自我、不受物累的思想。

> 尧曰:"朕之比神农,犹旦与昏也。"(《尸子·卷下》)

《尸子》高度颂赞尧的建功立业、开疆拓土、丰功伟绩、自谦谦虚、自知明智和素朴节俭;但是《尸子》还是借尧之口颂赞神农高妙的无为而治,"旦与昏",前者意味无为而治的清新明朗,后者则是对有为政治聊胜于无的无奈评判,这就是无为和有为之间的区别。

四、德:个体对道的践行

在《尸子》的人物评价标准中,"职"提供了人物评价中所面临的大的社会背景,"势"和"时"的层次突出了《尸子》评价人物的实用性,这是为了解决治理中的实际问题。另一方面,《尸子》也强调内圣和修德问题,而且把内圣和修德问题与社会领域中的治理结合起来,与个体对道的践履和践行结合起来。治国论是老子及道家学说的重要部分,《尸子》的法道践行论也是以此为背景的。如何将合道的价值原则与具体的生存情景的关注结合起来？这是个体"在"世过程中难以回避的问题。在个体的层面，《尸子》通过对职、势、位等问题的考察，着重突出了其存在的境遇性，讨论了历史人物的德。

> 人君贵于一国而不达于天下，天子贵于一世而不达于后世，惟德行与天地相弊也。(《尸子·劝学》)

> 天若不覆，民将何恃何望？地若不载，民将安居安行？圣人若弗治，民将安率安将？是故天覆之，地载之，圣人治之。圣人之身犹日也。夫日圆尺，光盈天地。圣人之身小，其所烛远。(《尸子·神明》)

受老子"上士闻道，勤行不已"的思想影响，《尸子》强调法道践行：道生天地、天地万物生养万物、圣人理当治国理民。历史演化在不同背景中，呈现不同趋势。受制于特定的时势，历史人物在不同境遇下理应表现出不同之"德"：或达于天下、或达于后世，否则就是"德行与天地相弊"。也正因为如此，《尸子》赞誉舜受天下，批评周公返政、辞让天下，是天地放弃万物，应受非议。

> 昔周公反政，孔子非之，曰："周公其不圣乎！以天下让，不为兆人也。"(《尸子·卷下》)

无论哪种境遇，《尸子》都主张历史人物发挥德性和德行：

> 为令尹而不喜，退耕而不忧，此孙叔敖之德也。(《尸子·卷下》)

境遇虽因时势而变迁，但德行应始终保持恒定：一方面是外在时命所构成的存在背景，另一方面则是安时而处顺的人生态度，二者既表现为内

（精神超越）与外（现实情景）的互动，又展开为特定历史境域与个体自我选择之间的统一。通过境遇变化与德行的对照，表达出如下观念：境遇（穷达）虽因势而变迁，但德行应始终保持恒定。可谓"穷达以时，德行一也"①，涉及道德原则与具体境遇的关系，如何将普遍的道德原则运用于多样的情景，是《尸子》主要的关注之点。无论如何变化，《尸子》都强调了人物的主动性、主观性、积极性的选择。

> 是故爱恶、亲疏、废兴、穷达皆可以成义，有其器也。桓公之举管仲，穆公之举百里，比其德也。此所以国甚僻小，身至秽污，而为政于天下也。（《尸子·劝学》）

穷达、贫富对于成就德行都没有什么影响和区别。《尸子》对存在的历史性、境域性的确认，内在地渗入伦理的关切；时势的意义，体现于成就自我或道德践行的过程中。"中国古典哲学有一个显著的倾向，就是着重生活与思想的一致。生活与思想的一致，用旧有的名词来说，就是'言行'的相顾，或'知行'的相互为用……中国古典哲学家所讲的言行或者知行的统一关系，主要包括三方面：（1）学说应该以生活中的实际情况为依据；（2）学说应该有提高生活、改善行为的作用；（3）生活行为应该是学说信念的体现。"②"爱恶、亲疏、废兴、穷达皆可以成义"体现出生活与思想的一致，既是指通过修行修养达到更适合具体情景的存在形态，也意味着道德涵养为与时变迁的具体内容，而在上述两种情况下，人物之"举"都有其伦理的向度。

> 汤问伊尹曰："寿可为耶？"伊尹曰："王欲之，则可为；弗欲，则不可为也。"（《尸子·卷下》）

---

① 《郭店楚墓竹简》，文物出版社 1998 年版，第 145 页。
② 张岱年：《中国古典哲学的几个特点》，北京大学学报（哲学社会科学版）1957 年第 3 期。

人的生存状态为时势制约,并不意味着人对历史趋向完全无能为力。在"寿可为"的问题上,有两种彼此相对但又具有普遍意义的方式:"弗欲,则不可为也"无视特定时代境域,不想做不想为、背离历史的演化趋向;与之相对,"欲之则可为"则以一定的时代条件为依据,顺乎历史时势,成就一番伟业。以上分别虽就政治实践领域而言,但意义并不限于此。事实上,"欲之"与"弗欲"反映出不同的历史境域与时代状况,涉及人的存在及其活动的各个方面,也折射出人不同的主观选择。

> 范献子游于河,大夫皆在。君曰:"孰知栾氏之子?"大夫莫答。舟人清涓舍楫而答曰:"君奚问栾氏之子为?"君曰:"自吾亡,栾氏也,其老者未死,而少者壮矣,吾是以问之。"清涓曰:"君善修晋国之政,内得大夫而外不失百姓,虽栾氏之子,其若君何?君若不修晋国之政,内不得大夫而外失百姓,则舟中之人皆栾氏之子也。"君曰:"善哉言!"(《尸子·贵言》)

《尸子》区分了善修国政和不善修国政所导致的两种截然不同的结果:民心的向背。

> 是故尧为善而众美至焉,桀为非而众恶至焉。(《尸子·仁意》)

《尸子》批判桀纣因心灵怠惰而作践"天子"之位,丧失天下的治理,视为"弗欲"的案例。

> 天子诸侯,人之所以贵也,桀纣处之则贱矣。(《尸子·为学》)
> 臣天下,一天下也。一天下者,令于天下则行,禁焉则止。桀纣令天下而不行,禁焉而不止,故不得臣也。(《尸子·贵言》)
> 民者,譬之马也。尧舜御之,则天下端正;桀纣御之,则天下奔于历善。(《尸子·卷下》)

　　桀纣失天下的案例促使《尸子》看重成就自我或道德践行的过程，指通过道德的修行，达到更适合具体情景的存在形态，意味着以道德涵养为应变时势的具体内容，以德行感染和引导民众。

　　　　夫德义也者，视之弗见，听之弗闻，天地以正，万物以遍，无爵而贵，不禄而尊也。（《尸子·劝学》）

　　　　平地而注水，水流湿；均薪而施火，火从燥，召之类也。是故尧为善而众美至焉，桀为非而众恶至焉。（《尸子·仁意》）

　　《尸子》在评价历史人物中对"职""位""势""德"给予了较多关注。从历史人物的职分、时势、位置出发，谈论历史人物的具体存在境遇，着重突出了客观存在的境遇性和主观的积极主动性。"位""时"所体现的历史性，通过转化为历史人物的在世和治世原则即"德"而获得了本体论与价值论的具体内涵。

　　《尸子》的人物评价特点由实用性、功利性到超越功利性、实用性，由客观性到主体性，由普遍性、世俗性到个体性、内在性。

　　在人物评判中，《尸子》思想兼融百家，博采众长。它对老子及道家学说的吸收和转化也是在此背景下进行的，从道的宇宙论阐释到刑名法术的转化，从法道行德、贵势重名，声名自致，《尸子》在对人物的评价中都有所体现，并对此后老学的发展产生较大影响。①

―――――――――――

　　①　陈成吒：《论〈尸子〉对老子学的吸收转化》，《南昌大学学报》（人文社会科学版）2017 年第 2 期。

附录二 试论《庄子》中的"自"

一、问题的提出

尽管在《庄子》中"自"和由"自"构成的语词词汇并非一个意义统一的特定名词①,但还是呈现出一种独特的语汇风景,揭示了道家独具特色的为行为对象考虑的"自己如此"的思想观点,阐论道家独具特色的省思主体的思想内涵。"自"最基本含义是充当介词,有自从、起始之意,由此引申出"自"的本根意义。《庄子》中"自"语词义有二个方面:第一,掘发彰显个体自身的内在因素和力量权力,突出主体性、自由性和自在性,有自己如此,本来如此,突出的是个体自己的行为和作为。"自"在上古汉语中有多个义项。《说文·自部》曰:"自,鼻也。"其实,"自"本即是"鼻"的象形字;因指鼻自谓,故"自"字有"自己"之义。"自然"之"自",是"自己"之意;同时,在一定语境中它又与外因、外力相对。这类词汇有自本、自根、自闻、自视、自见、自定、自举、自正、自朴、自化、自来、自厚、自然、自得、自为等等,庄子用这些词汇的意图是削除外在

---

① 刘笑敢分析道家哲学中的"自然"内涵研究的语文学进路,提出"造词"和"语词"两种基本的语文学视角。他认为有学者将"自"与"然"分别解释并进行意涵阐发的方式就是"造词义",而不同文本语境中的"自然"含义的分析就是"语词义"。刘笑敢:《〈自然〉的蜕变:从〈老子〉到〈论衡〉》,《哲学研究》2020年第10期。程乐松认为,对中国古代思想"自然"等关键性语汇的概念性预设与概念化操作需要有方法自觉。语词的可概念化不等同于语词本身具有概念性,我们需要对"概念化"及其必要性保持自觉。由此让语词回归经验并凸显其"非概念性"可能是必要的。程乐松:《在语词与概念之间的"自然":兼论中国古代思想研究的概念化方法》,《哲学动态》2023年第1期。

力量对个体的干涉、控制和限制，并以此彰显个体存在的价值。第二，"自"有固步自封、自以为是的膨胀和专断意味。庄子对此是嘲讽和批判的，如自是、自媒、心自取、自贤、自谓、以自为方、自好、私自说、各是其所是等等。庄子通过这些词汇表达了对客观、中肯、公正的向往和推崇，凸显庄子削除自我膨胀和自我遮蔽的观点。在此基础上，庄子提出了个体的省思和反省，如自反、自苦、自勉、自伤、自丧、自煎、自寇、自炙、自藏、自善、自行、自为谋、自累等等，以此倡导个体的反思和反省。庄子"自"的以上两点语词义看似矛盾对立，实际隐含庄子哲学体系的丰富多元。由此追探出庄子"自"的体系义，即庄子哲学体系的根本性或主题性意蕴：庄子追求的是个体的精神自在和圆满自得，既要求个体的自己作为和自己行为，保障自我不被干涉控制，也要求自我的约束和限制，防止和杜绝自我遮蔽和自我膨胀，保障个体不对他者造成侵犯和侵扰。

围绕中国哲学古典文本的诠释，关于哲学诠释方法历来争议不断，我们不能不用西方哲学的概念和逻辑分析来诠释中国哲学，但是中国哲学的重视体验和体悟的特点和西方哲学看重逻辑和分析的特点又有不同，同时古今的差别和隔阂，使得对古代文本的分析越发显得困难和词不达意。但是在传统的思想文本中发现和汲取面对当代学术问题的思想资源，重新诠释当代学术问题的内涵与思考进路，从而实现从传统到当下的连接，又是当今急迫的任务。

笔者有感于近期学界在诠释古典文本时对文本字面含义和隐含意义的关联的揭示，如刘笑敢提出了老子"自然"概念的语词义和体系义的阐论①，他从《老子》开始，经过《庄子》《荀子》《韩非子》《吕氏春秋》

---

① 学界对道家或老子的"自然"进行了多种讨论和争鸣，叶树勋：《道家"自然"观念的演变：从老子的"非他然"到王充的"无意志"》，《南开学报》（哲学社会科学版）2017年第3期。杨杰：《"道恒无为"还是"道法自然"？》，《哲学研究》2019年第7期。曹峰：《因循万物之性到道性自然》，《人文杂志》2019年第8期。王博《"然"与"自然"道家"自然"观念的再研究》，《哲学研究》2018年第10期。刘笑敢：《关于老子之自然的体系义》，《宗教与哲学》第六辑，社会科学文献出版社2017年版，第97—108页。刘笑敢：《"自然"的蜕变（之一）：从〈老子〉到〈论衡〉》，《哲学研究》2020年第10期。

《春秋繁露》《淮南子》《文子》到《论衡》一文中,梳理了《老子》之后"自然"一词在先秦两汉重要子书中使用与演变的情况,凸显出《老子》之自然的体系义与后人之自然在思想意义上的不同和演化,展现自然从整体义到个体义、从最高义到普遍义、从价值义到客观义的蜕变。希望由此促进对自然词义之丰富性、复杂性和歧义性的理解。程乐松提出了文本古义、真义和大义的说法。①他认为在关于文本存在着"原初内涵"或"原本含义"共识的前提下,不同的诠释者通过对文本的诠释和解读,构成迥异的文本内涵,完成自身观念表达和思想建构。学者古义、真义与大义的简单分梳,建立从古义到大义、从大义到真义的两种不同理解进路,说明三者之间存在的复杂关系及其在思想文本的诠释实践中的运用。

　　以上学者都认为古典文本的概念中包含字面含义和隐含意义、引申意义的不同和关联。笔者借鉴他们对古典文本概念的语词含义和隐含意义的分析和阐论,对道家尤其是《庄子》的"自"或由"自"组成的词汇进行分析。揭示"自"在《庄子》文本的字面含义即语词义或者说古义是什么?"自"的体系义或者说真义、大义又是什么?学界最近多立足庄子"自"的字面含义,或揭示"自"的本来、原始含义②,或探讨"自"的亲自和自己之义。③笔者认为,"自"的字面含义有两点:首先是"自"具有自主、自由、自在的主体意义;再次"自"含有自我膨胀和固步自封之意;在此基础上进行自我反思和省察。自的隐含意义则是庄子感到无力改变现实和外在的既定境遇,只能改变自己的内在世界,追求精神自由和精神自在:既彰显个体的自己作为和自己行为,保障自我不被干涉控制,也要求自我的约束和限制,防止和杜绝自我遮蔽和自我膨胀,保

---

① 程乐松:《古义、真义与大义:以诠释范式为中心看中国古代思想文本的意义生成》,《复旦学报》(社会科学版)2020年第1期。程乐松:《在语词与概念之间的"自然":兼论中国古代思想研究的概念化方法》,《哲学动态》2023年第1期。

② "自"的起始、开始的溯源性含义,许慎、段玉裁及现代学界多有讨论,叶树勋:《从"自""然"到"自然":语文学视野下"自然"意义和特性的来源探寻》,《人文杂志》2020年第2期。许建良:《王弼"自然"三维义》,《江苏大学学报》2004年第2期。

③ 宋德刚:《前诸子时期观念:思想化"自"类语词探析》,《管子学刊》2018年第3期。宋德刚:《〈庄子〉的"自"世界》,《中山大学学报》(社会科学版)2019年第4期。

障个体不对他者造成侵犯和侵扰。

二、"自"意味强调主体进行的行为

《庄子》中出现如"自视""自反""自壮""自举"等词汇,其中"自"有自我、自己之意,这些由"自"组成的词汇只是客观陈述自我进行的一些动作,不具有价值观的褒贬含义。

> 禹亲自操橐耜而九杂天下之川;腓无胈,胫无毛,沐甚雨,栉疾风,置万国。禹大圣也而形劳天下也如此。(《庄子·天下》)
>
> 惠子谓庄子曰:魏王贻我大瓠之种,我树之成而实五石,以盛水浆,其坚不能自举也。剖之以为瓢,则瓠落无所容。非不呺然大也,吾为其无用而掊之。(《庄子·逍遥游》)

庄子只是强调这是发自自己的动作,不是外物或他人强迫进行的动作,如"自见""自闻""自视"等等。"自"具有自我审视、自我考量,有从自己身上找原因的意味,是行为主体自身发出的行为。最典型的当属对道的自我生发作用的描述。

> 夫道有情有信,无为无形;可受而不可传,可得而不可见,自本自根,未有天地,自古以固存;神鬼神帝,生天生地;在太极之先而不为高,在六极之下而不为深,先天地生而不为久,长于上古而不为老。(《庄子·大宗师》)

"道"为创造万物之本根,自己则是自本自根的。道依靠自己内在的能量,道使自己产生,或道产生的自己。"自本自根"蕴含着道的自我创生和宇宙本根的意义,"自本自根"潜藏着道创生万物而没有什么事物创生道的含义。

> 道行之而成，物谓之而然。恶乎然？然于然。恶乎不然？不
> 然于不然。物固有所然，物固有所可。(《庄子·齐物论》)

强调万物在道的创生前提下所具有的自我主动性和能动性。

> 吾所谓聪者，非谓其闻彼也，自闻而已矣；吾所谓明者，非谓其
> 见彼也，自见而已矣。夫不自见而见彼，不自得而得彼者，是得人
> 之得而不自得其得者也，适人之适而不自适其适者也。(《庄子·
> 骈拇》)
>
> 子独不闻夫至人之自行邪？忘其肝胆，遗其耳目，茫然彷徨乎
> 尘垢之外，逍遥乎无事之业，是谓为而不恃，长而不宰。(《庄子·
> 达生》)
>
> 不侈于后世，不靡于万物，不晖于数度，以绳墨自矫，而备世之
> 急，古之道术有在于是者。墨翟禽滑厘闻其风而说之，为之大过，
> 已之大循。(《庄子·天下》)

**这些由"自"组成的词汇只是客观陈述发自自身的一些动作庄子只是强
调这是发自自己的动作，不是外物或他人进行的动作。在下面材料中，
"自"则具有自我解脱和自我解放的意味。**

> 且夫得者，时也，失者，顺也；安时而处顺，哀乐不能入也。此
> 古之所谓悬解也，而不能自解者，物有结之。(《庄子·大宗师》)

**庄子以"自解"来批判世俗生活在不能自我解脱和自我解放的沉重束缚
之中。**

《庄子》中有部分"自"的词汇意味着个体的独立自主，喻示万物或
百姓的自主，典型的当属自然。《庄子》中当"自"与"然"结合起来，表达
万物或百姓自己如此、不受干涉之意时，其主体多为物或万物或民。
《庄子》中出现七处"自然"，这七处"自然"就词义来说大都是自然而然、

不勉强、没有外来力量干预的意思。刘笑敢认为内篇两处和外杂篇五处"自然"的语义和情景却有不同:内篇"自然"强调因任自身之外的变化,不以自己意愿去干预。外杂篇五处"自然"讲的是事物本身或做事的方式过程自然而然,不去勉强或造作。尽管含义不尽相同,《庄子》中的七处"自然"强调的都是不受外来干扰的自己如此的意思。①

除了"自然"外,《庄子》中还有"自定""自富""自正""自朴""自壮""自为""自生""自得"等等,这些词组的主语均为万物或百姓民众,喻示万物或民众的独立与自主,隐含万物和百姓的自我发展、自我完善,而这正是君主的不干涉、不控制、不限制的结果。最能体现道家自然的含义,体现老庄"道"之精髓,体现道家的思想独特性。老子将万物自化、天下自定、民自富、自正、万物自宾、民自均与道和侯王的无为紧密相连,将前者视为后者的结果。②道家的后继者同样阐述这种观点,以"自壮""自正""自穷""自化""自著"等词汇表达万物或百姓不受干涉和控制的自由自在的状态,这是庄子最向往的万物民众不受干扰、精神自在、心灵宁静的状态。

> 天地有官,阴阳有藏,慎守女身,物将自壮。(《庄子·在宥》)
>
> 有莫举名,使物自喜;立乎不测,而游于无有者也。(《庄子·应帝王》)
>
> 无视无听,抱神以静,形将自正。(《庄子·在宥》)
>
> 明于天,通于圣,六通四辟于帝王之德者,其自为也,昧然无不静者矣。(《庄子·天道》)
>
> 何为乎,何不为乎?夫固将自化。(《庄子·秋水》)
>
> 鸡鸣狗吠,是人之所知;虽有大知,不能以言读其所自化,又不能以意其所将为。斯而析之,精至于无伦,大至于不可围,或之使,莫之为,未免于物而终以为过。(《庄子·则阳》)

---

① 刘笑敢:《析论〈庄子〉书中的两种"自然":从历史到当代》,《哲学动态》2019年第12期。

② 王中江:《简帛文明与古代思想世界》,北京大学出版社2011年版,第367页。

在己无居，形物自著。其动若水，其静若镜，其应若响。芴乎若亡，寂乎若清。同焉者和，得焉者失。未尝先人而常随人。（《庄子·天下》）

从庄子学派对"自化""自壮""自正""自穷"对"万物自化"的肯定，体现了理想的盛世状态即人君无为而知下的结果，是万物和百姓不受干涉和控制，各司其职、各负其责、各尽其能、晏然有序的状态。类似的还有"自喜""自壮""自高""自厚""自正""自来"等等，主要是指万物或百姓的自发活动或自己如此的意思，这些词汇从不同方面说明都是人的行为的自发性选择的结果。

三、"自"具有自以为是之意

《庄子》中某些"自"具有自以为是、固步自封的意思。文献中"自"表达了由自我一方、或单方面认识世界、考察问题的做法：

有自也而可，有自也而不可；有自也而然，有自也而不然。恶乎然？然于然；恶乎不然？不然于不然。恶乎可？可于可；恶乎不可？不可于不可。物固有所然，物固有所可。无物不然，无物不可。（《庄子·寓言》）

成玄英疏："夫各执自见，故有可有然。自他既空，然可斯泯。"郭象注："各然其所然，各可其所可。"[1]《庄子》文本中"自"隐含着自以为是、唯我独尊和自我膨胀之意，对这种"自"庄子予以否定和反思，如"自彼则不见，自知则知之"（《齐物论》）成玄英疏："自为彼所彼，此则不自见，自知已为是，便则知之；物之有偏见也，例皆如是。若审能见他见自，故无是无非也。"另外还有不少由"自"组成的词组如"自以为""自喜""自美"

① 郭庆藩：《庄子集释》（下）（新编诸子集成），中华书局1961年版，第951页。

"自媒""自好""自贵"等等，类似的还有《老子》中的"自是""自见""自伐"等等。具体分析见下列材料。

这部分"自"的词汇簇意味着隐含了一种偏私和狭隘，忽略了自我以外的他人和他物的存在，忽略自我以外的世界，以过强的主体性覆盖万物共存的空间。

> 禹之治天下，使民心变，人有心而兵有顺，杀盗非杀，人自为种而天下耳，是以天下大骇，儒墨皆起。（《庄子·天运》）

郭象注："不能大斋万物而人人自别，斯人自为种也。承百代之流而会乎当今之变，其弊至于斯者，非禹也，故曰天下耳。言圣智之迹非乱天下，而天下必有斯乱。"[1]郭庆藩家世父曰："人自为种类以成乎天下，于是乎有善恶之分，是非之辨。兵者，逆人之性而制其死生者也。既有善恶之分，是非之辨，而兵之用繁矣。于是据之以为顺，而杀盗者谓之当然，因乎人心之变而兵以施焉，而人之心乃日变而不可穷矣。"[2]人人自以为是而无视而天下。章太炎说："言天下人皆自行其意。"

> （孔）丘治诗书礼乐易春秋六经，自以为久矣，孰知其故也。（《庄子·天运》）
>
> 人且偃然寝于巨室，而我噭噭然随而哭之，自以为不通乎命，故止也。（《庄子·至乐》）
>
> 始也吾以南面而君天下，执民之纪而忧其死，吾自以为至通矣。今吾闻至人之言，恐吾无其实，轻用吾身而亡其国。（《庄子·德充符》）
>
> 人有畏影恶迹而去之走者，举足愈数而迹愈多，走愈疾而影不离身，自以为尚迟。疾走不休，绝力而死。不知处阴以休影，处静

① 郭庆藩:《庄子集释》(上)(新编诸子集成)，中华书局1961年版，第533页。
② 郭庆藩:《庄子集释》(上)(新编诸子集成)，中华书局1961年版，第534页。

以息迹,愚亦甚矣!(《庄子·渔父》)

以上材料中的"自以为"意即缺乏对现存世界的正确周翔的认识。《庄子》中具有自以为是含义的还有"自喜""自好""自贵""自取""自媒""自多""自贤""自谓"等等词汇,它们都具有以偏概全、以我排他的傲慢和偏见,充斥着自我夸耀、自我膨胀和固步自封之意,庄子对此带有价值的批判和否定。

> 凶德有五,中德为首。何谓中德?中德也者,有以自好也而吡其所不为者也。(《庄子·列御寇》)

郭象注:"吡,訾也。夫自是而非必,则攻之者非一,故为凶者首也。若中无自好之情,则恣万物之所是,所是各不自失,则天下皆思奉之矣。"成玄英疏:"吡,訾也。用心中所好者自以为是,不同己为者訾而非之。以心中自是为得,故曰中德。"①这种自以为是的"自好""自取"等优越感导致一叶障目、天下大乱:

> 天下大乱,圣贤不明,道德不一,天下多得以察焉以自好。(《庄子·天下》)
> 夫随其成心而师之,谁独且无师乎?奚必知代而自取者有之?愚者与有焉!(《庄子·齐物论》)
> 秋水时至,百川灌河。泾流之大,两涘渚崖之间,不辨牛马。于是焉河伯欣然自喜,以天下之美为尽在己。(《庄子·秋水》)②
> 阳子曰:"弟子记之,行贤而去自贤之行,安往而不爱哉。"(《庄子·山木》)
> 子自谓才士圣人邪?(《庄子·盗跖》)

---

① 郭庆藩:《庄子集释》(下)(新编诸子集成),中华书局1961年版,第1062页。
② 此处"自喜"有自以为是之意,有无限膨胀之意,另外《应帝王》中的"使物自喜"则是万物自然之意。

庄子将以上"自好""自美""自贵""自取""自媒"概括为"自是"予以激烈批判:"自是"即是任何一种自以为是、不见他物的思想和主张。"自是"在人的认识和交往中几成通病。在讲述完儒者缓和其弟墨辩争后自杀的故事后,庄子说:

> 夫造物者之报人也,不报其人而报其人之天。彼故使彼。夫人以己为有以异于人,以贱其亲,齐人之井饮者相捽也,故曰:今之世皆缓也。自是有德者以不知也,而况有道者乎! 古者谓之遁天之刑。(《庄子·列御寇》)

"自是",学界看作自以为是[①],意味着自大与自狂。对立双方的自以为是导致世界的分裂,儒士郑缓自认为高于别人而轻慢父亲,正如齐人掘井饮水而互相扭打一样,加剧人们相互理解的困难。百家争鸣各执一词,囿于己见。

> 喜怒相疑,愚知相欺,善否相非,诞信相讥。(《庄子·在宥》)

"相"指出了当时陷入是非争执圈子里的实况。当参与学术活动的人,无不囿于一己之见,造成闭塞的心灵。"私"恰当地揭示出"自"的画地为牢之义,

> 所谓暖姝者,学一先生之言,则暖暖姝姝而私自说也,自以为足矣。而未知未始有物也,是以谓暖姝者也。(《庄子·徐无鬼》)
>
> 天下之人各为其所欲焉以自为方。悲夫,百家往而不反,必不

---

① 俞樾释"自是"二字绝句。以读为已。"若(郑)缓之自美其儒,是自是也。有德者已不知有此。有道者更无论矣。"见王叔岷:《庄子校诠》(下),中华书局 2013 年版,第1260 页。陈鼓应释"自是"为自以为是。见陈鼓应:《庄子今注今译》,中华书局 1983 年版,第 836 页。阮敏嵩认为"以读为已。如缓之以己为有,即自是其有德也。凡若此者,人已笑其不智,何况以其有道自是者乎!"见崔大华《庄子歧解》,中华书局 2012 年版,第808 页。

合矣！后世之学者，不幸不见天地之纯，古人之大体。道术将为天下裂。(《庄子·天下》)

"以自为方""自好"造成学术的对立分裂，导致对世界的片面性和局限性理解：

> 且夫知不知是非之竟，而犹欲观于庄子之言，是犹使蚊负山，商蚷驰河也，必不胜任矣。且夫知不知论极妙之言，而自适一时之利者，是非坼井之蛙与？且彼方跐黄泉而登大皇，无南无北，奭然四解，沦于不测；无东无西，始于玄冥，反于大通。子乃规规然而求之以察，索之以辨，是直用管窥天，用锥指地也，不亦小乎？(《庄子·秋水》)

拘于己见的公孙龙自信"用管窥天，用锥指地"的狭隘思维，"规规然而求之以察，索之以辨"，根本无法体会庄子"道通为一"的观点，亦不能够"奭然四解""反于大通"，可谓"曲士不可语于道者，束于教也"。

为了避免争鸣的双方或多方"各是其所是"，庄子倡导"公是"的说法。

> 庄子曰："天下非有公是也，而各是其所是，天下皆尧也，可乎？"惠子曰："可。"庄子曰："然则儒墨杨秉四，与夫子为五，果孰是邪？"……惠子曰："今夫儒墨杨秉，且方与我以辩，相拂以辞，相镇以声，而未始吾非也，则奚若矣？"庄子曰："齐人蹢子于宋者，其命阍也不以完，其求铢钟也以束缚，其求唐子也而未始出域，有遗类矣！夫楚人寄而谪阍者，夜半于无人之时而与舟人斗，未始离于岑而足以造于怨也。"(《庄子·徐无鬼》)

儒墨杨秉惠从各自经验和立场出发，"相拂以辞，相镇以声"，"各是其所是"，造成了对世界认识的分裂。庄子认为只有"公是"才能避免

"天下皆尧"的幻觉状态。①在和外界的共处中,庄子批判了个体的自以为是和独裁专断。在和自身的相处中,庄子批判了个体对自身的强迫和强压,体现出庄子对自我强迫和专断的批评。

> 中山公子牟谓瞻子曰:"身在江海之上,心居乎魏阙之下,奈何?"瞻子曰:"重生,重生则利轻。"中山公子牟曰:"虽知之,未能自胜也。"瞻子曰:"不能自胜则从,神无恶乎? 不能自胜而强不从者,此之谓重伤。重伤之人,无寿类矣。"(《庄子·让王》)

成疏:"虽知重于生道,未能胜于情欲。"②"自胜"意味自我的傲慢和偏见。瞻子对中山公子不顾及内心真实感受,不听冲内心真实声音,强行压抑内心意愿进行批评,谓之"重伤"。

> (墨子之学)以此教人,恐不爱人;以此自行,固不爱己。(《庄子·天下》)

墨子的苦行和自虐也是自我压迫的典型,同样在庄子的批判行列。

四、"自"的隐含意义:从自我反思到精神自在

"自"从起始、开始的创生和创造之意,生发出对主体性和自由性的凸显,也标示出对膨胀和专断的声讨。对主体性的主张和主体性的反思,为何相反相生的两层寓意蕴含于庄子的"自"的概念之中? 这就需要深入思考庄子思想体系的根本性意蕴,追求个体的精神自在逍遥是庄子及后学的主旨,在保障个体的独立自由的前提下,既倡导自我不被外界所干涉控制,也要防止和杜绝自我遮蔽和自我膨胀。因此,在对自

---

① 李晓英:《庄子在〈庄子〉中的形象》,《道家文化研究》第 31 辑,中华书局 2017 年版,第 282—286 页。

② 郭庆藩:《庄子集释》(下)(新编诸子集成),中华书局 1961 年版,第 981 页。

我反思的基础上获得精神自在和圆满自得，是庄学阐释系列"自"概念的根本出发点和大义。

庄子通过"自"的语汇倡扬主体在精神领域进行的自我省思和反思。①

> 子既若是矣，犹与尧争善，计之之德不足以自反邪？（《庄子·德充符》）

郭象注："言不顾省，而欲轻蔑在位，与有德者并。计子之德，故不足以补形残之过。"成玄英疏："反，犹复也。言申徒形残如是而不自知，乃欲将我并驱，可谓与尧争善。子虽有德，何足在言！以德补残，犹未平复也。""自反"指的是自我反省和反顾。②此外，"自状""自善""自藏"等等，包含着自我检讨修正之意。

> 自状其过以不当亡者众，不状其过以不当存者寡。知不可奈何而安之若命，唯有德者能之。（《庄子·德充符》）

郭象注："默然知过，自以为应死者少也。"③

> 是圣人仆也。是自埋于民，自藏于畔。其声销，其志无穷，其口虽言，其心未尝言，方且与世违而心不屑与之俱。（《庄子·则阳》）

成玄英疏："混迹泥滓，同尘氓俗，不显其德，故自埋于民也；进不荣华，退不枯槁，隐显出处之际，故自藏于畔也。"④

---

① 老子提出现实生活中自主、自立和自律的精神，"知人者智，自知者明。胜人者有力，自胜者强。知足者富，强行者有志。不失其所者久，死而不亡者寿。"（《老子·33章》）

②③ 郭庆藩：《庄子集释》（上）（新编诸子集成），中华书局1961年版，第207页。

④ 郭庆藩：《庄子集释》（下）（新编诸子集成），中华书局1961年版，第896页。

去小知而大知明,去善而自善矣。(《庄子·外物》)

郭象注:"去善则善无所慕,善无所慕,则善者不矫而自善也。"成玄英疏:"遣矜尚之小心,合自然之大善。"[1]"自善"凸显的是主体的自主精神。

使后世之墨者,多以裘褐为衣,以屐𪨗为服,日夜不休,以自苦为极,曰:"不能如此,非禹之道也,不足谓墨。"(《庄子·天下》)

知足者不以利自累也。(《庄子·让王》)

夫孝悌仁义,忠信贞廉,此皆自勉以役其德者也,不足多也。(《庄子·天运》)

公(指齐桓公)则自伤,鬼恶能伤公。(《庄子·达生》)

山木自寇也,膏火自煎也。桂可食,故伐之;漆可用,故割之。人皆知有用之用,而莫知无用之用也。(《庄子·人间世》)

孔子曰:"然。丘所谓无病而自灸也。疾走料虎头,编虎须,几不免虎口哉!"(《庄子·盗跖》)

"自苦""自累""自伤""自寇"等强调了伤害原因不是来自外界,而是来自自身,正是自己才是禁锢精神、腐蚀本性的原因。

以上材料中的"自"体现了行为主体对自身行为的检讨和纠正性质,是对自身行为的反思和改变。这些词汇带有否定性质,是庄子批判和反对的。

自我的反思和约束在道家文本中通常以"不自+"的模式表达出来,如"不自生""不自为大""不自见""不自贵""不自己""不自隐""不自许"等等,以此强调对自我的约束节制,主体是上位者,也包括一般之人。《老子》第7章、34章、72章提出了"不自生""不自伐""不自大""不自见""不自贵"等观点。庄子延续了这种表达方式和思想观点。

---

[1] 郭庆藩:《庄子集释》(下)(新编诸子集成),中华书局1961年版,第936页。

形若槁骸,心若死灰,真其实知,不以故自持。(《庄子·知北游》)

成玄英疏:"形同槁木之骸,心类死灰之土,无情直任纯实之真知,不自矜持于事故也。"①"不自持"是获得真知的前提。

天地之养也一,登高不可以为长,居下不可以为短。君独为万乘之主,以苦一国之民,以养耳目鼻口,夫神者不自许也。夫神者,好和而恶奸。夫奸,病也,故劳之,唯君所病之,何也?(《庄子·徐无鬼》)

成玄英疏:"许,与也。夫圣主神人,无我平等,必不多贪滋味而自与焉。"②圣明之人从不为自己求取分外的东西。《庄子》在强调主体性与个体尊严的时候,把个人的自我修养和自我约束结合起来,从而实现了整体的自然和谐的秩序。

明王之治,功盖天下而似不自己,化贷万物而民弗恃;有莫举名,使物自喜,立乎不测,而游于无有者也。(《庄子·应帝王》)

"不自己"是无为而治的具体表现。上位者顺应自然,避免用私欲和意图干扰自然的运行,则天下将会得到治理。明王之治的特点在于功盖天下但并不以为这些功绩缘于自己;虽作用于治国实践,但并不让人对自己形成依赖感。《庄子》反复论及自我膨胀的害处,强调自我约束的必要性,自我控制和自我限制,既是治理的最佳原则体现,亦是自我健康发展的金玉良言。

---

① 郭庆藩:《庄子集释》(下)(新编诸子集成),中华书局1961年版,第740页。
② 郭庆藩:《庄子集释》(下)(新编诸子集成),中华书局1961年版,第827页。

隐,故不自隐。古之所谓隐士者,非伏身而弗见也,非闭其言而不出也。非藏其知而不发也,时命大谬也。当时命而大行乎天下,则反一无迹;不当时命而大穷乎天下,则深根宁极而待;此存身之道也。(《庄子·缮性》)

逍遥并不意味着从社会中离开身而去。《庄子》以"不自隐"谈"隐",对"隐"做了一定程度的限制。古之所谓隐士,并非单纯为隐身而不愿显世,并非因为缄默而不吐真情,更非为了深藏功名,原因在于时遇和命运乖妄、悖谬。当时遇和命运顺应自然而通行于天下,就会返归混沌纯一之境而不显露踪迹。当时遇不顺、命运乖违而穷困于天下,就固守根本、保有淡定之心而等待;这就是保存自身的方法。"不自隐"体现了一种灵活的处世方式,蕴含着无奈之意。这体现了《庄子》关注现实的价值取向。

庄子在自我彰显和自我限制看似对立的两层含义的背后,关心的是个人精神自在。《庄子》中还有一些由"自"组成的词汇,体现了个体的悠然自得,如"自得""自喻""自娱""自乐""自取",这些词汇表达出庄子对精神逍遥和心灵自由的向往。决心归隐的善卷拒绝舜让天下时说:

余立于宇宙之中,冬日衣皮毛,夏日衣葛绤;春耕种,形足以劳动;秋收敛,身足以休食;日出而作,日入而息,逍遥于天地之间而心意自得。吾何以天下为哉! 悲夫,子之不知余也。(《庄子·让王》)

"自得"是心灵自由的象征:

知足者不以利自累也,审自得者失之而不惧,行修于内者无位而不怍。(《庄子·让王》)

以其至小求穷其至大之域,是故迷乱而不能自得也。由此观之,又何以知毫末之足以定至细之倪! 又何以知天地之足以穷至

大之域！（《庄子·秋水》）

体现个体自然而然、不受强迫的状态还有"自喻"的说法。

  昔者庄周梦为蝴蝶，栩栩然蝴蝶也，自喻适志与！不知周也。俄然觉，则蘧蘧然周也。不知周之梦为蝴蝶与？蝴蝶之梦为周与？周与蝴蝶，则必有分矣。此之谓物化。（《庄子·齐物论》）

"栩栩然"和"蘧蘧然"的两相对比，可以看出庄子"自喻"的悠闲自得。

  孔子谓颜回曰："回，来！家贫居卑，胡不仕乎？"颜回对曰："不愿仕。回有郭外之田五十亩，足以给饣粥；郭内之田四十亩，足以为丝麻；鼓琴足以自娱，所学夫子之道者足以自乐也。回不愿仕。"（《庄子·让王》）

达到"自娱""自乐"境界的颜回当然可以拒绝入仕。

  由天地之道观惠施之能，其犹一蚊一虻之劳者也。其于物也何庸！夫充一尚可，曰愈贵道，几矣！惠施不能以此自宁，散于万物而不厌，卒以善辩为名。（《庄子·天下》）

在庄子学派看来，惠施痴迷于辨术，将心思分散于万物而忽略对道之追求，肯定不能达到"自宁"的理想境界。

  且夫得者，时也，失者，顺也；安时而处顺，哀乐不能入也。此古之所谓悬解也。而不能自解者，物有结之。（《庄子·大宗师》）

此处的"自解"与悬解相对应，"自解"即是能达到"悬解"之境，"悬解"即是能够安命之境地，即"安时而处顺，哀乐不能入也"。对长期边缘化存在的庄子来说,已经不能像老子那样追求天下、万物、百姓最理想的生活状态的前提和条件了。庄子深知自己无能为力改变社会现实和个人命运的现状。庄学只能改变自己的内在世界,追求自己的精神自由。

> 不明于天者,不纯于德;不通于道者,无自而可。不明于道者,悲夫!(《庄子·在宥》)

郭象注:"不能虚己以待物,则事事失会。"[①]"自"是"明天""纯德""通道"的体现。如果失去自我,沦丧于俗,在庄子看来则是悲剧。在安命的基础上,庄子通过齐物、坐忘、心斋等思想和心灵的修养,达到逍遥游的境界,体验与天地万物融为一体,游乎四海之外的享受。

五、结　语

"自"构成的词汇在《庄子》中尽管并非一个意义统一的特定名词,但还是揭示了道家独具特色的自己如此的思想的内涵。从寓意开始、起始的创造之意出发,庄子一方面对"自"褒扬,倡导自我的行为和自我的完善。一方面对"自"批评,反对自我膨胀和自我遮蔽。其真实意图是为摆脱尔虞我诈、相互欺压的局面。

---

① 　郭庆藩:《庄子集释》(上)(新编诸子集成),中华书局1961年版,第411页。

后　记

　　本书是在国家社会科学基金《早期道家精神体验及心灵世界之研究》(14BZX118)的终端成果的基础上修改而成。本书从精神内守的理论核心出发，开启"损之又损""深之又深"的精神修为过程，揭示早期道家"赤子""婴儿"的本真生活；以否定式思维为途径，道家完成对世俗超越和价值重诂；以民和天下为指向，道家论证了精神修为的过程和治理层级的评判标准。

　　本书能够顺利出版，要感谢我的老师王中江老师，从总体架构、基本内容以及行文表述方面，王老师给予了很多指导性意见。王老师的言传身教使我受益终生。在本书的修改和写作过程中，刘笑敢老师对我的读书和研究进行谆谆教诲，纠正了我在道家研究中的一些偏差和误解。曹峰、郑开老师也给予很多建设性意见，使得本书更加完善。在此谨向他们表示衷心的感谢。还应该感谢上文提到的曾经发表本书内容的《道家文化研究》《文史哲》《中州学刊》等期刊杂志与曾负责编发拙文的编辑，正是经过他们的肯定，才使得书中的某些观点得到学界同行检验的机会。我的家人默默地支持我的工作，他们的付出让我能够安心从事研究工作。帮助我的师友还有很多，河南灵宝的胡滨、李文峰对该书的出版给予支持帮助，他们多次邀约我赴函谷关，紫气东来的灵感不断地滋养着我。同时也感谢上海人民出版社的毛衍沁老师，她的耐心和认真是拙著得以问世的保障。本书编辑过程中，青年教师李娜帮

助我查找资料、调整格式注释、校对稿件，提出一些珍贵的修改意见，在
此深表感谢。

李晓英

2022 年 12 月于䄂然斋

图书在版编目(CIP)数据

早期道家的精神之道/李晓英著.—上海:上海
人民出版社,2023
ISBN 978 - 7 - 208 - 18514 - 2

Ⅰ.①早… Ⅱ.①李… Ⅲ.①道家-研究 Ⅳ.
①B223.11

中国国家版本馆 CIP 数据核字(2023)第 164026 号

责任编辑 毛衍沁
封面设计 零创意文化

早期道家的精神之道
李晓英 著

出	版	上海人民出版社
		(201101 上海市闵行区号景路 159 弄 C 座)
发	行	上海人民出版社发行中心
印	刷	苏州工业园区美柯乐制版印务有限责任公司
开	本	635×965 1/16
印	张	23.5
插	页	2
字	数	320,000
版	次	2023 年 10 月第 1 版
印	次	2023 年 10 月第 1 次印刷

ISBN 978 - 7 - 208 - 18514 - 2/B • 1709

定	价	98.00 元